Organism And Death

생명체와 죽음

[부제] 죽음과 사별의 고통에서
벗어나고자 하는 우리의 지혜

과학문화진흥회
박제경, 박세환, 나선웅, 김춘우

도서
출판 **청 연**

이 책은 흥미위주의 통속소설이 아니며 인생의 희노애락을 이야기하고 또는 어떠한 목적을 달성하기 위한 삶의 과정을 다룬 책은 아니다. 인간뿐만 아니라 이 세계의 모든 생명체에게는 필연적인 죽음의 그림자가 드리워져 있다.

이 세계에 생명체가 있는 한 죽음을 향한 행진은 계속될 것이다.

이 책은 지금까지 인류가 쌓아올린 과학적인 진실과 구체적인 증거를 바탕으로 충분히 가능성있는 논리에 입각하여 인간의 죽음에 대한 낙관적인 자세를 확립시킬 목적으로 집필되었으므로 차분히 정독을 해주기 바란다.

이른바 "다세포생물"에게 있어서 모든 세포의 기능정지라는 "죽음"이라는 현상은 어느 정도 예고된 질병사(자연사)일 수도 있고 예상치못한 사고사일수도 있다.

죽음에 대한 이해와 공포감의 해소는 그렇게 간단한 문제가 아니다. 어떠한 원인에 의한 죽음이든 당사자의 고통과 떠나보내는 이의 슬픔이 있겠지만 비종교인이 많은 현대사회에서 죽음과 사별의 고통을 극복하는 지혜는 쉽게 얻어지는 것은 아니다.

종교인일지라도 교의자체에 회의적이고 논리적인 신앙의 정립이 어렵다면 인생의 가장 큰 시련이자 종결점인 "죽음과 사별의 고통"에 초연히 대처하기란 쉽지 않음이 사실이다.

모든 이들이 바라는 평화롭고 행복한 임종, 아름다운 사별의 모습은 실제로 그리 흔한 편은 아니다.

사실 많은 사람들이 질병의 고통속에서 또는 사고나 타인의 폭력에 의해 힘겨운 운명의 시간을 겪은 후 나름대로의 회한을 남긴 채 세상을 떠나가고 있다.

이러한 모습들은 우리들 삶의 자취가 만든 굴레이자 결과이기도 하다. 고뇌의 실타래가 복잡할수록 실마리를 푸는 과정도 어렵기 마련이다.

질병의 고통으로 무너지는 육신을 치유하고 간호하는 것도 중요하지만 심리적 상태를 평온하게 유지하여 아름다운 최후를 맞는 것도 대단히 중요하다.

보편적으로 남성보다는 여성이, 빈곤층보다는 상류층이, 엘리트 계층보다는 비지식층이 죽음에 대한 공포심이 큰 것으로 알려져 있으나 여기에는 많은 예외가 있으며 개인의 성격이나 지식수준, 당사자의 인생관에 따라 공포심의 정도가 달라질 수 있다. 공포감에는 여러 가지 원인이 있다.

이 책은 전문용어의 사용을 최소한으로 줄였으나 문장이 다소 딱딱한 일면이 있다. 죽음에 대한 이해와 낙관적인 수용을 위해서는 유약한 자세보다는 조용한 결단력과 냉철한 이성이 보다 더 효과적으로 판단되기 때문이다.

생명체의 노화현상과 치명적인 질병, 그리고 죽음의 모든 실상을 제대로 알기 위해서는 죽음의 시초를 가져온 최초 생명체의 출현과정과 기나긴 진화의 역사를 이해해야 하고 나아가 자연과 우주에 관한 섭리를 다소나마 이해를 해야 하므로 죽음과는 상반된 내용인

"생명체의 기원과 진화" 및 "자연과 우주"에 관한 분야를 간략하게 포함시켰다.

인간의 죽음은 아름다운 동화처럼 해피엔딩으로만 끝날 수는 없으며 당사자와 유가족의 사정에 따라 여러 가지 의미를 갖는 인생의 종결점이다.

지금 이 시각에도 죽음을 눈앞에 둔 투병중의 노년층이 막상 이 책을 통하여 죽음에 대한 낙관적인 자세를 갖기에는 어려움이 있을 것이다. 어떤 이는 지식과 이해력의 부족으로 책의 내용을 어느 정도까지 이해할지 의문이며, 어떤 이는 끈질긴 병마의 고통으로 의식조차 혼미할지도 모른다.

이러한 중환자분들께 드릴 수 있는 위로의 말씀을 몇줄의 글로써 쉽게 요약하는 일이 간단치는 않다. 30억년 이상의 장구한 시간을 걸어온 생명체의 출현과 죽음의 자취를 짧은 문장으로 함축하기란 쉽지 않다. 자신의 생사관은 당사자의 인생과 경험에 좌우되기 마련이며 이미 굳어버린 그들의 인생관을 한 두권의 책으로 일순간에 변화시키기는 어렵다고 생각된다.

모든 판단과 행동은 결국은 당사자의 몫이다. 그들의 지식과 종교관이 어떠하든 같은 시대를 살아가는 지구촌의 인간으로서 부디 평온하고 고통이 없는 임종을 맞이하기를 진심으로 바랄 뿐이다.

이 책은 비종교적이며 자연과학적인 관점이 강하지만 인간의 심리적측면과 생물학, 의학, 생리학, 화학, 생태학, 지구 및 우주과학, 철학과 세계문화사, 주요 종교에 관한 내용을 쉽게 재구성하여 집필하였다.

　책의 집필은 필자 주변의 친지와 친우의 사망때문에 시작하게 되었지만 필자 자신의 죽음에 대한 막연한 두려움이 동기이기도 했다. 내용중에는 부족한 점도 많을 것이라 생각되지만 너그러운 마음으로 해량해주시기 바라며 독자의 비판이 있다면 따갑게 받아들일 것이다.

　끝으로 본서가 나올 수 있도록 여러모로 도움을 주신 도서출판 청연에 진심으로 감사를 드린다.

2013년 5월
대표저자 씀

차 례

제2부 죽음의 유형과 사인별 분류

몇 가지 질문과 요약

타인의 지식을 지나치게 연구하면 자기 지혜의 방해가 된다.
- 세네카 -

우리는 인간이면서 생명체이므로 기나긴 생명체의 자취를 사실 그대로 돌이켜볼 권리와 의무가 있다.

과거의 불확실한 오류와 상상을 서슴없이 타파해야 할 책무도 갖고 있다. 또한 우리의 현재와 미래를 편견없이 합리적으로 펼쳐 나갈 수 있는 권리와 자유를 갖고 있다. 진실에 근거한 자연과학과 보편타당성있는 동서양의 사상이 조화를 이룬다면 견고한 진리가 세워질 것이다.

1. 생명체는(또한 인간은) 왜 죽는가?
2. 죽은 후에는 인간의 육신과 정신은 어떻게 되는가?
3. 우리네 인생에서 지나간 시간은 왜 다시 돌아오지 않는가?
4. 죽음과 사별로부터 오는 고통과 두려움, 슬픔과 외로움을 어떻게 하면 최소화시킬 수가 있는가?

• 살기 위한 본능과 죽음에 대한 회피

1. 생명체는(또한 인간은) 왜 죽는가?

이 질문에는 의학적인 관점에서 보는 여러 가지 사망원인(법의학, 병리학, 생리학 등)이 있지만 보다 근원적인 이유인 생물학적, 생태학적 요인도 밝혀져야 한다.

각종 사망원인에 대한 의학적인 관찰은 신체가 붕괴되어가는 과정을 세밀하게 규명하고 있지만 이는 근시안적이고 피상적인 접근 방식이다.

심장병, 신경계 질환, 각종 암 등의 질병에 관한 연구가 그러한 작업의 일환이다. 그러나 근원적인 원인을 분석하여 규명하는 일과 죽음 자체를 방지하는 일은 전혀 다른 것임을 인정해야 한다.

자연과 우주를 관찰하고 이해하는 것과 우리의 의도대로 통제하고 조정하는 것은 전혀 별개의 문제다.

의학계의 입장에서는 신체의 노화현상과 질병사 및 외인사(주로 사고사에 해당된다)를 임상적으로 세밀하게 관찰하여 죽음에 도달하는 모든 과정을 단계별로 분석하여 파악하고 있지만 이는 근시안적인 죽음의 고찰에 불과하다.

엄밀히 말해서, 노화가 죽음의 가능성을 높이는 것은 사실이지만 죽음의 필연적인 과정을 의미하지는 않는다. 통계상으로 보아도 나이가 많다고 해서 모든 노인이 사망에 이르는 것은 아니다.

우리의 몸과 정신이 어떻게 생리적인 붕괴과정을 통하여 사멸하는가에 관한 연구도 중요(이 작업은 인간의 건강유지와 수명연장을 위해서는 물론 필요하다)하지만 왜 이러한 현상이 일어나는가에 대한 근본적인 고찰 또한 중요하다.

우리의 생명은 멀고 먼 선조때부터 필연적인 죽음의 유전자를 물려받았으며 그 혈통은 가까이는 수십년에서 멀리는 수억년(7~10억년) 이상의 세월동안에 고착된 피할 수 없는 숙명을 안고 있다.

현대의 과학지식으로는 생물체의 자연적인 죽음이 시작된 시기를 정확하게 알수는 없다. 다만 여러 가지 자료와 연구결과로 추정해보면 7억~10억년 전에 진핵다세포생물이 출현한 시간속에 포함되었음은 명확하다(진핵다세포생물 : 세포의 핵이 있는 둘 이상의 세포로 된 하등생물, 모든 다세포 생물의 시조생물이다).

유전적인 원인에 의한 노화와 질병(이 과정에 대한 설명도 꽤 복잡하다)뿐만 아니라, 수많은 미생물의 활동, 중금속과 유해화학물질, 물과 공기의 오염, 방사능과 자외선, 급격한 기후변화, 지진과 화산폭발, 태풍과 홍수, 소행성의 충돌, 태양의 이상활동, 전쟁과 각종 테러, 예상치못한 수많은 사고들… 끝도 없는 이 모든 죽음의 군사들을 언제까지나 방어하기란 사실 불가능하다.

딱 맞는 비유라고 할 수는 없지만 "삶과 죽음은 동전의 양면과 같아서 결코 분리할 수가 없다"라는 견해가 있다. 죽음이 삶속에 포함되어 있다는 말은 다소 추상적이기는해도 옳은 견해라고 할 수 있다.

그 이유를 상식적인 관점에서 보면 오직 생명체만이 죽음이라는 절차를 겪기 때문이다. 무생물인 사물은 해체나 결합, 물리화학적인 변화는 일어나지만 "세포의 영구적인—기능정지"라는 죽음이라는 현상은 존재하지 않는다(예외적인 경우이지만 단세포로 된 일부미생물과 암세포는 표면적으로 죽음이 없는 것처럼 보이기도 한다).

단순히 우리가 경험만으로 삶속에 죽음이 내재되어 있다는 단정을 하기보다 이 주장에 대한 확실한 근거를 찾아야 할 것이다.

고등생물에게 있어서 자연적인 죽음을 어느 정도 연기시킬수가 있고 질병을 예방할 수 있다고 할지라도 예상치못한 사고를 완벽하게 방지한다는 보장은 없다.

과학의 관점에서 볼 때 "모든 생명체는 반드시 죽는다"라는 명제는 절대로 변하지 않는다고 보는 것이 타당하다.

죽음의 역사는 매우 오래되었고, 우리는 선조들의 유전적 특성을 물려받은 후손들이며, 각자의 세포속에 그 특성이 뚜렷이 새겨졌음을 인정해야만 한다.

가장 중요한 단서로는 생식세포가 자손에 대한 전달이 완료되면 어버이 생물(즉 개체자신)은 조만간 최후를 맞게 되어 있다는 점이다. 의도적으로 자녀를 갖지 않거나 특정한 질병으로 자녀를 둘 수 없는 이들도 생식기관을 이미 갖춘 다세포생명체라는 점에서 예외가 될 수 없다. 모든 다세포생물은 일부단세포생물과는 달리 반드시 죽음이라는 운명을 안고 있다.

개체의 모든 조직은 일정한 시간동안만 대사와 번식을 위해서 존재하도록 한계성을 부여받았기 때문이다.

그 한계성을 부여한 이는 수억년 전에 출현한 멀고 먼 우리의 시조생명체이다. 이들 시조생명체가 우리의 직계선조는 아니지만 그들의 혈통은 우리의 유전자속에 자리잡고 있다.

이 견해는 오늘날의 하등생물의 생태에 관한 연구결과로 충분히 증명되고 있다. 우리가 먼옛날의 시조생물의 후손임이 분명하다면 삶과 죽음이라는 숙명의 고리를 끊기는 불가능하다.

단세포생물(세균과 같은 원핵생물 및 원생생물, 일부곰팡이류)은 어버이세포의 분열로 이분법에 의한 증식을 함으로써 특별한 사고가 없는 한 개체가 자연적으로 사멸하지는 않는 것처럼 보이기도 한다.

특별한 사고(事故)란 먹이의 부족이나 고온, 건조화 등 여러 가지 환경의 변화를 말한다.

일부단세포생물은 어느정도의 분열을 한 후에는 정상적인 환경에서도 죽음을 맞이하는 것으로 알려져 있으나 최초의 어버이세포가 어느 개체인지 판별이 쉽지 않다. 이들 단세포생물은 여러 가지 원인 때문에 모두 생존을 할 수는 없지만 극소수(표면상으로)는 영원한 불멸의 길을 가고 있다고 볼 수 있다.

미생물의 삶은 기하급수적인 증식과 어버이세포의 불사라는 장점을 갖고 있지만, 생존경쟁의 관점에서 보면 환경에 대한 적응력이 불리하며 대량사멸의 취약성을 갖고 있기 때문에 굳이 우월적인 위치의 생물로 인정할 수는 없다.

단세포생물과는 달리 인간을 비롯한 모든 다세포생물(식물을 포함한다)은 반드시 죽음이라는 과정을 겪게 되어 있다.

다세포생물은 유전적인 요인에 의한 죽음뿐만 아니라 환경적인 요인과 사고에 의한 죽음에도 항상 노출되어 있다. 다세포생물은 비록 생식세포의 증식을 통하여 자손을 남길 수는 있지만 개체자신은 조만간 죽어야 할 운명을 안고 있다.

이 운명은 수억년 이전에 다세포생물의 숙명으로 결정되었기 때문에 어떠한 방법을 동원한다해도 사멸은 피할 수 없다.

고등생물의 죽음의 원인가운데 대부분을 차지하는 노화와 질병을 가져오는 근본원인은 수억년동안의 진화의 산물인 우리의 신체구조와 복잡한 자연환경, 그리고 끊임없이 요동치는 자연의 순환과정속에 포함되어 있다.

2. 죽은 후에는 인간의 육신과 정신은 어떻게 되는가?

이 물음에는 자연과학계의 주장과 종교적인 믿음이 아직도 대립하고 있다. 약 2천년 전 중동지역에서 발원한 기독교신앙이 서구의 기술문명과 군사력에 편승하여 인류역사의 상당기간을 지배해온 결과 많은 진실이 왜곡된채로 전해져왔다(시간을 거슬러가보면 기독교의 내세신앙은 고대 이집트와 메소포타미아의 영혼사상에서 그 기원을 찾을 수 있다). 고대 이집트의 내세신앙이 유대교나 현대기독교와는 차이점이 많겠지만 초자연적인 존재와 신비주의적인 단초를 제공하였고 지리적, 시대적으로 깊은 영향력을 끼쳤음은 분명하다.

심오한 사상의 산맥을 이룩한 불교와 여타 종교의 사후관도 이 점에서는 예외가 될 수 없다. 고대인들의 엉뚱한 상상으로 가득찬 세계관과 사후관이 온갖 종교와 토속신앙의 이름으로 인류의 문화를 상당기간 이끌어온 결과 많은 진실이 왜곡되고 감추어져 왔다.

지식의 부족, 이해의 어려움을 오직 신의 탓으로만 돌리는 고대인의 사고는 진실과는 많은 거리를 두고 있다. 고대인의 사상에서 유익한 것과 버려야 할 것은 선별되어야 한다.

육신보다 오래 사는 정신(영혼 또는 마음)은 없다. 마음과 몸은 둘이 아니며 분리할 수 없는 오직 하나이다.

인간의 정신(또는 마음)은 심장이 아닌 두뇌속에 있으며 육신과의 유기적인 관계가 단절된 두뇌의 작용이란 있을 수 없는 일이다.

이미 기능이 정지된 사멸한 뇌조직을 영혼의 이탈로 표현하는 고대인들의 추측은 소망에 불과한 것이며 그러한 소망은 고인(故人)과 연관된 살아있는 이들의 비합리적인 상상에서 비롯된 것이다.

산자들도 언젠가는 세상을 떠나겠지만 그러한 애틋한 소망은 종교와 전설을 통해서 강요되다시피 우리에게 전해져왔다.

진실이 아닌 허구적인 상상이 인간의 슬픔을 어느 정도 위로한 점은 좋은 평가를 받을 수가 있다. 그러나 허구와 진실은 분명 다른 것이다.

수태되지 않은 생식세포는 처음부터 완전한 형태의 생명체가 아니며 기능이 없는 이러한 유기물질을 생명체로 볼 수는 없다. 형체가 있지만 대사기능이 없는 물질에는 정신의 작용 또한 있을 수가 없다.

신체에서 분리된 세포조직과 생물체의 잔해도 생명체라고 할 수 없다. 이것은 유기물질이며 정상적인 대사활동을 하는 생명체가 아니다. 사후에 영혼이 이탈한다는 믿음은 에너지의 보존과 순환법칙에도 전적으로 반한다.

영혼이 생명체에만 존재한다고 인정한다면 이미 사멸하며 기능이 정지된 시신과 해체된 유해에는 영혼이 존재할 이유가 없다고 보는 것이 합당하다. 시신을 인위적으로 오랫동안 보존할 수는 있지만 대다수의 시신은 자연속에서 해체의 과정을 밟게 된다.

생명체의 출생과 죽음, 육신의 점진적인 소멸, 그리고 자연속에서의 해체는 시간적인 차이는 있으나 반드시 진행되는 자연의 철칙이다.

인위적인 시신의 보존행위를 포함하여 각종 추모제나 고인을 위한 모든 장묘문화는 남겨진 이들의 의도적인 관습으로 이해되어야 한다.

약 10만년 전(구석기시대 후기)에 시작된 인류의 매장문화가 나쁜 전통일 수는 없겠지만 그 의도는 진실과는 상당한 거리가 있다. 영혼의 활동과 부활의 소망은 현실적으로 일어날 수 없는 일이다. 동양의 윤회사상도 근거가 불확실하기는 마찬가지다.

죽은 이의 영혼이 일정한 사이클을 두고 다른 사람이나 동물로 환생한다는 이른바 "윤회설" 또는 "전생"이라는 용어는 사실적인 근거가 모호하지만, 신체조직의 대부분을 차지하는 수분(H_2O)과 탄소, 질소 및 무기물이 수많은 단계의 순환과정을 거쳐서 타생물의 성장과 생존에 기여를 하는 것은 어느 정도 사실이다.

생태계는 거시적으로 보면 물과 탄소의 거대한 순환이라고 할 수 있다. 전생(前生)이라는 용어도 영혼의 부활이라는 의미와 상통하는 면이 있다. 동양의 윤회사상은 대단한 상상이기는 하지만 과학적인 자료와 증명으로 성립된 이론으로 볼 수는 없다.

아무리 비약을 해도 다세포생물의 세계에서는 백퍼센트 똑같은 세포로 구성된 생물체는 존재하지 않는다(여러 가지 미세한 차이는 상존한다). 어떤 생명체이든 시간과 공간속에서 똑같은 형태로 존재한다는 것은 불가능하다. 무생물의 움직임은—나무의 열매가 떨어지거나, 철이 녹쓰는 현상 같은—외부에서 작용하는 물리력과 화학반응의 결과일뿐, 자체적인 대사활동이 아니며, 지적능력의 주체가 있는 것은 아니다.

자신의 존재를 나약하게 여기고 실체도 없는 무형의 절대자에게 불확실한 의존을 하기보다 자신의 굳건한 신념과 합리적인 이성으로 세계를 인식하고 현실과 미래를 개척하는 것이 오히려 떳떳한 자세가 아니겠는가? 인간사회의 문명은 자연의 도움에 힘입어 수많은 인간의 집념과 노력의 결과로 이룩된 것이지 소망이나 기도로써 만들어진 것이 아니다.

신이 세계를 만든 것이 아니라 인간이 자신의 모습을 닮은 신을 창출했다고 왜 말하지 못하는가?

"인간은 삶이 무서워서 법을 만들었고 죽음이 두려워서 종교를 만들었다"고 역설한 스피노자의 경구처럼 우리는 진실과 허구에 대한 냉정한 판단을 할 수 있어야 한다.

올바른 삶, 평화로운 세상을 위한 종교의 역할과 허구적인 사후관으로 미화된 종교의 상상력은 구분되어야 한다.

우리가 "신 또는 창조주"로 부르기도 하는 절대자의 의미는 광활한 우주와 자연을 망라하는 총체적인 움직임(인간과 모든 생물을 포함한다)을 쉽게 함축하여 표현하는 언어의 한 형태로 보는 것이 합당하다.

신과 영혼, 천국과 지옥… 이 용어들의 정체도 모호하기 이를데 없다. 이 용어들이 형체가 있는 고유명사를 말하는 것인지, 무형의 추상명사인지 그것조차 분명하지 않다.

천국과 지옥… 이 용어도 어떤 장소를 지칭하는 듯하지만 사실 그 증거는 어디에도 없다. 무지때문에 또는 이해의 어려움 때문에, 간절한 소망을 이루기 위해서, 자신의 능력으로는 설명이 어려운 난해한 현상을 신 또는 창조주의 이름으로 미화해온 고대인들의 사고는 논리적인 근거가 결여되어 있다.

오늘날의 모든 생물은 치열한 생존경쟁(자연선택과 자연도태)을 겪은 후 환경에 대한 적응을 거쳐서 살아남은 종(種)들의 후손이다. 또다시 이들의 일부는 도태되고 나머지는 살아남을 것이다.

출생과 사멸로 얼룩진 생명체의 자취를 돌아볼 때 "자비로우신 하느님"이라는 말은 어울리지 않는다.

지금 이 시각에도 생존과 경쟁, 출생과 사멸의 순환은 계속되고 있다. 찰스 다윈(1859년 영국)의 종의 기원이 발표된 이후 백여년 이상 천지창조의 신화가 궁색한 패배를 해왔음에도 불구하고 종교적인 믿음은 부분적인 허구성을 쉽게 버리지 못하고 있다.

부분적인 허구에 대한 아집보다 올바른 논리와 새로운 질서에 순응하는 냉철한 지혜가 필요하다고 본다.

다윈 이후에도 수많은 자연과학자들의 피땀어린 노력으로 엄청난 증거자료들이 제출되었으며, 이 증거들은 2천년 전에 작성된 성경(Bible)의 빈약한 강론과는 비교할 바가 아니다. 종교의 가르침이 많은 교훈을 담고는 있지만 모든 내용을 우리가 액면 그대로 신봉할 수는 없다.

신기루같은 종교의 주장이 무수한 실험과 증거자료가 뒷받침된 과학과 의술의 합리성을 외면한다면 진리와 정의에 반하는 일이다.

각종 에너지의 이용과 수많은 문명의 이기와 의약품의 발명은 인간의 피땀어린 노력의 결실이며 성경의 가르침과는 전혀 상관이 없다. 과학의 세계에서 부딪히는 몇 가지 의문점은 자동차의 부속이 몇 개 빠진 정도에 불과한 것이며 자동차의 실체가 완전히 허구라는 말은 성립될 수 없다.

과학과 학문의 모든 실체와 증거는 허구적인 창작물이나 상상과는 다른 것이다. 지나온 수천년이 종교와 허구의 시대였다면 새로운 천년 이후는 과학과 진실의 시대가 될 것이다. 어떠한 사상이나 이론도 진실과 상식을 외면한다면 망상이나 다름없는 무가치한 것이다.

3. 우리네 인생에서 지나간 시간은 왜 다시 돌아오지 않는가?

이 질문은 감상적인 소설의 한 구절을 인용한 것 같지만 의미심장한 내용을 담고 있다.

인간이 있기 전에, 아니 우주가 있기 전에, 과연 시간이란 개념이 있었을까? 시간이란 진정 무엇을 말하는가? 사실 시간의 정의를 분명하게 내리기는 쉽지 않다. 현재적인 시간을 표시하는 척도에는 시계와 달력이 있지만 이것이 시간의 모든 것을 의미하는지 자신있게 단언할 수는 없다.

초분시 일년과 같은 현재적인 시간의 단위를 뛰어 넘어서 무한한 과거와 끝도 없는 미래를 시간의 범주에 포함시킨다면 시간에 대한 우리의 인식도 달라진다. 작은 티끌이 모여서 거대한 태산을 이루듯이 과거와 미래를 포함하는 무한한 시간의 흐름을 인간의 척도로 정의하기는 무리다. 시간의 단위는 옛날 이집트에서 태양의 일출과 일몰, 달과 지구의 공전(음력), 계절의 변화를 기준으로 하루는 24시간, 일년은 365일(양력) 등으로 정하고 숱한 우여곡절을 겪은 후 오늘날 정착된 것이다. 일년이라는 단위는 하루처럼 뚜렷하지도 않다.

시간이 별과 행성의 이동간격을 의미한다면 너무 단순한 결론이며 끝이 없는 우주의 시간을 정의하기에는 부족함을 느낀다. 시간은 지역마다 또한 지구밖의 행성에서는 그 척도가 달라질 수 있다. 시간은 "인간이 만든 만물의 흐름을 측정하기 위한 단위"임은 맞지만 이론적으로 정의하기에는 어려운 점이 있다.

　무게(질량), 길이도 마찬가지다. 파리의 국제도량형국에는 1kg과 1m의 금속막대가 보관되어 있는데 시간처럼 기준이 모호한 부담감은 덜고 있으나 이또한 지구인들의 약정일 뿐이다. 무게도 마찬가지로 다른 행성에서는 척도가 달라진다. 시간과 무게, 길이를 이론적으로 정의하기는 쉽지 않다.

　우주의 인간과 모든 생명체에게 삶이라는 이름으로 주어진 시간과 더불어 인간이 온갖 숫자로 표현하는 시간의 척도는 일회성이다. 다시 말해서 시간의 반복이나 상황의 재현은 일어날 수가 없다.

　"서기 2000년"이니 "용의 해"와 같은 시간의 단위는 인간의 역사와 수명을 기준으로 만든 것(천문학적 자료에도 이용이 된다)이며 자연의 관점에서는 이런 용어들은 별 의미가 없다. 초분, 하루, 일년과 같은 시간의 단위는 지구의 인간이 만든 것이다.

　변화와 순환이라는 자연의 사이클은 인간의 척도와는 엄청난 차이가 있다. 지각의 대변동과 기후의 대변화(빙하기의 도래)에는 수백만년, 수천만년의 시간이 소요되며 인간의 역사와 시간을 적용하기에는 무리가 따른다.

　오늘의 태양과 어제의 태양은 작은 차이가 분명히 존재한다(흑점의 변화 상태, 달과 지구의 각도면에서 똑같은 상태는 아니다). 백년 전의 태양과 오늘의 태양이 완벽하게 같을 수는 없다. 천문학적인 차이뿐만 아니라 그 시간동안 지구와 인간주위의 환경이 상당한 변천을 겪은 것으로 보아야 한다.

　우주의 시간 속에서 진행되는 생존의 시간표는 일회성이며, 개체의 출생과 죽음의 사건에서 부활이나 재생은 있을 수가 없다.

별과 우주도 태어나고 해체되지만 새로운 별은 이미 과거의 그 별이 아니다. 이 현상은 생명체의 죽음과는 차원이 다른 방대한 사건이다. "만물은 끝없이 유전(流轉)하고 변화한다"는 진리는 인간에게도 어김없이 적용된다. 여기에서는 아인슈타인이 확립한 상대성이론중의 시간에 관한 특수이론이 적용되지는 않는다. 상대성이론(특수, 일반상대성)은 이 글에서 쉽게 설명할 수 있는 이론은 아니지만, 물체와 힘과 질량, 속도와 시간, 거리 및 등가성에 관한 물리학의 종합적인 법칙을 증명한 것인데 그 내용중에 시간에 관한 이론이 일부 포함되어 있다.

물체의 속도가 빛의 속도에 가까이 근접할 경우 시간의 흐름이 단축될 수 있다는 견해인데, 이것은 우주적인 관점에는 충분히 가능한 논리의 전개이지만 지구상의 모든 사물에게 적용되는 보편적인 시간개념과는 다른 이론으로 보아야 한다.

우주의 시간속에서 생명체에게 주어진 시간은 한정된 공간에서 제한된 시간동안만 유효하며 똑같은 개체의 출현은 두번 다시 일어날 수가 없다.

유전자복제로 태어난 생명체도 부모와 똑같은 복사판은 아니다. 생식세포가 완벽하게 똑같은 개체를 증식할 수 있는 확률은 천억분의 일도 채 안된다. 유전자의 변이(변동성)와 세포배열의 다양성 때문에 모든 생명체는 고유성을 갖고(단세포생물도 고유성을 갖고 있다) 있으며 끊임없이 유동적이며 결코 영원성을 갖고 있지 않다.

일년 전의 그 잠자리는 이미 사라졌고, 몇 십년전의 그 사람은 오늘의 인파속에서 더 이상 존재하지 않는다.

수백만에 달하는 병정개미의 출현이나 할머니를 빼어 닮은 손녀의 출생은 유사하지만 다른 개체의 등장이며 획일적으로 제작된 공산품과는 다른 것이다. 어버이 생명체와 그 자손은 많은 유사성이 있지만 획일화된 필름처럼 똑같지는 않다. 거시적인 관점에서 볼 때 많은 생물집단이 과거의 반복을 재현하면서 큰 변화가 없는 것처럼 보이기도 하지만 끊임없는 종족보존의 시스템으로 구성원의 교체가 쉴새없이 이어지고 있다.

세계의 모든 생명체는 별과 우주와 무생물조차도 변화를 거역할 수 없으며 길든 짧든 시간의 제약을 받고 있다.

4. 죽음과 사별로부터 오는 고통과 두려움, 슬픔과 외로움을 어떻게 하면 최소화시킬 수가 있는가?

이 질문에는 각 개인의 상황과 사망원인에 따라 천차만별의 차이가 있을 수 있지만 우리는 가장 합리적이고 보편적인 몇 가지의 해결방안을 찾을 수가 있을 것이다.

"삶이 있는 곳에 죽음이 있을 수 없고
죽음이 있는 곳에 우리는 이미 존재하지 않는다.
삶과 죽음은 동전의 양면과 같지만 이 두 운명은 서로
만나는 일이 없다. 따라서 살아서는 죽음을 생각할 필요가
없으며 죽은 후에는 우리의 삶은 지나간 과거에 불과하다."

　　　　　　　　　　(고대 그리스의 에피쿠루스학파의 죽음관에서 일부 인용)

위의 견해는 매우 단순하고 낙천적인 죽음관으로 볼 수는 있으나 인간이 가진 많은 고뇌와 불안감을 해소시켜 주기에는 역부족이라는 느낌이 든다. 죽음에 대한 이해와 공포감의 해소는 그렇게 간단하지 않다. 이것은 한 두장의 글로써 해소될 수 있는 가벼운 문제가 아니다.

삶과 죽음이 교차하는 경계선이 임종과 사별의 시간으로 본다면 그 시기를 잘 극복하는 지혜가 우리에겐 필요하며, 이 지혜는 단순한 낙천적인 용기만으로 얻어지는 것은 아니다.

내일 당장 우리의 종말이 닥칠지도 모른다는 쓸데없는 근심보다 언제, 어디서이든 우리가 최후를 맞이한다해도 두려움없는 마음으로 받아들일 수 있는 지혜를 갖추어야 할 것이다.

살기 위한 본능과 죽음에 대한 회피

인간뿐만 아니라 모든 생명체는 본능적으로 삶에 대한 강한 애착을 갖고 있다. 그 이유를 간단히 설명하면, 생체의 모든 조직은 에너지의 섭취와 호흡의 지속, 배설과 같은 대사활동을 쉬지 않고 수행하고 있기 때문이다.

자살과 같은 예외적인 경우를 제외하고는 생존에 대한 끈질긴 집착을 갖고 있는 점은 모든 생명체의 본능이며 자연적인 현상이다. 복잡한 사고력을 가진 인간의 경우, 심리적인 측면에서 볼 때, 현실에 대한 강한 애착과 함께 죽음으로 인한 알 수 없는 세계에 대한 두려움과 육신의 소멸에 대한 공포감, 그리고 현실의 모든 것과 영원히 헤어진다는 슬픔과 외로움이 복합적으로 작용하기 때문일 것이다. 인간은 자신들의 문명때문에 생리적인 본능과 정신적인 두려움이라는 이중의 고통을 겪고 있으며, 이것은 인간이 누린 모든 혜택의 응보이기도 하다.

인간을 제외한 다른 동물도 죽음에 대한 공포를 느끼는 종이 많지만 이들의 삶에 대한 본능은 심리적인 측면보다 본능과 경험에 따른 행동이며 인간처럼 치밀하고 사전적(事前的)인 두려움과는 그 양태가 다르다(어린 강아지의 죽음에 대한 공포감은 성숙한 개에 비하면 매우 약하다).

육체적인 관점에서 볼 때도 생명체의 모든 조직은 유기적으로 연관되어 있으며 생존을 위한 대사활동을 끊임없이 수행하고 있다.

세포의 생명력을 단순한 기계론적인 활동으로 보기에는 곤란한 점이 과거에는 있었지만(이 점에 대한 설명은 다소 복잡하다) 오늘날은 세포의 활동력을 "기계론적인 대사활동"(일명 : 기계론)으로 인정하고 있음이 일반적이다.

"기계론적인 대사활동"이란 세포내의 효소가 일으키는 화학반응으로 활동에너지를 만든다는 주장인데 오늘날 이 견해는 생물학계의 일반적인 정설이 인정되고 있다.

과거(약 백년 전)에는 단순한 원소의 집합체인 세포가 어떻게해서 활동성을 갖는지에 대한 의문과 그 활동력이 맨처음 어디에서 시작되었는지 알기 어려운 점이 있었지만 오늘날에는 "생기론"이 빛을 잃은지 오래다.

"생기론"이란 생명체를 움직이는 알 수 없는 초자연적인 힘이 활동력의 근원으로 작용한다는 주장인데 생화학분야의 발전과 함께 합리적인 근거를 잃은 것으로 생리학자들은 단정한다(이 내용은 본문에서 다시 설명한다).

생명체의 대사활동은 자신의 의지와는 별개로 진행되기도 한다(특히 인간의 경우, 몸과 정신이 전혀 다른 방향으로 진행되는 사례도 많다. 몸과 정신은 하나이지만 중추신경이 통제할 수 없는 조직도 있다). 특별한 질병으로 인해 신체의 어떤 조직이 장애를 일으키면 다른 조직도 점진적으로 손상을 받게 된다. 이러한 질병상태가 계속 진행되면 신체의 전반적인 기능이 붕괴되어 죽음에 이르는 경우(질병사 또는 자연사)가 있지만. 보편적으로 인간을 비롯한 모든 생명체는 죽음에 도달하는 마지막 순간까지는 살기 위한 모든 수단과 방법을 동원한다.

우리 주변의 모든 의식주행위와 기초적인 경제활동, 그리고 간단한 의료행위조차도 이러한 수단의 한 모습임은 분명하다, 인간의 이런 모습들은 모든 동식물이 갖고 있는 자연적인 본능의 또 다른 유형이다. 인간은 다른 생물과는 달리 생존을 위한 요소가 상당히 복합적이다. 또한 죽음에 대한 인식도 매우 복잡하다.

타인이 갖는 죽음에 대한 공포심을 이용하여 재물을 절취하고, 노동력을 착취하는가 하면, 심지어는 성(性)을 유린하는 범죄행위도 우리 사회의 일각에서는 적지 않게 일어나고 있다.

이런 모습들은 인간이 갖는 죽음의 공포가 얼마나 심각한지를 잘 보여준다. 특히 경제적 약자에게는 빈곤과 궁핍이 죽음으로 이어질 수 있다는 점 때문에도 이러한 사회악은 인류 역사에서 셀수도 없이 나타나고 있다.

심지어는 죽기보다 더 괴로운 삶을 강요당하는 모습도 보게 된다. 이러한 모습들은 개인보다 조직의 횡포로 발생하는 경우가 많지만 삶의 고통을 해소하고 개인의 행복을 추구하는 일은 본서의 주제와는 영역이 다르므로 간단히 언급하는 선에서 그친다.

개인의 행복은 당사자의 인생관에 따라서 척도가 달라질 수 있다. 행복에 대한 기준도 사람마다 천차만별이다. 행복을 자기 만족 또는 고통이 없는 삶이라고 표현하는 이도 있지만 이것을 수치나 물량으로 나타내기는 어렵다. 개인의 행복은 주변환경이나 교육정도, 능력이나 성격, 건강 또는 대인관계에 따라서 많은 차이를 보인다.

인간은 사회적인 동물이다.

개인은 가정과 직장. 학교 및 지역사회와 국가로부터 많은 영향을 받는다. 즉, 정치와 경제, 문화, 복지, 군사제도 등은 개인과 가정에 적지않은 영향을 주고 있다. 특히 일상생활을 영위케하는 경제는 정치 및 사회체제와 뗄 수 없는 관계에 있다. 현대사회는 경제적인 향상이 개인의 능력보다 국가나 기업의 활동에 크게 좌우된다. 개인의 능력도 필수적이지만 국가와 기업의 향배에 따라서 부의 증가와 분배가 결정되는 경우가 많다. 정치의 본질은 국민을 위해 봉사하는 것이지만 자신의 이익을 우선시하는 정치인과 특권층이 늘어날수록 그 피해는 결과적으로 구성원에게 돌아간다.

계층의 형성, 극심한 빈부격차, 문화의 양극화는 현대사회의 어두운 모습이다. 어떤 이들은 이러한 현상을 당연시하기도 하지만 극심한 양극화는 매우 나쁜 결과를 초래한다. 범죄의 지속적인 증가, 폭동과 시위의 빈발이 대표적인 사례들이다.

나약한 약자들이 결국에는 도태되는 정글의 법칙이 인간사회에도 무차별적으로 적용된다면 이것은 슬픈 광경이다.

대체로 후진국가의 복지제도가 미비한 것은 정치와 경제가 원만하게 운용이 되고 있지 않기 때문이다. 개인의 능력탓도 있겠지만 그 개인은 사회의 일개 구성원으로 출발한 것이다. 완전히 고립된 지역의 개인의 삶은 전적으로 자신이 책임져야 할 것이다.

무지와 빈곤은 개인의 잘못인가? 가정과 사회의 잘못인가? 예외가 많으므로 이 물음에 쉽게 답하기는 어렵다. 완벽하게 고립된 개인은 흔치 않으며 개인은 어떤 형태로든 사회와 연계되어 있다. 또한 개인의 재능이나 체질은 유전적인 요인을 배제하기 어려우며, 후천적인 요인인 가정과 지역사회도 개인에게 많은 영향을 준다. 극소수의 인물은 역경속에서도 명성을 얻기도 하지만 그 숫자는 매우 제한되어 있다.

최상위의 선진국과 최하위의 빈민국을 비교해볼 때도 후천적인 환경의 중요성을 무시할 수는 없다. 보편적인 관점에서도, 통계상으로도 무지와 빈곤은 개인보다 가정과 사회에 더 많은 책임이 부과되어야 할 것이다.

보편적으로 개인의 삶의 원동력(목적으로 볼 수도 있다)은 의식주와 연관된 재물과 가족에 대한 애정, 그리고 약간은 추상적인 희망이 되기도하지만 이러한 요소들을 구체적으로 명시하고 실행해야 할 주인공은 결국 당사자이며 필자의 견해는 주제넘는 참견이 될지도 모른다.여기서 희망이라 함은 현실과 이상이 다소 혼재된 내용이 되기도 한다. 좋은 삶을 위한 해답을 필자가 독단적으로 제시하기는 곤란하다.

독자들은 삶의 마지막을 위로하기 위한 이 책에서 너무 많은 것을 기대해서는 안될 것이다. 좋은 삶, 보람된 인생의 청사진은 당사자와 가족, 직장 및 사회와의 연계속에서 이루어지는 것이며 여기에는 모범답안이 없다. 결국 좋은 삶, 행복한 인생에 대한 실행과 판단은 자신의 몫이며 자신이 주체가 되어야 한다,

한편으로 인생의 행복은 커녕, 타인과의 갈등이나 다툼으로 인해

고통을 겪는 이들도 상당수가 있다. 이런 사건들은 금전적인 문제와 더불어 개인의 심리상태와 교육정도, 사회적인 문제가 복잡하게 얽혀 있는 경우도 있다.

이들 사건에는 자신의 이익만을 추구하는 사악한 이기주의가 난무하고, 더욱 많은 것을 원하는 탐욕과 방탕, 또한 남을 괴롭히고 억압하면서 자신의 안일과 입지를 강화하려는 자들이 있기 마련이다. 대체로 이런 사건들은 오해와 대화의 부족에서 기인하지만 가해자의 무지와 편견, 이해심의 부족 등에서 발생하는 경우가 많다. 이 사건들이 적절한 선에서 타협되지 못하면 잔혹한 범죄와 같은 일들이 발생하기도 한다.

타인과의 다툼이나 갈등은 오래된 인간본성의 하나이며, 이러한 인간의 사악한 면은 교육과 수양을 통해서 억제해야 하지만 실행이 여의치않은 이도 있다.

무지와 이해심의 부족, 개인의 나쁜 자질은 분명히 사회와 가정의 영향을 받고 있다. 다툼과 갈등이 심한 사회는 교육과 문화수준, 법질서와 사회관습 등이 결점을 보이기 때문이다.

이러한 결함은 범죄나 개인간의 갈등을 확산시키기도 한다. 인간의 우호적인 본성도 확산되지만 사악한 면도 전염되고 확산될 수 있다. 개인의 사악한 자질을 가정과 사회가 전적으로 책임을 질 수는 없겠지만 이러한 성향을 개선시키기 위해서는 교육과 계몽을 통해서 사회전체가 많은 노력을 기울여야 한다.

인간은 정신적, 신체적 요인이나 경제적, 사회적, 정치종교적인 상황에 따라서 삶의 양식과 죽음에 대한 인식에 많은 차이를 보인다. 인간이 경제활동을 하는 목적에는 생존을 위한 생계형경제행위를 비롯하여 보다 잘 먹고 잘 입고 더 나은 서비스를 받고자하는 호의호식형 경제행위도 있다(중간형태의 사람도 있겠지만 크게 보아서 두 부류로 분류한다).

뚜렷한 목적이 없는 축재형경제행위와 타인과 사회에 대한 봉사를 목적으로 하는 이타적경제행위는 여기에서 제외가 되겠지만 인간의 모든 경제활동에는 안락한 삶과 고통없는 평온한 죽음에 대한 욕구가 분명히 내재되어 있다고 보아야 한다.

사회적인 관점이 아닌 생태계의 측면에서 볼때도 모든 생명체의 죽음에 대한 회피는 유전적이며 자연적인 본능에 속한다. 그러나 이 본능도 최후의 시간이 도래하면 더이상 지탱할 수가 없게 된다.

고등생물인 대형포유류와 파충류, 하등어류와 미생물은 외부환경에 대한 적응체계가 다르기는 하지만 생체의 근본적인 매커니즘은 거의 유사하다. 생체의 매커니즘이란 "기계론적인 대사활동"을 의미하며 먹이의 섭취와 배설, 산소의 호흡, 번식과 외부에 대한 반응 등을 말한다.

만약 어떤 생물이 죽음에 대한 공포감을 갖고 있지 않다면 괴롭거나 힘든 일이 있을 때 또는 적(敵)과의 경쟁에서 쉽게 삶을 포기함으로써 오래전에 멸종되었을 것이다.

인간은 다른 생물과는 달리 언젠가는 자신이 죽음을 맞이할 수도 있다는 점을 인식하는 유일한 종이기는 하지만 한편으로는 자신의 죽음에 대한 예상을 의도적으로 회피하려는 이들도 있다.

자신의 죽음에 대해서 부정일변도의 사람들이 추구하는 단순한 삶의 기쁨이나 재물, 지위나 명예, 일상의 여러 가지 욕망을 하찮은 대상으로 간주할 수는 없다.

어쩌면 이들은 지극히 현실적이며 인생의 짧은 목표를 세우고 자신의 하루를 채워나가는 현명한 사람들일지도 모른다.

"우리는 삶의 문제가 중요할뿐 죽음의 과정이나 죽음 이후의 문제는 별로 중요하지 않다. 그것은 우리의 당면한 문제가 될 수 없다"라고 역설하는 어느 현실주의자의 주장에도 충분히 공감을 할 수 있다.

"삶도 아직 다 모르는데 죽음을 어찌 알 수 있겠는가?"라고 반문한 공자의 솔직함도 위의 역설과 상통하는 면이 있다. 그러나 이런 식의 죽음에 관한 회피성의 답변이 의문으로 가득찬 죽음의 정체를 밝혀주기에는 부족함이 많다.

우리가 살아가기 위한 모든 생각과 행위(또한 삶의 과정에서 얻고자하는 어떤 목표를 포함하여)는 달리 표현하면 죽지 않기 위한 본능적인 행동으로 볼 수 있다. 삶의 모든 행동은 죽음에 접근하지 않으려고 하는 생명체의 자연적인 본능으로 보아야 한다.

인간이 행하는 모든 본능과 행위는—음식물의 섭취와 호흡을 통한 건강의 유지, 기초적인 질병의 치료, 체온의 유지나 배설—등은 보다 나은 삶을 추구하기 위한 기본적인 생리현상이지만 죽음에 대한 회피의 한 모습이기도 하다.

만약 죽음을 대수롭지 않은 생태계의 일개현상으로 치부한다면 우리가 삶의 현실속에서 만나는 수많은 사물과 사건들은—의식주문제, 모든 의료행위, 과학문명의 모든 이기들, 법과 질서, 모든 학문과 관습조차도—하찮은 대상에 불과할 것이다(일부 국가에서는 관습에 대한 저항이 죽음을 불러오기도 한다).

죽음은 삶과 반대되는 개념이지만 집요하게 삶과 연결되어 있으며 우리의 일상에서 중요한 사건임은 명백하다.

살기위한 본능은 바꾸어 표현하면 죽음에 대한 회피라고 할 수 있
다. 인간의 출생과 삶을 소중한 사건으로 볼 수 있지만(또는 고통과 시
련의 시작으로 보든지) 죽음이라는 현상을 심각한 불행으로 보거나(또
는 당연하고 아름다운 이별로 보든지) 모든 관점은 우리의 생각에 따라
얼마든지 변화될 수 있다.

그 관점은 자연과 세계에 대한 우리의 지식과 지혜의 힘으로 또한
우리의 노력과 의지에 따라서 충분히 달라질 것이다.

죽음과 사별의 고통에서
벗어나고자하는
우리의 지혜

서 언

수년 전 가까운 친지와 친우를 사별한 후 우리 자신의 우울한 종말에 대한 혼란스러웠던 감정과 인간의 죽음에 관한 여러 가지 견해를 종합적으로 정리하고자 한다.

이 글의 목적은 비자연사(사고사, 자살, 피살 등)를 지지하거나 죽음 자체를 예찬하기 위함이 아니며 순수한 자연사(병사 또는 노화로 인한 죽음)로 인한 삶의 마지막을 위로하고 죽음에 대한 낙관적인 자세를 확립하기 위함이다.

이 책의 일부내용은 현대의학으로 충분히 치유가능한 환자의 회복을 저해하기 위함도 아니며, 최선을 다한 의료진과 환자의 재활의지를 약화시키기 위함도 아니다. 단지 많은 사람들의 온갖 노력에도 불구하고 이 세상을 떠나야만 하는 죽음의 당사자와 남겨진 그의 가족을 위한 글이다.

죽음과 사별의 고통에 직면할 때 유가족보다는 당사자의 슬픔과 고통이 더 크다는 점을 우리는 이해해야 한다. 이 책은 당사자의 슬픔과 고통의 위로에 보다 많은 비중을 두고 있다.

1부 1장

인간의 출생

    인간의 죽음자체는 생명의 잉태에서 비롯되지만 출생의 시작이 없다면 죽음에 대한 공포나 슬픔도 처음부터 있을 수가 없다(그러나 많은 이유 때문에 이 사실을 인식하고 자녀를 출산하는 부모는 거의 없다).

    인간은 여러 가지 이유로, 사랑하는 이와 동반하고자 하는 육체적, 정신적 욕망 때문에, 또한 성욕의 해소와 같은 본능 때문에, 종족보존과 가문의 유지, 노후의 불안 등에 대비한 가족의 구성을 이유로, 분업과 협력, 외로움의 해소, 자녀에 대한 애정의 표출과 같은 개인적 욕구 때문에 그리고 다양한 사회적, 경제적, 종교적인 이유로 이성간의 만남을 통해 새로운 생명을 출산한다.

    어떤 사람에게는 이러한 여러 가지 이유가 살아가는 목적 그 자체가 되기도 한다. 나중에도 다시 언급이 되겠지만 인생의 목적이 진정 무엇인가에 대한 물음에는 명확한 결론을 내리기가 어렵다고 본다. 여기에 대한 답은 개인차가 심하다. 시대적 상황이나 개인의 환경이나 성격, 지식에 따라 천차만별의 유형이 있다.

보편적으로 남녀의 성적결합은 결혼이라는 사회관습을 통하여 새로운 생명을 출산시키고, 그 생명은 법률이 보호하는 범위내에서 여러 가지 권리와 의무를 부여받는다.

한편으로 결혼이라는 사회적인 제도의 틀속에 편입되지 못한 불우한 생명의 출생도 있지만 그 숫자가 그리 많지는 않다. 사생아의 출생은 사회적, 가정적으로 많은 문제점을 가져오므로 당사자의 처신과 사회의 보호장치로 이러한 불행을 방지하도록 노력해야 할 것이다. 한국사회에서는 사생아의 출생이 그리 환영받는 모습이 될 수 없지만 인간존중의 휴머니즘이 오랫동안 관습화된 서구사회에서는 이들의 출생을 결코 차별화하지 않음이 일반적이다. 가부장적 문화인 동양의 유교사상과 서양의 인도주의와 합리주의는 장단점이 있겠지만 여기에서 긴 설명은 하지 않는다.

인간의 경우, 새로운 생명의 출산에는 꽤 복잡한 절차와 과정이 필요하다. 당사자에 따라서 다양한 목적이 있겠지만 반드시 성(性)이라는 매개행위가 있어야 한다. 성은 성관계 또는 생식세포의 수정을 의미한다.

인공수정과 유전자복제라는 응용과학기술은 인간이 개발한 특별한 형태의 번식행위이지만, 새로운 생명의 탄생에는 반드시 어버이 즉, 부모의 생식세포(난자와 정자)가 필요하다.

응용과학기술은 보편적인 번식개념과는 다르지만 무생물에서 생

명이 출현하는 것은 아니며 부 또는 모라는 과거의 성(性)의 결합체
인 어버이 생명체가 반드시 존재해야 한다.

유전자복제기술은 부 또는 모체와 거의 유사한(일백퍼센트 같을수는
없다) 2세를 출현시키는 기술인데, 새로운 생명체가 모든 면에서 어
버이의 신체구조와 일치하는 것은 아니다.

아주 미세하지만 그 차이는 분명 존재하며, 복제생명체는 후천적
요인(경험과 정보량), 음식물의 내용, 환경의 영향 등으로 여러 가지
상이점을 보인다.

복제기술은 동식물의 품종개량과 장기이식에 관한 기술을 발전시
킬 것으로 보이지만, 인간의 수명연장과 중요장기이식에는 적지 않
은 장애물이 도사리고 있다.

유전자 조작과 유전자 복제는 내용이 많이 다르다. 유전자 조작은
방사선이나 특수화학물질로 유전자의 일부(DNA와 RNA의 일부분)
를 조작하여 어버이생물의 체세포와는 약간 다른 2세를 출현시키는
기술이다. 이것은 인공적으로 시도하는 돌연변이의 일종이라고 볼
수 있다.

생물의 유전자조작에 대한 찬반양론이 충돌하고 있으나 유전자조
작생물이 생태계(인간을 포함한다)에 유해하다는 확실한 증거는 없다.
그러나 검증은 계속되어야 한다. 생물의 돌연변이가 자연과 인간에
게 어떤 유해성을 가져왔는지 그 유해성의 정의(定義)가 무엇인지,
그 해석도 오늘의 우리가 내리기는 쉽지 않다.

다양한 견해가 있지만, 성(Sex)이라는 동물의 행위에는 번식이라
는 종의 본능이 내재되어 있다고 보아야 한다. 매매춘을 비롯하여

수태를 원하지 않는 많은 섹스가 있지만 이것은 목적보다 과정을 중요시하는 본능의 한 형태이다(이런 사례는 꽤 많다. 음식물의 조리나 선별도 그러한 경우다). 두뇌의 정보량이 많고 감각기관이 발달한 인간은 특유의 행동을 다반사로 행하며 결코 이상한 행위로 생각하지는 않는다.

대부분의 사람은 성을 통한 정보와 쾌감이 뇌세포에 이미 각인되어 있다. 폐경기가 지난 중년여성의 섹스도 번식과는 무관한 인간 특유의 본능이라고 할 수 있지만 생명체의 본능의 뿌리에서 완전히 벗어난 것은 아니다. 남성의 경우는 관점이 다르지만 이러한 유별난 성은 포유동물중의 인간만이 갖는 예외에 속한다.

한편으로 어떤 이들은 강력한 자기통제로 성적본능을 억제하기도 하며, 성경험이 전혀 없는 사람은 폐경기가 지난 중년 이후에도 성에 대한 관심을 거의 나타내지 않는 경우도 있다.

비록 종족의 보존이라는 원초적인 본능에서 벗어난 성이 존재한다고 해도 이것은 과거의 경험과 습성이 현재와 결부된 특이하면서도 정상적인 모습의 성으로 이해되어야 한다.

인간사회에서 행복과 비극의 양면성을 갖고 있는 성의 역사는 생물학의 관점에서 본다면 대단히 오래된 본능이다. 독자들도 익히 알고 있듯이 식물이나 단세포동물은 포유류(또는 파충류)와는 번식과정이 다르기는 하지만 유전자(DNA 및 RNA)의 결합과 복제라는 생리적 매커니즘은 거의 비슷하다. 생물학의 관점에서는 성기를 통한 성적결합은 약 3억1천5백만년 전(석탄기 후기) 양서류에서 소형파충류로의 진화와 함께 시작된 것으로 보고 있다(먹이의 역사는 이보다

휠씬 오래되었다).

유성생식과 체외수정의 역사는 내외성기의 성적결합보다 더 오래
전에 일어났다. 성기를 통한 체내수정은 자손의 안정성에는 많은
장점을 가진다. 곤충과 같은 무척추동물은 체내수정(internal
fertiligation)을 위해서 교미행위를 하지만 이들은 상당수가 암수동체
이며 오늘날의 포유동물이나 파충류(악어 또는 뱀)처럼 진화된 성기
관은 갖고 있지 않다.

진화의 계통에서 볼 때, 곤충과 양서류는 대단히 먼 거리에 위치
하고 있으며 어류와 양서류, 그리고 파충류와 포유류로 이어지는
진화의 역사에서 성기를 통한 성결합의 기원은 원시파충류가 등장
한 시기까지 거슬러 올라간다.

일반적으로 어류와 양서류(개구리, 영원따위)는 성기를 통한 교미행
위가 없으며 체외수정으로 종족을 번식시킨다(단, 어류중에서 상어
와 가오리는 발달된 성기관은 없지만 체내수정을 한 후 알을 산란
한다). 양서류의 교미행위는 파충류나 포유류처럼 체내수정을 목적
으로 하는 것이 아니며 수컷이 암컷의 배설강을 자극하여 외부로
난자를 배출한 뒤 그 위에 수컷의 정액을 산란하는 방식인 체외수
정을 취하고 있다.

(윌리스 외 2인 공저 『생물학』에서 일부인용, 1995년)

오늘날의 인류가 자신의 기술을 이용하여 성행위가 결여된 생명
의 잉태(인공수정 또는 유전자복제)를 시도하고 있으나 여기에도 많은
논란이 있다. 이러한 생명체의 인위적인 출생작업은 자연적이고 본
능에 따른 인간의 본성과는 배치되는 것이지만 이 글에서는 더 이

상의 언급은 하지 않는다.

고등생물의 성결합에는 종족번식이라는 본능이 숨어있다고 언급했지만 성을 위한 유인동기도 꽤 복잡한 것으로 여겨진다.

동물과 식물의 번식과정이 외형상으로 많은 차이가 있듯이 인간과 야생동물의 성결합에도 많은 차이가 있는 것으로 보인다.

모든 이성이 성결합의 상대방이 될 수는 없으며, 인간의 경우는 시각적인 요인뿐만 아니라 사회적 지위나 체형, 경제적, 심리적 요소들이 다양하게 작용한다. 야생동물도 시각적, 후각적인 요소뿐만 아니라 상대의 능력, 체형 등이 추가되기도 한다.

일반적으로 동물의 바람기(인간을 포함한다)는 체질적으로 강인한 신체를 가진 생물의 번식욕구때문이라는 생물학적인 견해가 있으나 정설로 인정하기는 어려울 것 같다.

이 견해는 적자생존이라는 생물학적 이론을 너무 좁게 해석한 것이며, 일리는 있지만 바람기에는 한 두가지의 원인만 있는 것은 아니다.

적자생존의 이론은 모든 생물에게 무차별적으로 적용되지는 않는다. 물리적인 파워가 강한 생물과 번식력이 강한 생물은 서로 다른 양태를 보인다. 생쥐와 호랑이는 생태면에서도 다르고 번식양태도 많이 다르다.

인간의 바람기에는 당사자가 미혼이든 기혼이든 그 구분은 별의미가 없어 보인다. 인간의 성은 개인의 지식과 경험, 사회적 지위나 건강상태, 외모 등에서 다양성을 보이기 때문에 한 가지 측면의 우월성으로 바람둥이가 된다고 볼 수는 없다. 그러나 일부일처제의 오랜 번식문화를 유지해온 인간에게 바람기, 이른바 난교라는 불명예는 여러 가지 불행을 초래할 소지가 많기 때문에 비난을 받고 통제되어야 마땅하다.

식물이나 곤충류, 어류의 번식활동이 인간을 포함한 포유류처럼 복잡한 감정이나 지식을 동원한 애정으로 이루어진다고 보기는 어렵지만 그들 나름대로의 낮은 수준의 성결합현상을 관찰할 수 있다.

오늘날 포유류의 번식행위가 다른 종보다 복잡한 양상을 띠고 있는 것은 오랜 세월에 걸친 두뇌(대뇌피질)의 진화로 인한 것임은 두말할 필요가 없다.

수많은 이유로 태어나는 새로운 생명의 탄생을 인위적으로 통제하기는 불가능하다. 이러한 인위적인 출생의 중단행위는 모든 사람들에게 개별적으로도 불가능하겠지만 사회적으로도 용납되지 않을 것이다.

출생의 전면적인 중단은 궁극적으로 사회집단의 해체와 종말을 가져올 것이며 어떤 이유로든 있어서는 안될 것이다.

우리 인간이 불멸의 존재가 아닌 이상 죽음은 누구에게나 찾아오겠지만 새로운 생명의 탄생이 없다면 조만간 가정과 사회는 소리없이 사라지고 말 것이다. 세계의 종말이나 해체는 결코 바람직한 현상이 될 수 없다. 우리의 삶과 우리의 사회를 지속시키는 성은 생명을 탄생시키는 필연적인 요건이지만 그 생명은 죽음이라는 그림자를 반드시 동반하고 있다.

죽음, 회색빛 수수께끼

인류의 역사가 시작된 이래(역사시대는 신석기시대 후기부터 최장 8천
년으로 추산한다) 지금까지 인간을 포함한 수많은 생명체가 왜, 어떤
과정을 거쳐서 사망에 이르게 되는지에 대해서 다양한 분야의 사람
들이 연구를 해 온 결과 뛰어난 성과도 이루었지만—장기의 노화,
미생물의 과다증식, 암세포의 확산 등 여러가지 요인이 있다—종국
에는 왜 신체가 모든 기능을 정지하여 부패과정을 거쳐 대자연의
품으로 돌아가는가에 대한 결정적인 해답은 풀기 어려운 인류의 숙
제가 될지도 모른다.

죽음의 원인에 대한 해답은 과학적인 증거도 필수적이지만 넓은
안목의 철학적 지혜와 종교적인 견해, 우주적인 관점의 지혜도 필
요하다고 본다. 생명체의 출현과 진화, 그리고 종의 확산과 사멸은
기나긴 역사를 갖고 있으며 그 세계의 전모는 오늘의 우리 능력으
로는 쉽게 접근할 수 없는 미궁속에 있을지도 모른다. 그 전모는 오
늘의 우리가 간단히 이해하기 어려운 광대하고 난해한 자연의 법칙
이자 순환속에 포함되어 있을 것이다.

오늘을 살고 있는 우리 또한 언젠가는 대자연의 순환과 변화라는
막대한 힘에 의해 생명체로서의 역할을 정지당할 것이다. 비자연사
(사고사, 피살, 자살 등)의 경우는 그 과정과 원인을 일정 수준까지

는 관찰을 하고 분석을 할 수도 있다. 자연사(노화 또는 질병사)의 경우도 죽음에 이르는 생리학적 원인을 상당부분 파악을 하고 있지만, 이러한 원인이 발생하는 근원적인 이유에 대해서는 분명한 해답이나 예방책을 찾지 못하고 있다.

지혜를 가진 우리 인류가 자연과 우주의 모든 섭리를 꾸준히 파헤친다고 해도 이해할 수 없는 의문점은 남을 것이다. 오늘의 인류는 시간적인 한계때문에 그 숙제를 후진들에게 넘기겠지만 그래도 풀리지 않는 수수께끼는 존재할 것이다.

죽음에 대한 인식

불교, 기독교, 유교, 이슬람, 중국의 백가사상 및 많은 종교와 사상이 언급하는 사후관은 대동소이하다(많은 종교가 사후세계를 인정하는 공통점을 보이고 있다).

세상의 모든 것과 안녕을 고하고 돌아올 수 없는 미지의 세계로 떠나야만 하는 슬픔과 고통은 심각한 문제인 것은 분명하다.

중국의 도가나 유가사상 중에는 죽음을 미화하고 당연시하는 견해가 있지만 모든 사람을 두렵게하는 죽음의 정체에 대해서는 명확한 답변이라고 할 수는 없다.

고대의 사상에서 우리는 많은 것을 배우기는 했지만 사회의 복잡성과 기술문명(물질)의 진보는 현대인의 생사관을 혼돈과 무질서로 어지럽게 만든다.

수많은 사상과 학문이 난립하고 있지만 죽음에 직면한 고통과 두려움을 해결하는 방안은 다름아닌 우리 자신이 갖고 있음을 인정해야 한다.

어떠한 지식이나 경험이든, 많은 선각자들의 사상과 종교적인 가르침이든 그 모든 것을 인식하고 활용해야 하는 당사자는 바로 우리 자신이다.

전쟁으로 인한 사망이나 불의의 피살과 같은 억울한 죽음, 희생과 헌신으로 몸을 던지는 이타적인 자살과 같은 특별한 죽음을 제외하고는, 현대사회에서 자신의 죽음에 대비하여 강인한 수양과 굳건한 신념으로 무장된 사후관을 가진 이들의 숫자는 극히 소수에 불과하다.

현실적으로 죽음의 사건들과 연관된 직업적인 종사자를 제외하고는 차가운 죽음의 사건과 마주치는 경우는 흔치 않다.

일상의 생기있는 발랄한 모습과는 달리 창백하게 일그러진 주검은 평범한 이들에게 혐오와 공포감을 주기도 한다.

한국에서는 연간 25만명 가량의 사망자가 발생하지만 담당의료진과 관련 공무원, 장의업 종사자, 그리고 직계 가족들만이 죽음의 사건과 직접 마주할 뿐이다. 매스컴이나 작가, 관련업계 종사자(주로 의료진)조차도 일정한 거리감을 두고 타인의 주검을 대하기 때문에 절박한 자신의 문제로 인식하고 있지는 않다.

공존의 시대에 일상의 생활을 영위하는 사람들에겐 타인의 죽음은 두려운 기억일 뿐이며 빨리 잊고자하는 과거의 잔영에 불과할지도 모른다.

일상의 분주한 생활속에서 어두운 주검의 모습은 자신들에게 어떠한 이득도 줄 수 없다고 생각할 것이며, 일부 의료진(직업의식때문일수도 있다)조차도 자신들의 능력의 한계를 보여주는 눈을 감은 동족의 모습은 결코 유쾌한 기억이 될 수는 없을 것이다.

언젠가는 닥쳐올 자신의·죽음을 인식하는 삶과 그렇지 않은 이들의 삶은 인생관이나 삶의 과정에서 상당한 차이를 보인다.

내일 당장 죽음을 맞이할지도 모른다는 우려나 두려움보다 주어진 여건과 시간을 지혜롭게 활용할 수 있는 신념과 자세를 갖추어야 할 것이다.

모든 일에는 양면성이 있지만 죽음의 어두운 관점보다 당당한 자세로 낙관적인 면을 확대시켜 나가야 한다.

전선에 투입된 병사가 아닐지라도 일상의 생활에서 자신의 죽음을 인식하는 사람과 전혀 그렇지 않은 사람은 상당한 차이가 있다.

연령이나 지식, 경험에 따라서 개인적인 차이는 있겠지만, 개인의 인생관이나 심리상태를 객관적으로 판단하여 평가하기는 어렵다. 그러나 항상 죽음의 당위성을 인식하는 사람은 자신의 삶을 유한한 존재로 인식하며 일정한 목표를 세우고 예정된 삶의 시간표를 진행시켜 나가는 성숙한 생활태도를 볼 수 있다. 이러한 모습은 성숙한 인간의 유형이지만 한편으로는 자신의 예정된 죽음을 인정조차 않으려하고 또는 전혀 무관심한 미성년계층이나 생존경쟁에만 몰두하여 타인과의 갈등이 많은 범죄자나 말썽꾼들은 분별없는 생활태도를 보여주기도 한다. 죽음을 인식하는 심리상태가 과민반응을 보인다면 어떤 범죄를 저지르거나 자포자기와 같은 자살을 시도하는 비정상적인 유형의 사람이 나타날 수도 있다.

삶에 대한 혐오가 죽음으로 바뀌는 인간의 심리상태는 상당히 난해하다. 이 문제는 어느 한 가지 관점에서 파악할 수 있는 단순한 사건이 아니다. 이런 유형의 사람은 행위자체가 충동적이고 우발적인 경우가 많으며 이들이 어떤 시도를 하기전(살인이든, 자살이든)에 치밀한 계획을 세운다할지라도 높은 도덕성이나 원인과 결과에 대한 사려깊은 생각이 결여된 경우가 많다. 이들의 행위는 도덕성이나 지식이 매우 빈약한 상태에서 저지르는 무모한 행동인 경우가 많다.

이들의 행위를 유발한 심리상태가 여러 가지 외부적인 요인, 가정적, 사회적, 경제적 요인에 의해 영향을 받았겠지만 자신의 생각과 행동을 통제하고 결정하는 주체는 결국 자신이므로 당사자의 행위를 전적으로 외부적인 요인으로 전가해서는 안 될 것이다.

많은 복합적인 요인이 작용하였겠지만 자신의 행위에 대한 최종적인 책임은 자신이 져야함이 마땅하다.

전쟁과 죽음의 공포

전쟁은 질병사 다음으로 높은 사망원인을 차지하는 인간특유의 큰 비극이다. 인간의 행위중에서 삶과 죽음이 가장 근접한 것이 전쟁이다. 인류가 도구나 무기를 사용하여 살상을 하게 된 근원을 추적해보면, 구석기시대의 시작(약 200만년 전후)과 함께 선조들의 수렵생활과 밀접한 연관이 있는 것으로 보인다. 도구의 발전은 전쟁의 역사와 맥을 같이 해왔으며, 무기의 발전은 도구문명의 발달과 뗄 수 없는 관계에 있다. 타동물과의 투쟁인 수렵의 단계를 넘어선 뒤 원시공동사회와 농경정착시대를 거쳐 봉건왕조로 접어들면서 약탈과 정복을 위한 전쟁도 대형화되고 더욱 잔인해져 갔다.

농경사회가 정착되면서 전쟁의 규모가 확산되었다는 설이 일반적이다. 인구의 집중과 넓은 경작지의 필요성, 농기구의 수요가 증가하면서 철기제작 기술이 빠르게 발전하고 철기문명의 발달이 무기의 발달에 큰 영향을 끼쳤음은 분명하다.

무기의 발달이 생태계의 경쟁에서는 우위를 점하게 되었지만 결과적으로 종족상잔의 폐해를 불러왔다.

전쟁은 이기적인 생존본능과 함께 약탈과 정복이라는 정치적인 속성도 한몫을 한 것으로 보인다.

중국의 어떤 역사학자는 대륙역사의 3분의 2는 전쟁으로 얼룩져 있다고 말하기도 한다. 타종족이나 포식자인 맹수와의 생존경쟁에서 살아남기 위한 자기보호본능과 음식물의 안정적인 확보라는 생존본능이 고대인류가 투쟁적일수 밖에 없었던 중요한 동기였을 것이다. 그러나 고대수렵인들의 투쟁은 봉건시대 이후의 인류가 겪어온 전쟁과는 규모나 원인에서 큰 차이가 있다. 2차세계대전이 끝난 지 반세기가 흘렀지만 세계의 도처에서는 전쟁의 불씨가 사그러들지 않고 있다.

소규모의 국지전과 전쟁의 불씨를 제공하는 테러와 집단폭력은 끊임없이 계속되고 있다.

원인과 목적이 어떠하든 인간의 대규모살상행위는 문명의 진보와 발을 맞추면서 가공할 파괴력과 뛰어난 신속성을 자랑하기도 한다. 이른바 국력의 과시와 승리라는 역사적인 업적까지 들먹이면서 말이다.

전쟁에 의한 죽음을 유형별로 보면, 외인사가 태반을 차지하는데 이는 어느 정도 예상된 사고사인 동시에 대다수가 피살의 성격을 띠고 있다. 가끔 상부의 지시에 따른 "이타적인 자살"도 목격되지만 이러한 죽음은 자발적인 자살로 보기는 곤란할 것이다.

법의학적인 분류에서는 외상사가 주류를 이루며 총상, 폭발물손상, 화상, 척살(刺殺), 방사능노출, 익사, 질식사, 기아사, 추락사 등 다양한 사인을 보여준다.

전투란 적과의 싸움에서 승리하기 위한 행위이며, 오직 죽기 위해서 상부의 지시에 따라서 무의미한 희생을 강요당하는 행위는 아니다. 실제로 전투종사자들이 치열하게 야전이나 시가전을 치를 때 모든 병사들이 전멸하는 경우는 많지 않다. 오히려 적과의 충돌이 있기 전에 대규모의 공중폭격이나 포병전에서 막대한 피해가 발생하기도 한다.

통계상으로 보아도 비 전투원인 민간인의 사망숫자(특히 점령지역에서)가 더 많은 사례도 볼 수 있다. 역사적으로 볼 때, 이민족간의 전쟁에서 이러한 전례가 빈번하게 나타난다.

빗발치는 총탄과 포탄의 파편이 자신을 향하고 있다고 생각한다면 누구나 죽음의 공포를 느낄 것은 자명한 일이다.

이러한 상황에 대한 두려움의 심리적인 대처방안은 평화시의 질병사나 우발적인 사고사와는 그 대처방법이 달라져야 한다. 전쟁으로 인한 죽음의 공포는 일개인에 국한된 것이 아니며 조직적인 명령체계와 타인의 행동이나 생각으로 인한 집단심리때문에 발생하는 것이므로 유독 자신만이 희생의 대상이 될지도 모른다는 선입견은 갖지 않는 것이 좋다.

모든 병사의 전멸이란 일어나기 힘든 일이다. 모든 병사가 전멸을 당할 상황이라면 그 전쟁은 이미 종결되었을 가능성이 높다. 물론 확률적으로 최전방에서 적과 충돌을 하게 된다면 부상을 당하거나 극단적으로 사망을 하게 될 가능성이 높은 것은 사실이다. 그렇지만 제2선이나 멀리 떨어진 후방지역이라고 해서 안전성을 보장받는다고는 누구도 장담할 수 없다.

현대전의 무기 파괴력으로 볼 때 대량살상의 범위는 명백한 선이 존재하지 않으며 안전지대는 어디에도 없다고 보는 것이 합당하다.

전쟁에서 살아남기 위한 가장 확실한 방법은 피살의 근원을 제공하는 적을 없애는 것이지만 그 과정에서 일부 병사들의 희생이 발생하는 것은 어쩔 도리가 없다.

일부 국가에서는 전투요원들에게 공포감을 완화시켜 주기 위해 환각 작용을 유도하는 특정 약물을 투여하는 전례도 있었지만, 이 방법은 지속적으로 사용하기가 곤란하고 특수한 전투임무를 수행하는데는 장애를 가져올 우려가 있기 때문에 다소 신중을 기해야 할 사안이다.

전투에 임하는 장병들에게 죽음의 공포를 완화시키는 적정한 방안으로는 다음 몇 가지의 정신교육을 강화시키고 개별적으로 성격을 파악한 후 체계적인 심리교육이 필요하다고 본다.

1. 전투에서 살아남기 위한 최상의 방법은, 즉 죽지 않기 위해서는 먼저 적을 제압하여 승리를 쟁취하는 것이며

2. 만에 하나 적의 총탄에 희생될지라도 그 확률이 극히 낮다는 점을 반복적으로 주입시키고

3. 또한 사망이나 부상을 당할지라도 자신들의 희생이 국가의 안위와 동료의 안전, 나아가 가족과 사랑하는 사람의 안녕을 위해서는 반드시 필요한 일이었으며, 이러한 내용은 이른바 "정치적인 생명의 영원성"을 강조하는 전체주의 국가에서 많이 원용하는 교육방침이기도 하다.

4. 죽은 후에는 우리의 육신과 정신이 평온한 망각(잠)과 함께 안식을 얻게 되며 삶의 모든 고난과 불행, 시련과 슬픔을 일시에 제거시켜주는 유일한 길이 죽음일 수도 있으며

5. 우리가 지금 죽지 않는다고해도 언젠가는 자연의 섭리로 인해 최후를 맞이하게 될 것이므로 국가에 대한 헌신이라는 영광과 함께 그 시간이 좀 더 앞당겨졌음을 주지시켜야 할 것이다. 이 점은 전쟁

을 맞이하게 된 그 시대의 사람들의 운명이기도 하다.

6. 평소에 하고 싶었던 일, 이루고 싶은 소망, 삶의 과정에서 얻을 수 있는 모든 기쁨과 애착에 대한 가치를 자신의 희생을 통한 국가에 대한 헌신보다 낮은 가치로 격하시키는 국가관을 강화시킬 필요가 있다.

특히 이기적이고 안락한 생활에 물든 상류계층의 장병들에게서 이러한 삶의 애착이 강렬함을 볼 수 있는데(이 점은 개인차가 있다) 이들의 이기심을 억제시키기 위해서는 보다 체계적인 정신교육이 확립되어야 할 것이다.

집단에 대한 헌신을 결국 자신의 이기심과 대체함으로써 가족의 안녕과 행복을 지킬 수 있고, 동료와 집단의 안전도 보장받을 수 있다는 사고(思考)의 대전환이 필요하다고 본다.

여기에서 삶에 대한 모든 애착이나 기쁨(그 대상이 물질이든, 사람과의 애정이든, 이루지못한 소망이든, 평범한 일상의 보람이든) 을 국가에 대한 헌신보다 열등한 가치로 본다는 점이 자유주의 사상에 물든 개인주의적 인간본성과는 다소 거리가 있을 수도 있다.

국가의 안위가 위태로우면 개인과 가족의 안녕도 보장될 수 없다는 집단의식을 강화시키고, 패전이나 적에 대한 투항, 국가에 대한 반역은 죽음보다 더 견디기 힘든 굴욕과 고통을 가져올 수 있다는 미래의식을 집중적으로 확대해 나가야 한다.

사실 이러한 내용의 정신교육은 이민족간의 투쟁이나 전혀 상반된 이념간의 전쟁에서는 원용될 수 있겠지만 한국전쟁(6.25전쟁)이나 베트남전과 같은 동족간의 전쟁에서는 합리적인 논리가 결여될 수는 있다. 또한 다소 수정된 이념전쟁이나 경제전쟁, 종교의 충돌로 인한 전쟁에서는 전쟁의 목적이나 동기가 불분명해지기도 한다.

절대적인 진리와 사상은 주관적이어서는 안되며 모든 사람의 보편적인 지지를 확보해야 한다.

전쟁에 의한 죽음과는 약간 다른 집단에 의한 죽음이 있다. 이른바 국가권력(군과 경찰)이나 폭력조직에 의한 집단살상이 그것이다. 살해를 당한 피해자의 입장에서 보면 피살 즉 사고사에 해당된다. 잘못된 시대에 혼란스러운 사회에서 성숙치못한 지배계층을 만남으로써 이러한 사건이 발생하기도 한다.

이는 정치, 경제 및 여러 가지 이유때문에 발생하지만 소시민의 희생이 많이 따른다. 그 시대의 많은 사람들 중에서 용기를 갖고 선봉에 나선 이들이 주로 희생된다. 희생된 이들에겐 어떠한 위로의 말도 부족하지만 그들의 용기를 칭송하고 잘못된 시대를 탓할 수밖에 없다. 그들의 희생으로 많은 문제가 해결되고 그러한 불행이 다시는 일어나지 않도록 남은 이들이 전력을 기울여야 할 것이다. 희생자들에게는 충분한 사후보상이 이루어져야 되겠지만 가해집단의 성향이 변하지 않는다면 이또한 쉽게 해결되지는 않을 것이다. 살상의 행위자는 대체로 하부조직이지만 그 지시는 분명 상부에서 나온 것이며 최종적인 책임은 당연히 상부가 져야 한다. 이러한 죽음들은 예정된 사고사이며 전쟁에 의한 죽음과 비슷한 성격을 갖고 있다.

저명한 물리학자인 아인슈타인도 말한 바 있지만 "전쟁이란 소아

병적인 행위이며 권력계급의 유치한 장난에 불과하다"라는 지적이
상기된다.

자연적인 인간의 죽음도 슬픈 모습인데 하물며 분별없는 대량살
상을 연출하는 전쟁이라는 비극은 문명화된 인류사회에서 사라져야
할 광적인 작태라고 할 수 밖에 없다.

전쟁의 목적이 영토확장이나 권력자의 횡포때문이든, 경제적 이
권의 확보에 있든, 군수업체와 대기업의 계략이든, 종교간의 갈등
이나 상대국에 대한 이해심의 부족이든, 어떤 이유를 막론하고 전
쟁을 통한 문제의 해결은 더 이상의 선택의 여지가 없는 "최후의 선
택"으로 유보되어야만 한다.

중국의 고대 병법가인 손자(孫子, 孫武)도 일찍이 말했듯이 전쟁을
통하여 상대를 굴복시키는 것은 더 이상의 방책이 없을 때 쓰는 최
하책이며, 싸우지 않고 상대를 자기 편으로 만드는 것이 최상의 전
략이라고 설파한 바 있다.

육체와 정신의 소멸

오늘날의 자연과학과 의학은 유물론materialism에 그 기반을 두고 있다. 유물론은 유심론과 반대개념이며 16세기 이후 르네상스시대부터 본격적으로 거론되기 시작했다. 유물론과 무신론, 진화론은 같은 개념은 아니지만 여러 면에서 맥락을 같이 하며, 유심론과 신비주의 또는 유신론, 창조론과 같은 종교사상과 대립하고 있다.

■**유물론** – 물질을 근복적인 실재(實在)로 인정하고 정신을 파생적인 부차적 결과로 보는 철학이론. 물질에 근거하지 않은 정신의 존재를 부정하며 유물론자는 대다수가 무신론자이다.

　　　　　　　　　　(두산동아대백과 1997, 뉴에이스국어사전 1993)

※ 진화론자가 모두 무신론자는 아니며 종교적 성향을 가진 사람도 꽤 있다. 그러나 종교적 성향이 없는 진화론자는 무신론자가 태반이며 이들은 유물론적인 사상이 지배적이다. 유물론자는 실질과 경험을 중요시하며 초자연적인 존재는 일절 부정한다.

이른바 형이상학(초자연적인 존재를 연구하는 학문metaphysics)이라는 2천년전 고대인들의 사상속에서 나타난 수많은 용어와 씨름하면서, 형체도 불확실한 세계를 불변의 진리인양 성역화해온 일부 종교인

들과 철학자를 포함하여 인문사회과학분야의 수많은 종사자들까지 과학과 의술의 피땀어린 노고로 이룩한 기술문명의 혜택을 입지 않은 이는 드물 것이다.

예방접종을 맞고 항생제를 복용하며, 일기예보를 시청하고 인터넷을 검색하는 종교인과 점술가를 어떻게 해석해야 하는가?

생각해보라. 제너의 종두법으로 시작된 천연두의 예방과 플레밍의 페니실린, 냉장고와 비행기, 개인용컴퓨터… 그리고 플라톤과 공자의 사상을 비교해 볼 때 어떤 업적이 과연 인류에게 보편적인 행복을 가져다 주었는가? 고대인의 사상이 우리에게 정신적인 풍요를 가져다 준 것은 사실이지만 과학과 의술의 힘겨운 노력이 없었다면 오늘의 인류는 수명의 연장은 고사하고 하루하루를 지탱하기도 힘겨웠을 것이다.

기술문명은 폐해도 가져 왔지만 인류에게 지대한 공헌을 한 것은 분명하다. 각 분야의 선구자들은 사상가들에 못지 않게 피와 땀으로 인류의 행복을 위해서 봉사해왔다. 이들의 노력이 뜬구름같은 사상이나 철학적인 논쟁보다 실질적인 도움을 준 사례는 셀수도 없다.

여기에서 철학philosopy이라는 용어에 대해서 간단히 설명하기로 한다. 철학과 사상은 의미가 다르지만 어떤 이는 혼동해서 사용하기도 한다. 철학이란 "세계와 우주 그리고 인간에 대한 근본원리를 연구하는 학문"으로 정의된다(한국어대사전, 뉴에이스국어사전).

"사상"이란 판단 또는 추리를 거쳐 생긴 의식 내용을 말하며, "생각이나 의견이 체계화된 지식"으로 해석한다. 사상은 철학에 비해

협소한 개념이라고 볼 수 있다.

넓은 의미에서는 자연과학과 인문사회과학, 모든 사상과 종교도 철학에 포함된다고 보아야 한다.

주자학이나 음양오행설, 헤겔과 쇼팬하우어 등의 철학이론과 같은 현실과 동떨어진 일부 철학자들의 사상이 철학의 전부는 아니다. 철학을 난해한 학문으로 보는 것은 너무 단순한 생각이다. 철학은 우리의 생활과 연관된 모든 지식과 상식을 총괄하는 학문으로 보아야 한다. 예를 들어서, 별과 달은 어떻게 빛을 내며 어떻게 다른가? 인간은 어디에서 왔으며 다른 생물은 어떻게 출현하였는가? 라는 물음에는 과학적인 연구로 설명을 할 수가 있지만 이러한 궁금증은 철학적인 사고의 시작이기도 하다.

생태계는 물과 탄소, 질소 및 여러 미량원소의 거대한 순환속에서 삶과 죽음을 반복하고 있다. 이 현상은 끊임없는 물질의 순환이며 동양의 고대사상에서 언급되는 윤회설과는 내용이 다르다.

유물론적인 관점(모든 동식물도 마찬가지다)에서 보면 인간의 육신은 사망을 시작으로 전세포의 점진적인 사멸을 가져오고 건조와 부패 과정을 거쳐 유기물의 잔해로 변화되고 종국에는 여러 무기물의 원소로 분해되는 것으로 판단한다.

"무기물"이란 물을 포함하여 모든 광물질과 기체원소를 말하며 특정탄소성분이 포함되기도 하지만 세포처럼 생리적인 기능이 없는 물질을 말한다(화학적으로는 생체의 필수성분인 탄소가 없는 물질을 의미한다). "유기물"은 무기물의 반대개념이며 생체 또는 생체에서 만들어진 화합물을 말한다(화학적으로는 탄소가 포함된 물질을 말한다).

"무생물"은 무기물과는 의미가 다르다. 무생물은 생물학에서는 생물로서의 기능이 전혀없는 물질(사체도 무생물이다)을 말하며, 생물체에서 분리된 물질도 무생물로 본다. 유기물이 함유된 화합물질을 연구하는 학문이 유기화학이며 오늘날에는 유기화학과 무기화학이 통합되는 추세다. 예를 들어, 빵이나 사과, 생물체의 유골과 화석은 유기물이지만 무생물에 속한다.

지구상의 동물이 섭취하는 먹이는 한때 식물 또는 동물로써 존재했던 생물체의 잔해(유기물)가 대부분을 차지한다. 이 잔해에는 물과 단백질, 탄수화물, 지방, 무기물 등이 포함되어 있다(무기물 성분을 제외하면 모두 탄소가 포함되어 있다).

일부 광물질을 제외하고 동물의 먹이는 유기물의 잔해가 에너지원으로 이용된다. 이 잔해는 시간이 지나면 탄소가 분리되면서 무기물이 된다. 인간이 사용하는 목재는 무생물로 분류하지만 과거에는 분명 살아있는 식물의 일부였음을 우리는 알고 있다. 이러한 생물의 잔해를 보고 과거에는 영혼을 지녔던 생명체라고 부르지는 않는다. 인간외의 모든 동식물도 생태계의 일원임이 분명하다면 이들이 과거에 영혼을 가졌던 생명체라고 주장하는 것은 합당하지 않다.

사망과 함께 인간의 정신(지능, 지혜, 사고력을 총칭한다)은 뇌조직의 기능정지와 함께 에너지나 빛의 소멸처럼 종국에는 자취를 감추는 것으로 유물론에서는 해석한다.

물리학적인 운동에너지의 작용과 지적능력의 작용은 그 변화가 다르다. 고등생물의 지적작용(사고력 및 판단력)은 전기에너지의 작동과 유사하며 생물이 갖는 뇌세포의 전기에너지는 매우 미약하다.

인간의 사고력이 개시되기 전에 발생하는 뇌세포의 화학적반응과 전기에너지는 신체의 다른 부위와 연계되어 일어나는 2차, 3차적인 운동에너지와는 측정 방법이 전혀 다르다. 미약한 수준의 전기에너지와 화학적인 작용을 측정하는 일은 결코 간단하지 않다.

이러한 유물론적인 관점을 근거로 "신체의 죽음"은 모든 사고와 행동의 근원인 뇌를 필두로 심장과 폐의 기능이 영구적으로 정지되는 시점으로 판정한다. 이것이 "개체의 죽음"이다.

고등생물의 경우, 세포의 일부가 사멸하고 재생하는 "세포사"는 모든 신체조직이 붕괴되기 시작하는 "개체사"와는 의미가 다르다. 이 책에서는 신체의 모든 조직의 붕괴가 시작되는 "개체사"(생물학적인 죽음)를 죽음으로 본다. 임상학적으로는 뇌신경의 반사능력소실(뇌사), 심박동의 정지(심장사), 호흡기능의 정지(폐사)의 3대요건이 죽음을 판정하는 기준이 된다.

뇌사상태와 식물인간은 한정된 시간동안 일부 장기가 활동하고 있으며, 3대장기가 불가역적(원상태로의 회복이 불가능한)으로 기능이 정지될 때까지는 죽음으로 보지 않는다. 뇌사 또는 심장사는 최종 사인이지만 모든 죽음에는 여러 가지 직간접 사인과 장기의 노화 등이 복합적으로 존재한다.

3대장기의 기능이 멈추면 산소와 수분의 공급이 중단되면서 영양물질(포도당과 단백질 등)의 공급도 중지된다. 이 때 특별히 보존조치를 하지 않는한 사체는 상온에서 내부의 미생물(부패균)과 공기중의 미생물 및 외부생물의 작용으로 부패와 건조를 반복하면서 해체과정을 밟는다(부패균은 생체안에서는 백혈구와 각종 해독물질의 작용으로 증식이 억제되지만 사망을 기점으로 왕성하게 활동하기 시작한다).

일반적으로 혈액순환이 중단되면 2~24시간내에 전세포의 기능정지와 부패가 점진적으로 일어난다. 이것은 3대장기의 사망과는 또 다른 "전세포사"라고 말한다.

매장된 사체와는 달리 지상에 노출된 사체는 일부곤충류와 균류(곰팡이) 및 기타 동물의 작용으로 신속하게 해체된다.

일반적으로 산소와 수분, 포도당의 공급이 중단되면 가장 먼저 뇌세포의 괴사가 일어나고 다음으로 심장, 신장, 폐 등이 괴사되면서 약 2시간 후면 간(肝)이 괴사된다. 괴사란 조직이 대사활동을 멈추고 죽는 것을 의미한다.

세포사의 순서는 주요장기의 사망순서와 같은 심장사, 뇌사, 폐사의 과정과는 좀 다르다.

일반적으로 온대와 열대지방은 매장된 사체가 유골을 제외하고는 4~6년이 지나면 완전히 해체된다. 그러나 극한지방과 사막지역은 온도의 차이때문에 상당기간 원상태로 보존되기도 한다.

사막과 극한지방은 높은 기온과 극저온때문에 부패균과 곤충들의 활동이 제한을 받으므로 신체조직과 유골이 쉽게 분해되지 않으며 칼슘과 나트륨의 결합체인 유골은 오랜 세월동안 보존되어 화석으로 남는 경우가 많다.

이른바 정신이나 마음으로 표현하기도 하는 인간의 지적 능력과 생존을 유지하기 위한 신체의 모든 활동에너지는 분명 살아있는 신체의 여러 기관이 유기적으로 연결되면서 발생하는 것이다.

주요장기와 전세포의 활동이 불가역적으로 정지(원상태로 회복이 불가능한)된 이미 사멸한 생물체에서는 어떤 활동에너지도 감지되지 않는다.

인간의 두뇌, 그리고 정신

마치 터지면 형체가 사라지는 풍선처럼 뇌의 정체는 아직도 많은 것이 베일에 가려져 있다.

척추동물의 뇌는 척삭동물의 신경세포(신경삭)가 오랜세월동안 진화를 거듭하여 둥글게 형성된 것이다.

이것은 두삭동물과 미삭동물에 대한 연구결과로 알 수 있다. 동물의 뇌는 신경중추의 연장선상에서 신체의 모든 조직을 지휘하는 사령탑 역할을 한다.

현대 인류의 평균 뇌용적은 1,500CC 정도이다.

인간의 뇌에는 1,000억개 이상의 세포가 있으며, 세포 하나에는 5천~1만개의 시냅스(작은 돌기)가 있다. 시냅스 하나의 크기는 5만분의 1mm이며 시냅스간의 간격은 20만분의 1mm로 치밀하게 배열되어 있다.

뇌에 관한 연구는 주로 해부학계와 신경과계통에서 다루고 있는데 밝혀진 자료도 많지만 아직 걸음마 단계에 불과한 분야도 적지 않다.

뇌에 대한 연구가 어려운 이유는 신경세포의 단위가 치밀하면서도 외부에 노출되어 산소와 혈액 공급이 중단되면 곧장 사멸해버리기 때문이다.

뇌세포는 산소공급이 중단되면 10분을 채 못 넘기고 종말을 고한다. 기능이 정지된 뇌세포는 성분이 바뀐 물질의 분자처럼 원래의 모습과는 너무나 다른 세계이다. 이것은 단지 회백질의 물질로 바뀐 것으로 보일 뿐이다.

신경계는 크게 세 부분으로 나뉜다.

중추신경계(뇌와 척수), 자율신경계(교감, 부교감신경), 체성신경계(운동신경, 감각신경) 등인데 이는 해부학적인 연구결과로 얻어진 것이며, 인간두뇌의 가장 핵심적인 기능인 정신능력—언어능력, 사고력, 이해판단능력, 기억력, 창의력 등—을 총괄하는 뇌의 작용원리에 대해서는 뛰어난 연구성과를 얻지 못하고 있다. 대뇌속의 한 부분인 브로카, 베로니케 영역에서 이런 기능이 이루어지고 있다는 것을 추측하고 있지만 세밀한 과정에 대해서는 완벽한 규명을 하지 못하고 있다.

인간의 두뇌는 작은 화학공장과 유사하며, 그 작동과정은 컴퓨터의 회로망보다 더욱 복잡한 전기신호체계로 나타난다.

인간의 지능과 지식은 출생때부터 완벽하게 창조된 것이 아니며 고영양 물질의 섭취와 이미 축적된 문명을 기반으로 적응과 훈련을 통해 형성된다. 드문 경우이지만, 부모의 사망으로 인해 사회와 완전히 격리된 채 자라난 유아가 경험과 지식이 축적되지 못하면 야생동물과 다름없는 행동양태를 보이는 사례도 있다.

오늘날 인간의 두뇌는 한순간에 완벽하게 창조된 피조물이 아니며 오랜 세월에 거쳐 진화와 진보의 결과로 이룩된 것이다. 그 진화와 진보는 지금도 계속되고 있다. 앞으로 수만년이 지난 후 인류의 모습과 지능이 어떤 형태를 하고 있을지는 예측이 어렵다. 진화의 도식은 제멋대로의 성향을 갖고 있기 때문에 그 예측이 쉽지 않다. 약 200만년 전에 활동한 원인(原人:오스트랄로피테쿠스, 북경원인)의 뇌용적은 현생인류보다 훨씬 적은 600CC에 불과했으며 지능과 기술 문명도 낮은 수준에 머물렀다.

오늘의 인류는 원인과 유인원(침팬지, 고릴라 등)의 직계후손은 아니지만 이들과는 상당 부분이 닮은 유전자를 갖고 있다. 다양한 돌연변이와 열등인자의 자연도태로 선택된 종만이 생명의 바톤을 물려받았으며, 많은 영장류들이 우리의 직계조상은 아닐지라도 방계친척임은 분명한 사실이다.

현대의 과학과 의술은 뇌조직을 포함한 신경세포의 연구에서 많은 진전을 하고 있지만 아직도 밝혀야 할 문제도 적지 않다. 뇌의 기능에 관한 연구는 살아있는 신체를 대상(뇌세포는 다른 장기와는 많이 다르다) 으로 해야 되겠지만 이미 사망한 시신을 대상으로 자료를 확보하는 해부학에 주로 의존을 하기 때문에 뛰어난 성과를 올리지 못하고 있다.

우리가 완전히 해명하지 못하고 있는 두뇌의 정신작용──특히 "창의력과 복잡한 사고력"──을 "영혼 또는 영감의 세계"로 단정하는 일부 지식인들의 견해는 위험한 발상일 수도 있다. 이러한 견해는 과학과 의술의 부단한 노력과 진보를 방해하는 것이나 다름없다. 과학이 밝혀내지 못하는 여러 과제들을 단순히 신의 섭리나 의지로 치부하는 이들의 견해는 수천년 전 고대인의 사고방식과 크게 다르지 않다.

인간두뇌의 결정인 정신능력 특히 창의력과 사고력의 근원이 어디에 있으며 그 작동과정을 완벽하게 이해할 수 있다면, 더 나아가 인공지능을 만들 수 있는 단계에 이른다면, 과학과 의술의 확고한 승리가 될 것이다. 이 장으로는 뇌에 관한 정보가 빈약하다고 보겠지만 더 세밀하고 다양한 정보는 전문서적을 통하여 습득하기 바란다.

죽음과 정신의 소멸

　현대의 과학과 의학의 관점에서 보는 일반적인 기준으로 볼 때 "죽음"은 심폐기능의 영구적인 기능정지이며 뇌세포의 기능정지인 뇌사로 판정된다. 뇌사는 의식의 영원한 상실로 본다. 뇌사는 신체의 휴식을 위해 필수적인 수면과는 전혀 다르지만 깨어날 수 없는 영원한 잠으로 간주한다. 실제로 의학적인 연구에 따르면, 의식의 영원한 상실로 단정하는 뇌세포의 죽음(뇌사)은 천천히 진행되는 것으로 알려져 있다.

　일순간의 정전처럼 모든 전등(電燈)이 한꺼번에 꺼지는 것이 아니라 산소와 포도당의 결핍으로 화학반응을 할 수 없는 뇌세포가 바람이 빠져나가는 풍선처럼 몽롱한 무의식속으로 천천히 죽어가기 시작한다. 그러나 산소와 물, 포도당의 공급이 끊긴 뇌세포는 10분이 채 못되어 종말을 고한다. 일단 기능을 멈추고 사멸한 뇌세포는 현대의술로는 재생이 불가능하다. 뇌세포는 신체의 다른 조직과 복잡하게 유기적으로 연결되어 있으며 재생이 거의 불가능한 것으로 알려져 있다.

　인간은 생애의 3분의 1가량을 수면으로 보낸다. 수면을 취하는 원인에는 회복설, 피로설, 휴식의 한 형태 등 여러 가지 설이 있지만 정설은 없다. 일부 사람들 중에 죽은 사람의 영혼을 수면중의 꿈속에서 보았다는 사례가 더러 있다. 사실 이 현상은 영혼의 출현이라 기보다 과거의 기억을 수면중에 되살린 것에 불과하다고 보아야 한 다.

의학적인 관찰에 따르면, 일상의 생활에서 걱정거리가 많으며, 허 약하고, 신경이 예민한 사람은 꿈을 꾸는 빈도가 높은 것으로 알려 져 있다. 이른바, REM(램) 수면상태에서 깨어난 사람은 꿈을 기억 하는 상태가 비교적 또렷하다(램수면은 깊은 수면상태가 아닌 얕은 잠을 말하는데, 이 상태의 뇌전도는 깨어있는 상태와 비슷한 수치를 보인다). 그러 나 심신이 건강하고 고민거리가 별로 없는 낙천적인 성격의 사람은 꿈을 꾸는 빈도가(또한 기억하는 능력도) 매우 낮다. 정상적인 사람은 설사 꿈을 꾼다해도 자다가 깨면 금새 잊어버린다. 이것이 램수면 의 원인때문인지, 대뇌의 원상회복작용 때문인지는 확실하게 알 수 없다. 사실 왜 꿈이 필요한지, 램수면이 왜 필요한지도 잘 알려져 있지 않다. 일반적으로 심신이 건강한 사람은 꿈을 거의 꾸지 않으 며, 설사 꿈을 꾼다해도 금새 잊어버리는 것이 보편적이다.

귀신이나 도깨비, 영혼에 관한 목격담을 면밀하게 분석해보면, 주 로 당사자가 혼자 있을 때 경험하고 있으며, 심신이 허약한 사람에 게서 나타나는 착시현상의 일종에 불과한 사례가 대부분이다.

꿈이라는 현상(이것은 실제 상황이 아니다)은 수면상태에서 뇌속의 혈 액공급이 줄어들면서 일부뇌세포가 특정화학물질을 과다분비하여 일부 기억세포와 연상세포를 비정상적으로 자극하여 일어나는 것으 로 여겨진다. 이러한 추측에 관한 명백한 증거는 아직 없다. 취침중 에 있는 뇌세포의 변화상태를 분석하고 물질의 반응과정을 검출하는 작업이 간단하지는 않을 것이다.

꿈을 분석한다는 이른바 해몽법도 합리적인 논리가 결여되어 있으며 인간의 엉뚱한 상상력이 그려낸 가설에 불과하다.

고대인의 기록중에는 유난히 꿈에 관한 것이 많다. 이것은 그들의 삶이 그만큼 육체적, 정신적으로 힘들었다는 반증일 것이다.

꿈 자체가 현실과 동떨어진 가상의 세계인데 그것을 분석한다는 논리는 아무런 가치가 없다. 어떤 이는 꿈을 무의식의 세계라고 추켜세우기도 하지만 수면중의 모든 환영은 현실과는 전혀 상관이 없는 것들이다.

큰 사고를 당했던 사람들의 경험담에 따르면… 과거의 온갖 기억들이 주마등처럼 떠오르며 여러 가지 환상을 보았다는 이야기를 하기도 한다(이 상태는 완전한 죽음은 아니다). 이런 현상은 뇌속의 기억세포가 갑작스런 위기의식으로 자극을 받아 비정상적인 화학물질의 분비를 촉진시켜 일어난 결과로 여겨진다.

일반적으로 생물은 신경세포가 기능을 정지(뇌사)하면 에너지의 표출이나 지적활동은 전혀 감지가 되지 않는다.

사체의 부패현상은 수분증발과 미생물의 활동때문이며, 드물지만 사체의 일부가 움직이는 현상은 근육의 이완이나 자연건조로 인한 물리적인 과정이지 정상적인 대사활동이 아니다.

극소수의 사람들이 주장하는 영혼이나 사후세계의 목격담도 구체적이고 실제적인 증거를 제시하지 못하는 경우가 대부분이다. 환각이나 착시현상으로 이런 사례가 일어나기도 하며 완전히 사망하지 않은 일부 임종환자의 상태를 사망으로 간주하는 유가족도 있다. 깊은 혼수상태나 쇼크상태를 자신의 사망으로 판단하는 당사자의 생각과 유가족의 증언은 전혀 고려할 가치가 없다.

극소수의 가사상태에 빠진 환자의 체험담을 수천만명의 사람들이 겪는 일반적인 죽음과 결부시켜 확대해석을 하는 것은 진실과는 분명 거리가 멀다.

대체로 임종의 예비시간이 길어지는 말기암환자에게서 이런 사례가 가끔 있지만 외부요인에 의해 사망하는 사고사(事故死)는 경험담의 확보가 거의 불가능하다.

영혼이나 사후세계를 목격했다는 많은 사례들은 객관적인 지지를 받지 못하고 있으며 구체적인 상황의 재현이 가능하지도 않다.

육신의 소멸, 자연으로의 복귀

묘지에 안장된 시신이나 화장된 유해가 다른 생물의 에너지로 바뀌는 자연계의 순환구조를 직접 우리가 인식하기는 어렵다.

그러나 사체에 포함된 70% 정도의 수분을 제외한 각종 유기물(세포는 주로 탄소와 질소로 구성된 고분자상태이다)은 시간이 흐르면서 미생물의 작용에 의해 지표면과 대기중으로 또는 강과 해양으로 분산되어 무생물의 세계로 소리없이 환원된다.

인체속에 있는 수분은 모든 세포의 기능정지와 함께 점진적으로 증발하기 시작한다.

지구의 토양(흙)은 대부분이 자연의 풍화작용으로 분해된 암석의 가루인데, 토양에는 유기물의 잔해와 소량의 물과 산소 등이 혼재되어 있다. 토양속에는 엄청난 수의 미생물도 생존하고 있다.

토양의 상태는 지역에 따라서 약간씩 다르기는 하지만 일반적인 황색토양은 산소와 규소(이산화규소 SiO_2)가 75% 이상을 구성하고 있으며 탄소와 철, 마그네슘 및 여러 가지 광물질이 소량으로 포함되어 있다. 그중에서 탄소는 오래전에 생존했던 동식물의 잔존물로써 퇴적물의 상당량을 차지한다.

인간의 신체를 비롯한 유기체의 모든 조직은 우주에 분포되어 있는 다양한 원소로 구성되어 있으며 그 조직의 분자배열은 무기물에 비해 대단히 복잡하며 기능도 천차만별이다. 피부세포와 뇌세포는 조직도 다르고 기능도 판이하다. 생체조직은 원소비율로 볼 때 산소, 탄소, 수소, 질소가 주요성분이며 이 네 가지 원소가 전체 무게의 96% 정도를 차지한다. 그리고 약간의 황과 광물질을 포함한다. 물질로 계측하면 물(수분)이 전체 무게의 70%를 차지한다. 위의 다섯 가지 대량원소를 제외하면 대부분이 뼈의 잔해로 이루어진 하얀 물질이 남게 된다. 이 하얀 물질이 무기염류의 집합체이다.

무기염류에는 상당량의 소금(염화나트륨 Nacl)이 있고 인산칼슘, 칼륨, 철, 인, 마그네슘 등의 미량원소가 들어 있다.

우리가 필수영양소라고 말하는 비타민Vitamin은 탄소가 포함된 유기원소의 복합분자이며 원상태의 보존은 사체내에서 오랫동안 유지되지 않는다. 즉, 용해되어 무기물로 전환된다.

인간의 육신은 죽음의 시간이 지나면서 전세포의 사멸을 시작으로 건조와 부패를 반복하면서 해체된다. 해체된 모든 원소는 다양한 과정을 거쳐서 자연과 타생물의 생존을 위한 순환작업에 다시 참여를 하게 된다. 가끔 타인의 주검을 목격한 이들이 죽은 후에 시신이 부패되고 소각되는 사실에 대해 공포심과 혐오감을 갖지만 운명이 시간이 지나고 신체의 모든 기능이 정지되면서 인간의 정신(모든 사고능력을 포함하여)과 신경조직 및 통증을 전달하는 모든 신경체계도 작동을 멈추기 때문에 그러한 불안과 공포심은 일어날 수 없는 허구적인 기우에 불과하다. 일어날 수 없는 고통을 예상하는 것은 단지 상상이며 망상일 뿐이다.

매장된 시신은 토양에 따라서 분해되는 시간이 달라진다. 사막과 같은 건조지역이나 매우 추운 지방은 부패과정이 완만하거나 정지되기도 하지만 습기가 많고 기온이 높은 지역은 그 속도가 대단히 빠르다. 통상적으로 온대지방은 토양속의 미생물과 사체내부의 부패균을 비롯 일부 곤충류도 분해를 촉진하여 4~6년 정도의 시간이 흐르면 유골만 남게 된다.

고대 이집트에서는 세균때문에 부패가 빨리되는 신체조직을 미리 사체에서 분리하여 방부처리를 함으로써 전체적인 부패를 방지하는 미이라 매장방식을 시도하기도 했지만 육신의 영생을 소망하는 이런 유별난 장묘관행은 오늘날에는 별로 권장할만한 일도 되지 못하며 권력자의 끝없는 탐욕으로 비쳐질 뿐이다.

미이라의 발굴에서 당시의 유물을 제외하면 특별한 자료는 얻을 것이 없다. 시신의 부패상태나 유전자 조직은 현대인과 별차이가 없다. 특정계층의 호화대형분묘나 특별한 매장형태가 고인의 안식을 가져오고 영원한 삶과 사후의 행복을 보장했다는 어떤 증거도 우리는 찾을 수 없다. 유별난 장묘관행은 유가족과 측근들이 그들의 가문을 과시하고 권위를 확산시키고자하는 의도적인 행위에 불과하다. 이러한 모습은 고인의 업적을 추앙함과 동시에 남겨진 이들의 정치·사회적결속과 함께 특정집단의 이익을 장기적으로 보장받기 위함이나 여러 가지 다른 목적이 내재되어 있다고 보아야 한다.

고인이 떠난 뒤 사후의 모든 일에 대해서 고인의 의사가 모두(제대로) 반영되는 것은 아니다. 설사 고인의 유언이나 의사가 있었다해도 모든 처분이나 결정은 전적으로 남겨진 이들의 행동에 달려 있다. 남겨진 이들이 행하는 현실에서의 과시적 행위가 고인을 죽음의 공포로부터 해방시키고 영생이나 부활 또한 시신의 영원한 안녕을 보장한다는 증거는 어디에도 없다.

정치지도자나 사회저명인물이 사망했을 경우, 오랜 세월이 흐른 뒤에 정권이 몰락하고 왕조가 교체되면 부패한 미이라나 초라한 시신으로 발굴되는 모습을 우리는 충분히 목격할 수 있다.

대규모의 호화분묘와 성대한 장례의식은 복잡다난한 현대사회의 구조에서는 바람직한 현상이 될 수 없다. 특히 국토면적이 협소한 인구과밀국가일수록 대형분묘는 자제되어야 마땅하다.

대형분묘는 남겨진 이들과 우리의 후손들에게는 오히려 삶의 터전을 압박하고 환경의 조화를 저해하는 불가침의 장애물이 될 수 있다. 이러한 대형분묘가 문화재로서의 가치가 있음은 별개로 치고, 고대사회의 경우처럼 매우 특별한 인물이 아닌 이상 일반인들의 분묘는 소형으로 제한하거나 불교의 장묘관행과 같은 화장방식이 환경적인 측면이나 위생적인 관점에서 바람직한 장묘문화가 되리라고 본다.

우리가 살고 있는 이 터전은 현재의 우리들의 전유물이 아니며 미래의 후손들과 수많은 다른 생물들이 공유하는 공동의 재산임을 인식해야 할 것이다.

한국인의 전통적인 장묘문화는 고대중국의 유교사상에서 전래된 것이 많은데(유교의 이념도 냉철하게 분석하면 비합리적이고 허례허식에 치우친 면이 많다고 본다. 주로 기득권자와 주검을 위한 도덕개념이 주요 내용을 이루는데, 자유와 평등이라는 민주주의 이념과 행복한 삶을 추구하기 위한 실사구시의 현대적인 생활양식과는 거리감이 있다) 유가족과 많은 지인(知人)들이 고인의 과거 업적을 추모하고 영령을 위로하고자 삼우제와 탈

상절차를 비롯하여 5일장, 7일장 등 꽤 복잡한 장례의식을 치르기도 한다. 이러한 의식은 특히 비기독교신자와 일부 불교 신도들 사이에 많이 행해지고 있다. 기독교계통의 일부신자들은 전통적인 장례의식을 배제하고 그들 나름대로의 장례예배나 미사의식을 집전하는 모습도 볼 수 있다.

다양한 고유의 장례의식에는 유가족과 친지사이의 결속과 협력을 다진다는 의미도 있고, 떠나간 사람과의 사별에 대한 슬픔을 분담하여 그 슬픔을 축소한다는 목적과 과거의 추억을 서로가 공유하여 회상한다는 이유도 포함되어 있을 것이다.

이러한 전통적 장례의식은 사회관습상 여러 가지 유익한 점이 많으므로 권장할만한 미풍양속임은 분명하지만 죽은 이의 영혼이 실재(實在)하여 현실의 사람들과 함께 공생하고 있다는 허구적인 믿음은 우리가 확인하기 어렵다.

한편 억울하게 죽임을 당한 피살이나 각종 재해로 인한 사고사의 경우도 죽은 후의 영혼을 위로하고 사망 당시의 고통과 못다한 삶의 시간을 유가족과 친우의 입장에서 슬퍼한다는 목적으로 위령제를 올리는 사례가 많은데 이러한 관행도 우리가 굳이 배척할 이유는 없으며 충분히 권장할만한 일로 여겨진다.

그러나 죽은 이의 영혼이 현실속에서 실재하여 남겨진 사람들과 대화를 한다거나 우리의 현실속에서 혼백의 모습으로 공존을 할 수 있다는 일부 영혼 신봉주의자들의 주장을 액면 그대로 받아들이기에는 많은 의문이 있다. 마음과 육체는 둘이 아니며 오직 하나이다. 영혼의 형성이 살아있는 생명체에서 시작된다면 이미 사멸한 생명체에는 영혼의 존재 역시 있을 수 없다고 보는 것이 합리적인 판단이다.

위령제나 다양한 장례의식은 영혼이 실재한다는 관점보다 고인에 대한 추모를 지속하고 사별로 인한 슬픔을 여러 사람과 함께 공유하기 위한 의도 등과 같은 남겨진 이들의 여러 가지 협동의식에서 비롯된 것이라고 보아야 한다.

대형분묘이든 소형묘지이든, 화려한 장례의식과 온갖 위령제나 추모제와 같은 죽음에 대한 모든 의식은 고인을 상당기간 기억한다는 측면도 있겠지만 남겨진 사람들의 다양한 이유와 오랜세월에 걸친 전통적인 관습때문에 행해진다는 점을 우리는 인식해야 한다.

간단한 심폐소생술

갑작스런 심장마비에 의한 뇌세포의 일부기능정지는 당사자를 식물인간으로 만들수도 있고 경우에 따라서는 사망에 이르기도 한다. 익사 또는 부정맥 등에 의한 심근경색 등이 대표적인 사례다.

이러한 불행을 막기 위해 인공적인 심폐소생술을 알아둘 필요가 있다. 응급조치로서의 심폐소생술은 근본적인 치료는 아니지만 평소에 심장질환이 있거나 익사자에게 많이 활용되는 응급처치술이다. 그러나 응급구조사가 아닌 사람의 구조행위는 상황에 따라서 신중히 행해져야 한다. 비숙련자나 비자격자의 구조행위는 환자의 상태를 악화시킬 수도 있으며 법적인 책임을 묻게 될 수도 있다. 충분한 숙련과 지식을 갖고 상황에 따라서 현명하게 행동을 해야 한다.

긴급상황이 발생한 후 최초의 4~5분은 환자의 생사를 좌우하는 결정적인 시간이다. 인공심폐소생술을 간단히 설명하면, 먼저 환자의 자세를 편한 자세로 눕힌 뒤(의복과 장신구는 제거한다)에,

1. 목윗부분의 경동맥과 손목의 맥박을 짚어보고 맥박이 전혀 없거나 부정기적인 상태를 확인한다(맥박이 정상이면 급박한 상태는 아니다).

2. 환자의 고개를 약간 젖히고 코를 막은 뒤 행위자의 입으로 환자의 입을 통해 2회정도 공기를 힘껏 주입한다(2~3초간격). 이 때 입 속의 오물은 제거한다.

3. 왼쪽 젖꼭지 아랫부분(심장의 약간 아래쪽)을 15~20회 정도 빠르고 강하게 압박하여 인공적으로 심박동을 활성화시킨다(10초정도 소요).

4. 2항 3항의 동작을 의료기관에 도착할 때까지(또는 전문의가 올 때까지) 반복적으로 실시한다.

위의 방법은 간단한 응급조치의 한 예지만 환자의 상태나 주변 여건에 따라 여러 가지 처치가 필요하므로 의학서적을 통해 응급조치의 다양한 방법을 익혀두는 것이 좋을 것이다.

한국과 일본의 종교

　한국의 종교인구는 전체인구의 과반수를 약간 상회하는 것으로 집계되지만 각 교단의 자체발표와는 차이가 있고 다소 유동적이어서 정확한 통계숫자로 보기는 어렵다. 2005년 현재 총인구 4,700만명가운데 2,500만명의 종교인구가 있다(불교 1,072만, 개신교 861만, 천주교 514만, 기타 군소종교 60만명 : 2005년 통계청자료). 이들 종교인구중에서 중도이탈자와 사망자 및 신규가입자는 유동적이므로 추계가 어렵다. 그런데 이들 중에는 다양한 세계관이 확립되어 있지 못하고 지식의 총량이 빈약한 14세 미만의 미성년자가 415만명 정도 포함되어 있다(종교인구의 약 17%이다. 15~19세를 포함하면 더 늘어날 것이다). 이들 미성년자는 자신의 의사와는 상관없이 부모의 영향력때문에 특정종교를 선택했다는 점을 간과해서는 안 된다. 이들의 신앙이나 세계에 대한 지식은 매우 얕은 수준에 머무른다.

　어린시절부터 각인된 정보를 바꾸기는 매우 어렵다. 어린시절부터 신앙을 접한 아동들은 자연과학이나 진화론에 대해서는 극히 부정적이다. 이들에겐 신앙을 통한 오직 하나의 세계만 존재한다.

　한국의 종교인구는 중국, 북한, 일본 지역과는 달리 각 교단의 적극적인 포교활동으로 새로운 신자수가 증가하고 있으나 중도이탈자와 사망자가 많으므로 교단의 발표를 액면그대로 믿기는 곤란하다.

교단측 발표로는 개신교(기독교)신자가 불교신자보다 더 많은데, 개신교와 천주교는 교세확장을 위한 노력도 적극적이지만 다른 아시아권 국가에 비해 유독 남한(한국)과 필립핀지역에서만 강세를 보이는 점이 특이하다. 타지역은 불교와 이슬람, 기타 민족신앙의 세력이 강하기 때문에 뚜렷한 교세확장을 못하고 있는 것으로 여겨진다.

한국인들이 서구에서 전파된 종교를 적극적으로 수용하고 동참하는 요인으로는 서구세력(정치, 경제, 군사, 문화)의 남한진출이 가장 큰 원인이지만 각 교단의 끊임없는 전교활동도 큰 몫을 담당하고 있다. 과거 한국인들의 전통사상은 유교와 불교가 주류를 이루었지만 (이 두 사상이 강력한 민족사상을 형성했는지는 의문이다) 혼란기와 격변기를 경험하면서 확고한 사상적인 구심점이 퇴색된 이유도 있을 것이다. 외세의 진출과 함께 남한과 북한의 정치문화적인 색깔도 달라졌고 특히 남한(한국)은 경제발전과 함께 빈부격차가 심화되고 다양한 문화가 유입된 것으로 보인다.

종교입문자들의 신앙에 관한 지식은 일반적으로 얕은 수준에 머무른다. 종교에 관심을 갖고 신앙의 길로 들어서는 이들의 동기를 분석해 본다면,

첫째, 부모형제를 비롯한 직계가족과 친우의 영향이 절대적이다 (이들의 권유가 상당한 비중을 차지한다).

둘째, 삶의 여러 가지 불안요소에 대한 두려움과 고충을 해소하기 위한 방편으로 신앙의 힘을 빌리고자 하는 이유와

셋째, 죽음 이후의 내세의 세계에서 안녕과 행복을 소망하기 위함도 있을 것이다. 갑작스런 죽음에 대한 두려움을 완화하기 위한 대비책으로 신앙을 갖는 이도 상당수 있다.

넷째, 일부 종교가 부분적으로 허구성을 갖고 있다 해도, 개인주의가 팽배한 현대사회에서 다방면의 인간관계를 형성할 수 있고 개인적인 이익(정치적, 경제적 또는 사교적 이익)을 충족시킬 수 있다는 장점 때문에 오늘날의 종교는 간단치 않은 중요한 사회세력으로 자리잡고 있다. 항간에는 국가권력이 종교와 밀착되어 있다는 얘기도 있으나 이는 근거가 부족하다. 정치와 종교가 분리된 민주국가에서 두 집단의 암묵적인 불간섭은 있을지 몰라도 공개적인 유착의 증거는 찾기 어렵다. 역사 이래로 모든 집단은 구성원들의 노력과 헌신으로 유지되어 왔지만 집단끼리의 이해가 충돌할 때는 대부분 원만한 타협으로 끝나는 사례가 많았음을 보게 된다.

과거를 돌이켜보면, 권력과 종교가 유착하여 구성원들을 지배(중세 사회의 종교권력이 그러했다)한 사례가 많았지만 사상과 양심의 자유, 또한 종교의 자유가 보장된 민주사회에서 신앙의 선택은 전적으로 당사자가 결정할 사항이다(무신앙의 자유도 물론 보장된다). 무신앙의 자유는 종교의 자유보다 법적으로 상위개념에 속한다.

천주교의 한반도 전래는 약 200년전이며, 해방이전까지는 일부 계층을 제외하고는 교세가 미미하였다. 개신교의 교세확장은 한국전쟁 이후부터 눈부시게 신장되었다. 해방이전의 기독교신자(개신교, 천주교)는 총인구의 10%를 넘지 않는 것으로 알려져 있다.

그러나 과거의 불교나 유교가 완벽한 진리로 무장되고 모든 구성원의 안녕과 행복을 성취했다고는 볼 수 없다. 이 두 사상은 집권계급의 통치이념으로 국민들에게 이용되고 교화된 측면도 있다.

근세 이전의 국가가 대부분 그러했겠지만 특권층을 제외한 대다수의 민중은 지독한 가난과 힘겨운 삶을 겪은 후 세상을 떠난 것으로 역사는 기록하고 있다. 한반도의 역사도 예외는 아니었을 것이다.

19세기 말부터 백년 가까운 세월은 한국 민중에게 시련과 격동의 연속이었다고 해도 틀린 말은 아닐 것이다. 서구세력의 한반도진출(남한)은 기독교(천주교 및 개신교)의 확산에 결정적인 기여를 한 것으로 보인다. 종교의 가르침이 진리이든, 허구이든… 이러한 냉철한 판단은 어쩌면 신자가 종교로부터 얻고자하는 이익보다 중요하지 않을 수도 있다. 그러나 오랜 전통과 체계적이고 방대한 조직을 갖고 있는 불교, 천주교, 개신교 등의 종교가 아닌 사이비신흥종교로 인해서 발생하는 사회적인 문제도 만만치 않다.

현실의 삶속에서 직면하는 여러 가지 어려움과 불안감, 질병과 죽음에 대한 두려움때문에 또는 죽음 이후의 안녕을 바라고자 실체도 불확실한 대상에게 도움을 바라는 나약한 여성신도들의 피해가 가끔씩 발생하기도 한다. 주로 경제적인 손실로 인한 가정파탄과 성도덕의 문란, 노동력의 착취가 그 예이며 심지어는 집단적인 자살로 사회를 어둡게 만들기도 한다.

이런 모습들은 종교의 본분과 역할을 저버리는 것이며 범죄를 유발하는 것이나 다름없다. 무엇보다 종교는 인간을 위하여 인간이 만든 것이며, 종교사상은 인류의 역사시대와 같이 출발했다는 점을 잊지 말아야 할 것이다(이 내용은 다음 장에서 기술될 것이다).

일본의 경우는 기독교신앙이 오랜 기간의 포교활동에도 불구하고 약세를 면치 못하고 있다(천주교의 일본전파는 16세기경으로 알려져 있다).

중국대륙 또한 정치사회적 이유로 민족신앙을 제외하고는 종교활동이 많은 제약을 받고 있다. 강력한 사회주의국가인 북한 역시 실제적인 종교세력은 극히 미약하다(중국과 북한은 헌법에는 종교의 자유가 보장되어 있지만 실상은 그렇지 못하다). 대부분의 사회주의국가는 유물론 사상과 일당 독재의 편집성때문에 종교의 세력화를 금기시하는 경향이 있다.

일본의 기독교신자는 천주교를 포함하여 총인구의 1% 정도로 추정된다(일본의 총인구는 1억2천만명에 달한다). 그런데 일본국내의종교인구는 총인구의 154%라는 황당한 공식집계가 나타나고 있다(두산동아대백과 『日本』편, 1998년).

일본의 주요종교는 불교와 신도(神道 : 일본의 시조를 숭배하는 전통적인 민족신앙, 한국의 대종교와 비슷하다)를 들 수 있는데, 일본의 종교인구가 과다집계된 원인은 집계상의 착오도 있겠지만 한 사람이 둘 이상의 종교를 갖고 있기 때문인 것으로 여겨진다.

종교인구가 154%라고 하지만 현실생활에서는 무종교인과 다름없는 생활자세로 임한다고 응답하는 시민이 많다는 것은 종교가 개인의 삶과 죽음에 심각한 영향을 주지는 않는다고 판단하기 때문일 것이다.

보편적인 기준에서 볼 때, 日本人의 지식수준은 다른 아시아권 국가에 비해 질적·양적인 면에서 상당한 우위를 점하는 것으로 보인다. 메이지유신(明治維新, 1868년)이 시작된 후 동서양의 방대한 지식이 일본국내로 들어왔고, 오늘의 일본인들 역시 그들의 높은 독서열에서 볼 수 있듯이 자연과학을 포함 인문사회과학의 지식의 총량은 아시아권에서는 최고 수준에 이르고 있다.

일본의 서적출판물은 양적인 면에서도 한국의 5배 이상이며, 전문서적의 출판은 권종별로 비교할 때 10배 이상에 달한다.

그렇다고해서 일본의 평범한 대학생이 한국과 중국의 석학보다 뛰어난 재능을 갖고 있다고 볼 수는 없겠지만 시민들의 평균적인 지식수준은 상당히 높은 것으로 평가되고 있다.

미국의 종교인구는 전체인구의 80%를 약간 상회하는 것으로 알려져 있다(기독교의 개신교가 주류를 이루며, 다양한 종파가 있다). 미합중국은 정치종교분리의 이념아래 국가가 수립되었지만 위정자들의 종교에 대한 편향정책과 묵인으로 종교세력이 부단히 확산된 것으로 보인다.

미국인들의 개별적인 신앙심의 깊이나 지식수준은 정확한 자료를 확보할 수 없다. 지금도 진화론에 근거를 둔 무신론적 사상과 유신론적인 종교주의가 대립하고 있으며 향후 미국사회가 어떠한 방향으로 흘러갈지는 예측하기 어렵다(미국내의 종교사정과 무신론적 사상에 관한 정보는 리처드 도킨스의 『만들어진 신』을 참조하기 바란다. 이 책은 내용에 비해 부피가 너무 많은 점이 흠인 것 같다.).

종교의 발생과 허실

종교란 무엇을 말하며, 종교는 진정 우리에게 어떠한 존재인가?

■**종교 – 초월적인 절대자를 믿고 숭배하는 일 또는 그러한 총체적인 체계를 일컫는다.**

(한국어대사전, 뉴에이스국어사전)

단순히 백과사전에 기술된 종교의 정의로서는 종교의 세계를 티끌만큼도 이해하기 어려울 것이다.

셀 수도 없는 교회와 사찰, 신과 영혼(신에 대한 호칭도 대단히 많다), 성령과 기도, 천국과 지옥, 사랑 믿음 소망, 헌신과 봉사, 말씀과 권능, 기적과 은총, 십계명, 십일조헌금, 체계적으로 조직화된 거대한 공동체… 마치 현란한 언어의 제국에 들어선 느낌이다.

여기에서는 어지러운 말의 성찬에 일일이 대응하고 주석을 달지는 않는다(종교의 발생과 폐해 그리고 장점에 대해서는 리처드 도킨스의 『만들어진 신』을 읽어보기 바란다). 직업적인 종교인들은 종교의 발생시기나 성경의 역사적 근원에 대해서는 딱할 정도로 관심을 갖지 않는다. 또한 자신들의 종교이전의 세계에 관해서는 더욱 더 함구를 한다. 현재와 미래가 과거보다 중요함은 맞는 말이지만 과거없는 현재란 있을 수가 없다. 우리가 역사와 과거를 돌아보는 이유는 현재와 미래를 보다 순탄하게 이끌어나가기 위한 소중한 교훈을 얻기 위해서이다.

　인류의 역사시대 이전을 거슬러가보면 원시종교를 제외하고는 불교나 유대교, 기독교, 이슬람교가 존재했다는 흔적은 어디에도 없다. 역사시대(기록의 시대)는 신석기시대가 끝나고 청동기시대가 열리는 시기부터 기산하여 최장 8000년전까지 소급된다(기원전 6000년경).

　청동기시대에 이어서 도래한 철기시대는 약 4500년전(기원전 2500년경)에 서막이 열렸다. 청동기인은 서남아시아의 신석기인인 셈족과 햄족으로부터 유래되었으며 메소포타미아의 남동부지역이 시발점으로 알려져 있다. 청동기인은 지상에 홀연히 나타난 정체불명의 인류가 아니라 그 지역에서 신석기를 사용했던 크로마뇽계의 한일파임이 분명하다. 이들은 호모사피엔스사피엔스라는 현생인류의 한 부류에 속한다.

　청동기시대가 한참 지난 후에 유대교가 등장했고 그리고 구약성경이 만들어졌다(구약의 초안이 언제 누구에 의해 작성되었는지는 알 수가 없지만 청동기시대와 철기시대의 어느 시점인 것은 분명하다). 구약은 당시의 생활상을 엿볼 수 있는 기록인데 유대교와 현대기독교의 오래된 경전에 속한다. 예수출생 이후에 성립된 기독교(카톨릭)는 유대교와는 많이 다르지만 그 뿌리의 일부를 유대교에 두고 있다.

　기원을 모른다고 해서 단순히 신비주의로 포장해 버린다면 너무 성급한 결론이다, 이 세상에는 출처불명의 사건과 기록들이 비일비재하다. 그러나 방대한 인류문화의 단편에 불과한 일개책자에 유독 집착하는 것은 시간과 노력의 낭비로 볼 수 밖에 없다.

오늘날의 유력한 종교는 역사시대 이후의 유별나고 특출한 인물에 의해 창시되었고 그의 추종자들에 의해 사상이 윤색되고 성역화되어 오늘에 이른 것이다(대부분의 종교가 그러하다).

고대종교의 발생에는 여러 가설이 있는데 대략 몇 가지로 집약된다.

- 자연에 대한 두려움과 경이로움
- 자연현상에 대한 지식과 이해력의 부족
- 삶의 수많은 고통과 고뇌
- 죽음에 대한 두려움과 내세에 대한 간절한 소망 등이 복합적으로 작용했을 것으로 여겨진다. 그런데 숭배의 대상은 종교마다 민족마다 각양각색이다. 유일신종교에서부터 수십, 수백의 신이 있는 종교도 있다. 기록상으로는 고대이집트의 종교에서 영혼불멸과 내세에 관한 사상이 처음으로 나타난다. 이집트의 종교는 신(神)도 유난히 많다(고대이집트의 문자는 그림으로 된 상형문자다).

일부종교에서는 세계가 6천년 전에 창조되었다고 언급하지만 이 숫자는 확실한 근거가 없다. 생명체의 역사도 6천년전에 시작된 것이 아니다. 6천년이라는 숫자는 청동기시대와 이집트, 메소포타미아 문명 그리고 유대교가 태동한 시점이지 지구 전체의 역사가 아니다. 이 사건들은 지리적으로 매우 가까울 뿐 아니라 강력한 도시국가가 출현한 시기와 처음으로 문자를 사용한 시기와도 근접해 있다.

원시부족사회로부터 강력하게 통치되는 도시국가가 출현한 시기는 B.C. 4000년경(이집트의 Nomos 도시국가)이며, 인류가 처음으로 문자를 사용한 것은 B.C. 3500년경 메소포타미아의 수메르문명(이라크 남부지역)으로 알려져 있다. 구약이 초안이 만들어진 시기는 수메르문명 이후로 보는 것이 타당할 것이다. 방대한 지구역사의 대부분을 생략해버리고 자신들의 짧은 역사만을 언급한 고대인의 비논리적인 기록만을 맹신하는 것은 잘못된 편견이다. 이집트를 포함하는 중동지역의 문명이 인류문화의 선두주자임은 맞지만 이들 문명이 세계의 전부는 아니며 지구역사의 전부도 아니다. 오늘의 세계는 46억년전 지구의 생성으로부터 30억년 이상의 기나긴 시간동안 경쟁과 진화를 통한 자연선택 그리고 환경에 대한 생명체의 끈질긴 적응으로 이룩된 것이다.

인간의 모든 언어가 진실을 말하는 것은 아니다. 기록을 위한 문자의 발명은 사실과 허구와 상상을 혼란스럽게 전달하는 인간의 이중성에도 이용되었다.

이러한 인간의 양면성은 동서고금을 막론하고 있어 왔고, 오늘날에도 계속되고 있다. 진실과 거짓말, 악플과 유언비어, 실화와 신화, 동화나 공상과학소설… 이런 무수한 용어들이 무엇을 의미하는가? (역사를 공부해본 사람은 알 것이다. 정치적으로 허구의 사실이 유포되었다면 그 대상자는 억울한 죽임을 당하기도 한다. 이런 사례는 어느 시대에도 꾸준하게 있어 왔다.)

최초의 종교창시자와 그 추종자들은 청동기시대 이전의 기나긴 생명의 자취에 대해서는 백지상태나 다름없었으며 자신들의 한정된 지식만으로 세계를 바라보았을 것이다. 그들은 퇴적층 아래에 깊숙히 묻혀있는 수억년전의 화석이나 생물체의 잔해에 대해선 관심도 없었고 작은 정보조차 없었을 것이다(현대에도 오래된 화석의 발굴이나 생성연대의 측정은 고차원적인 기술과 장비가 있어야만 가능하다).

고대인들의 지식은 인간위주의 내면세계와 신체의 오감으로 느낄 수 있는 작은 세계만이 그들의 전부였을 것이다.

　인류는 하늘에서 갑자기 나타난 존재가 아니며, 지구생명체의 역사는 불과 몇 천년의 시간동안에 이루어진 것이 아니다.

　허구나 잘못된 상상을 진실인양 맹신하는 것은 지혜로운 자세가 아니다. 종교없는 무신론적인 삶이 도덕적인 타락으로 전락할 것이라는 견해도 옳지 않다. 종교가 없는 사회보다 법과 질서가 무너진 사회가 더 나쁜 결과를 가져올 것이다. 어떠한 사회든 무분별한 방종과 타락을 쉽게 허용하지는 않는다(타락의 기준도 모호할뿐 아니라 범죄율과 타락의 정도는 종교인구와는 상관관계가 없다. 그 나라의 정치경제상황과 교육수준, 문화의 성숙도에 따라서 사회의 안전망이 확보된다).

　살인이 범죄임이 분명한데도 종교때문에 목숨을 잃은 사람이 정치적인 희생자보다 더 많다는 것은 지나온 역사가 잘 보여주고 있다. 사회의 안녕과 질서는 종교만으로 보장되지 않는다는 점을 과거의 역사를 통해 배워야만 한다.

　무신론자일지라도 법과 질서를 존중하고, 타인에 대한 이해와 배려를 확대하며, 생의 일정한 목표를 세우고 가정과 사회의 일원으로서 자신의 책무를 다한다면 보람된 삶과 평화로운 사회가 충분히 이룩될 수 있다.

　신을 믿는 자는 모두 선하고 그렇지 않은 자는 모두 악인이라는 관점도 잘못된 편견이다. 지독한 편견과 배타주의는 서로의 적대감을 확대시키는 범죄적인 시나리오다.

　신이 있기 때문에 반드시 선하게 살아야 한다면, 신이 없다면 악행을 저질러도 괜찮다는 말도 성립된다(이것은 기회주의적인 범죄자나

하는 행동이다. 신이 있든 없든 많은 사람들은 사랑과 도덕심, 약자와 빈자에 대한 연민의 정을 선천적으로 갖고 있다. 이러한 것들은 유전적으로 전해져온 오래된 본능에 속한다). 불신과 맹신에 따라서 악인과 선인을 구분하는 것은 한심한 일이다. 선과 악의 판단은 종교적인 기준이 아니라 서로의 관점에 따라서, 그 사회의 가치판단에 따라서 얼마든지 달라질 수 있다.

종교에 대한 부정은 도덕적인 타락이 아니라 인간본연의 가치인 진정한 자유와 사랑, 정의와 평등 그리고 세계의 평화로운 진보를 위한 길이 될 수도 있다. 구성원들의 안녕과 행복을 위해서는 종교의 확산보다 도서관과 복지기관의 증설과 활성화, 다양한 지식의 확보를 위한 평생교육의 실질적인 제도화가 더 절실하다. 종교가 가진 지식은 대형도서관의 정보량에 비하면 하찮은 수준이다.

우리 사회에서 종교가 쉽게 사라지지는 않을 것이다. 직업적인 종교인에게 신앙의 포기는 그들의 모든 것을 박탈하는 것과 다름없을지 모른다. 그들의 모든 것을 부정하고 박탈하는 종교의 해체가 바람직한 사회 현상은 될 수 없다. 만약 우리 사회에서 종교가 사라진다면 또다른 대안이나 공동체가 마련되어야 하겠지만 그 대안의 실현이 쉽지만은 않을 것이다. 자유와 권리, 평등을 이념으로하는 민주주의사회에서 무신앙의 자유뿐 아니라 종교선택의 자유도 보장되어야만 한다.

만약 종교계에 유입되는 막대한 자금이 실물경제로 전환될 수 있다면 만성적인 실업이나 최악의 빈곤은 오래전에 해결되었을지도 모른다(고금을 막론하고 어떤 집단이나 조직이든 경제적인 근간이 무너지면 해체는 시간문제다. 물자의 공급이 없으면 사상만으로 존속하는데도 한계가 있다). 가구당 소득의 10%에 달하는 막대한 자금이 재생산의 효율이 거의 없는 무형의 전도사업과 특정계층의 수중으로 유입되고 있으며 이는 정상적인 소비경제를 왜곡시키는 역할도 하고 있다. 사후의 안녕과 영생은 우리의 궁극적인 목표가 될 수 없다. 국리민복의 현실적인 목표는 우리의 삶가운데서 구현되어야 하며, 이 목표는 우리의 노력과 지혜로 달성할 수 있으리라 본다.

요술방망이는 없다(종교의 사후관)

일부 종교의 관점에서 본다면, 모든 인간은 사망과 동시에 육신의 부패가 진행되고 자연의 일부분인 흙으로 돌아갈 것이며, 영혼은 하늘 또는 신의 나라(천국 또는 지옥)로 가서 생존시에 행한 업적에 따라 보상이나 징벌을 받게 된다고 가르친다(이러한 광경을 행복한 사후의 세계로 상상하는 사람들이 있기는 하다).

이 주장은 육신과 정신을 별개의 존재로 인식하는 비합리성을 안고 있지만 무형의 에너지로 표출되는 인간의 정신(영혼, 지적능력)을 뚜렷한 형태로 구체화시켜 개인의 생애를 무궁한 시간대로 연장시키면서 영원한 삶을 소망하는 인간의 욕망을 어느 정도 위로했다고 볼 수는 있다(위안을 주는 말이 반드시 진실이나 참은 아니다. 또한 인간의 모든 언어가 진실을 의미하지는 않는다).

비록 증명되지 않는 가상의 세계이지만 타인이 갖고 있는 상상의 자유를 제3자가 통제할 수는 없는 노릇이다.

그러나 상상의 자유와 허구의 세계를 진실로 호도하는 불확실한 믿음과 냉엄한 현실은 구분되어야 한다.

당사자의 종교관에 따라서 약간씩의 차이를 보이지만 대부분의 종교에서는 내세(來世)의 존재와 영혼불멸의 사후관이 공통적으로 나타난다.

"하늘을 지붕 삼고, 땅을 침실로 삼으며, 육신의 괴로운 껍질을 벗어던지고, 아늑한 묘지안에서 사시사철 잠을 자다가 어디론가 가고 싶을 때는 훨훨 날아서 이곳저곳 유람이나 다닌다면 이보다 더 부러운 인생이 어디에 있을까?"(중국의 고대사상서 『장자』의 내편을 비유법으로 인용).

영혼의 이동은 차비도 필요없고, 이런저런 절차도 필요가 없다. 두려움과 외로움, 사랑하는 이와 가족에 대한 근심, 모진 추위와 찌는듯한 더위, 배고픔과 질병의 고통, 금전문제, 온갖 속박과 치열한 경쟁… 생전에 우리를 괴롭혔던 모든 고뇌와 집착을 던져 버리고 먼저 간 선배들과 바둑이나 두면서 영겁의 태평세월을 즐긴다면 일국의 제왕도 부럽지 않을 것이다.

종교의 사후관은 비록 현실과는 많은 거리가 있지만 여유있는 상상의 날개로 죽음에 대한 나약한 인간의 두려움을 상당부분 위로한 것은 사실이다. 그러나 상상과 현실은 분명 다르다.

사후세계, 이른바 "천국과 지옥" 또한 "영혼의 존재"에 대하여 「반드시 있다」라는 내세에 관한 믿음과 「결코 존재할 수 없다」라는 현실적인 주장이 대립할 때 양자택일의 판단을 해야될 입장에 처하기도 한다(이 문제에 전혀 관심이 없는 현실주의자도 있겠지만). 여기에서는 "혹시 있을지도 모른다" 또는 "어쩌면 없을 것 같다"라는 불확실한 견해는 용인될 수가 없다. 이 논제는 어떤 사물이나 사실의 존재에 관한 것이기 때문이다.

현실적으로 존재하지 않는 사물이나 사실에 대해서 "왜 없는지" 그 이유를 논리적으로 증명해보라는 것은 이치에 맞지 않다(즉, 이것은 말이 안되는 터무니없는 주장이다). 존재하지 않는 것은 증명자체가 불가능하다. 다시 말해서 증명자체를 실행할 수가 없다.

과학의 세계에서 "증거의 부재를 부재의 증거로 볼 수는 없다"라는 약간 이상한 논리가 있다(예를 들면, 외계에 존재할지도 모르는 지적생명체나 아직도 발견되지 않는 자연법칙과 같은 것들이 있다. 그러나 이것은 사후세계와 같은 의미의 대상은 아니다. 사후세계를 우주공간으로 확대한다는 것은 여러 가지 물리법칙에도 어긋나며 우주공간은 대단히 위험한 곳이다). 이 논리의 의미는 어떤 사물이나 사실의 존재가 입증되기 어렵다고 해도 "반드시 없다"라고 단정하기는 곤란하다는 그런 뜻이다. 이 논리는 한편으로는 분명히 맞다. 그러나 한편으로는 반드시 진리가 아니다. 왜냐하면, 처음부터 없었던 사물이나 사실을 "있을 수 없다"라고 단정을 내리기 전에 "혹시 있을지도 모른다"라는 가상의 형체를 만들 오류를 안고 있기 때문이다. 이것은 허구가 진실을 가리는 불확실한 논리로 보아야 한다.

한편으로 종교의 관점에서 보는 "내세와 영혼"의 존재를 입증하고자 한다면 구체적이고 실제적인 증명과 증거가 있어야 한다. 그 실체는 어디에도 없다. 우리가 알 수 없는 곳, 또는 아주 머나먼 곳이라는 추상적인 표현은 현실성이 없는 허구일 뿐이다.

여기에서 일부 종교인들의 논리가 강하게 호소되고 있는 점을 주목할 필요가 있다. 존재하지도 않았고(처음부터 없었기 때문에) 존재할 수도 없는 사물이나 사실의 입증이 어렵기 때문에 "증거의 부재가 「반드시 없다」라는 의미는 아니다"라고 유추해석을 하여 "있을 수도 있다. 혹시 존재할지도 모른다"라는 신념을 굽히지 않는 것은 억지가설에 불과하다.

가설이나 허구는 비논리적인 궤변이며 이것은 진실에 반하는 것이다. 어떤 종교인은 말한다.

"당신의 마음을 보여줄 수 있느냐? 천국과 영혼도 볼 수는 없지만 분명히 있다"라고… 그러나 이것은 틀린 말이다. 영혼이나 마음(心)은 두뇌의 작용으로 생긴 여러 가지 감정을 옛사람들이 잘못 이해한데서 만든 언어다. 옛사람들은 인간의 정신이 심장에서 발원하는 것으로 잘못 이해하여 그렇게 표현했을 뿐이다.

두뇌에서 사고력을 발원시키는 전기에너지는 아주 미약하며 기계적으로 계측할 수 있는 운동에너지나 질량에너지와는 성질이 다르다. 두뇌에서 발원되는 전기에너지의 양은 근육을 통한 운동에너지의 계측량과는 차이가 많다. 물리적인 측면에서도 전기에너지의 흐름은 운동 또는 열에너지의 효율과는 많이 다르다.

어떤 종교인은 이렇게 말한다.

"산소와 질소같은 기체는 볼 수 없지만 분명히 있다. 천국이나 영혼도 보이지는 않지만 분명히 존재한다"라고… 그러나 이 주장도 틀린 것이다. 기체원소는 인간의 시각으로는 쉽게 확인할 수가 없지만 밀폐된 공간에서는 시간이 경과되면 그 밀도를 충분히 감지할 수 있다. 기체원소는 연소성과 비연소성이 있으며 후각으로 인지할 수 있는 원소도 많다. 대부분의 기체원소는 저온으로 액화시키면 질량측정이 가능하며 물과 불을 이용하거나 또는 간단한 기구를 사용해서 그 존재를 확인할 수 있다.

안데르센동화에 나타나는 인어공주는 생물학의 관점에서 보면 있을 수 없는 가상의 생물이다. 지구생물의 진화과정에서 어류와 포유류의 유전자결합은 불가능하다. 이러한 생물은 과거에도 없었고 미래에도 나타날 수 없는 허구의 창작물이다.

종교의 세계에서—볼 수도 없고 확인이 불가능한—신과 영혼의 존재, 사후의 세계를 "결코 없다"라고 예단하는 것은 성급한 결론이라는 주장도 있지만, 이 말도 "증거의 부재가 반드시 존재의 부재를 의미하는 것은 아니다"라는 해석의 농간성격이 짙다, 이것은 비논리가 논리를 부정하는 잘못된 주장이다. 증거의 부재나 증명의 어려움을 빌미삼아 확인할 수 없는 사물이나 사실을 "언젠가는 확인이 될 것이다. 반드시 존재한다"라고 우기는 것은 터무니없는 억지에 불과하다.

유신론과 무신론의 논쟁은 확률이나 가능성의 문제가 아니다. 이것은 허구인가?, 실재인가?의 존재에 관한 것인기 때문이다. 이상의 논제들은 종교가 인류에게 바친 역사적인 헌신을 무시하고 일방적으로 매도하기 위함은 아니다. 이것은 진실과 허구에 대한 우리의 올바른 판단을 정립하기 위해서 피력하는 것이다.

인간이 만든 종교는 약간의 모순을 안고는 있지만 평화로운 삶과 죽음에 대한 부분적인 위로에는 어느 정도 긍정적인 역할을 한 것으로 인정할 수는 있다.

동화속에 나오는 요술방망이나 알라딘의 램프와 거인에 관한 이야기는 인간의 풍부한 상상력으로 쓰여진 허구의 세계이며 그러한 사물과 사실은 현실과는 동떨어진 것이다.

"정작 해야 될 일은 하지 않고 다른 일에 몰두하는 자는 말자다" (루신 : 중국의 근대사상가).

동화나 만화속에 파묻혀 지내는 어린 아이들처럼 공상의 세계에서 허구의 시간을 낭비하는 것은 바람직한 모습이 아니다. 공상의 세계가 창의력의 개발에 도움을 주고 인생을 풍요롭게 했다는 사례는 그리 많지 않다.

가상의 세계는 우리에게 약간의 즐거움과 위안을 주겠지만 현실은 그렇게 한가롭지만은 않다. 흥미나 오락위주의 삶은 우리의 정신을 나태하게 만들고 진보를 방해할 것이다. 우리의 삶의 시간표는 제한되어 있다. 우리의 삶은 자신과의 싸움, 자연과 타인과의 경쟁을 통해서 유지되며 허구나 오락위주의 세계로 깊이 빠져드는 것은 바람직한 인생이 될 수 없다. 우리가 그림이나 글로써 이해하는 천국과 지옥의 모습은 인위적인 창작물에 불과하며 실제 모습으로 인정할 근거는 어디에도 없다.

좋은 삶은 위한 교훈으로서의 종교는 개인과 가정, 사회를 위한 작은 등불이 될 수 있겠지만 지나친 허구와 과장은 깨우친 문명사회의 모습이 아니다. 성경이나 불경의 깊은 사상이 총체적으로 허구는 아닐 것이다. 이들 종교가 인류의 삶을 올바르게 이끌고자 많은 노력을 한 것은 어느 정도 맞다. 그렇지만 불교의 윤회설이나 기독교의 부활과 영생론이 어두운 죽음의 실체를 밝혀내고 우리에게 평온한 위로를 주기에는 합리적인 논리가 결여되어 있다. 많은 종교가 불확실한 근거와 상상에서 출발하였고, 죽음에 대한 일방적인 미화로 윤색되었음을 부인하기 어렵다.

종교의 역사는 길게 잡아도 8천년에도 못 미친다. 종교는 46억년이라는 지구의 연륜과 150억년을 뛰어넘는 우주의 시간과는 비교할 수도 없는 작은 사상에 불과하다.

가상의 세계가 출현한 것은 여러 원인이 있겠지만 "혹시나 또는 만약에"라는 가정을 지나치게 의식하여 허구의 세계로 빠져드는 것은 위험한 발상이며 진실에 반하는 일이다. 그러나 사실에 기초를 두고 실현가능성이 있는 창의력이나 예측이 문명의 진보와 인간의 삶에 도움을 준 사례는 많다. 자동차와 항공기의 발명, 전자산업과 중장비의 비약적인 발전은 인간의 탐구정신과 노력이 이룩해낸 응용과학의 결실이다.

태양계의 행성인 화성Mars에 단순한 생물이 있을지도 모른다는 어렴풋한 추측과 화성의 운하아래에는 지구보다 더 뛰어난 지적생명체가 활동한다는 공상과학소설은 근거나 내용이 전혀 다른 것이다.

화성은 밤과 낮의 기온차에 매우 크며(-60℃~20℃ 사이로 온도 편차가 80℃ 이상이다) 대기의 밀도는 지구의 100분의 1에도 못 미친다.

얼음상태로된 미량의 물이 존재하지만 대기는 이산화탄소가 주성분이며 생명체의 존재가능성은 극히 낮은 것으로 관측되고 있다.

유물론, 그 진실과 우려

한편으로 사후세계를 부정하는 유물론적인 사고가 물질만능주의나 쾌락주의, 생명경시의 풍조, 퇴폐사치의 유행, 범죄의 증가 등을 가져올 우려성이 전혀 없지는 않다. 또한 분별없는 살상이나 자살의 증가가 나타날지도 모른다.

그러나 이러한 우려는 매우 극단적인 가능성의 비약이다. 이러한 우려들은 대부분이 삶의 문제에 속하는 것들이다. 이러한 문제들은 정치경제와 문화나 교육의 영향을 받고 있는 삶의 영역에서 해결되어야 할 과제들이다. 이 문제들은 문명화된 사회의 힘으로 충분히 예방이 가능하다. 또한 우리의 유전자속에는 오랜 세월에 걸쳐 형성된 호의적인 이타주의의 본능도 자리잡고 있다.

과거를 돌이켜 볼 때, 종교의 시대라고 할 수 있는 근세이전의 국가(18세기 이전)에서 구성원들의 삶의 질이 높아졌고 그들의 행복과 안녕을 보장했다는 기록은 많지 않다. 지배와 피지배의 갈등은 현대사회보다 더욱 심각했던 것으로 역사는 전하고 있다. 또한 유물론적인 사고가 팽배한 사회주의국가에서 심각한 우려가 나타난 사례도 많지 않다.

사후세계에 대한 부정때문에 삶의 불행을 초래할 수도 있다는 견해는 지나친 비약이며 기우이다. 오히려 삶의 충실도가 더욱 높아질 수가 있다.

세계의 안녕과 질서는 양심의 교화나 기도를 통한 소망만으로는 보장될 수 없다. 사회의 안녕과 개인의 행복은 실제적인 방안이 마련되어야 하며 엄정한 법질서와 효과적인 상벌체제의 운용, 정치경제의 원만한 운용, 합리적인 교육의 시행, 부정부패의 척결 등을 통해서 충분히 성과를 올릴 수 있다.

불확실한 절대자의 이름으로 막연하게 선과 도덕을 설교한다고해서 세계의 질서가 확립되는 것은 아니다.

많은 종교가 세상의 악과 모순을 타파하기 위해서 꾸준히 노력을 해왔지만 결과는 만족할만한 수준은 될 수 없었다. 전쟁의 참화로 얼룩진 지난 세기의 불행은 종교의 무능함과 한계성을 보여주고 있다. 투쟁과 비극은 지금도 계속되고 있으며 이러한 불행을 방지하기 위해서는 보다 현실적인 대책이 마련되어야 한다.

전쟁에 의한 살상이나 자신의 이익을 얻기 위한 살상행위가 생명경시의 대표적인 사례이지만 이러한 범죄행위는 정치력과 강력한 법질서, 교육의 강화로 충분히 예방이 가능하다. 이러한 범죄행위는 종교나 사상의 관점보다 치열한 생존경쟁의 관점에서 고찰되어야 한다. 이런 행위들은 자신의 가족 또는 집단의 이익을 확보하기 위한 이기적인 욕망의 한 형태일 뿐 사후세계와 연관된 형이상학의 관점에서 보기는 어렵다. 모든 범죄행위자가 고도의 철학적 지식을 갖고 있다고 볼 수는 없다. 이들의 행위는 영혼의 존재나 사후의 관점보다 삶의 과정에서 어떤 동기나 목적에 그 원인이 있음을 파악해야 한다.

이들의 행위는 현실과 생존을 위한 본능적인 욕구, 환경과 사회체제, 그리고 당사자의 성격이나 지식의 관점에서 분석되어야 한다. 원한이나 우발적인 폭력으로 일어나는 살상행위(계획적인 고의성이 개입될 수도 있겠지만)도 영혼의 존재를 부정하는 유물론적 사고에서 발생한 사건이기보다 과거의 인과때문에 발생하는 경우가 대부분이다.

모든 범죄행위는 결국 사회의 응징과 도덕적인 비난을 받게 되겠지만 모든 범죄가 고도의 철학적인 관점에서 비롯된다고 주장하는 것은 합당한 논리가 아니다.

자살도 살인의 한 형태로 간주되며 법률의 징벌대상이 될 수 있다. 단지 행위의 당사자가 살아있지 않다는 점이 타살과는 다르다 (일부 국가에서는 자살미수도 법률적인 처벌대상이 된다).

자살Suicide을 완벽하게 방지할 수 있는 묘책은 없다. 어떤 사회를 막론하고 인간은 자살을 시도할 수가 있고 강력한 통제국가조차도 자살기도자에 대한 감시와 설득에는 한계가 있다. 심지어는 감옥에서도 자살사건이 드물게 발생하는 실정이다.

그러나 자살자의 수를 최소한으로 줄이는 일은 가족과 지인, 사회가 관심과 노력을 기울인다면 충분히 가능하다. 어떠한 사건이 발생했을 때, 그 사건의 연루자가 모두 자살을 기도하지는 않는다. 비슷한 유형의 범죄사건에서도 피의자가 자살을 시도하는 경우가 있지만 그렇지 않은 사건도 많다.

자살은 당사자의 성격이나 지식수준, 주변의 환경, 사건의 발생원인 등이 복잡하게 얽혀져있는 최후의 선택이며 어느 한 가지 원인으로 자살을 실행했다고 보기는 어렵다.

일반적으로 소심한 성격의 사람이나 지식수준이 높은 사람이 불명예스러운 사건과 연관이 되었을 때 자살을 시도하는 수가 있지만 (우울증도 한 가지 원인이 될 수 있다.) 예외가 많기 때문에 정설로 인정하기는 어렵다.

에밀 뒤르켕의 『자살론』에는 세 가지 유형의 자살형태가 있다고 분석한다.

이는 고전적인 자살심리의 분석방법인데, 개인의 자살은 다양한 원인과 결과가 얽혀 있고, 개인의 성격이나 지식수준, 유전적 경향 등이 복잡하게 연관되어 있기 때문에 자살자의 자살원인을 한 마디로 단정하기는 어렵다고 본다.

뒤르켕의 자살유형분석을 간단히 소개하면, ① 이기주의적인 자살 ② 이타주의적인 자살(헌신적인 자살) ③ 아노미성 자살(심리의 무질서 또는 혼란상태로 인한 자살)과 여러 가지 복합형태의 자살이 있다고 설명한다.

개인의 자살을 한 두가지 원인으로 제3자가 단정을 내리기는 쉽지 않다. 당사자의 심정을 수학공식을 풀듯이 결론을 내릴 수는 없다.

모든 살인행위의 가해자도 언젠가는 자연의 품으로 돌아가게 되겠지만 자신의 생존이나 행복을 위해 또는 순간적인 감정이나 원한 때문에 타인을 제거하는 행위는 치졸하고 잔인한 야수의 생존양태와 다름없다. 이는 반인륜적인 작태임은 두말할 필요가 없다.

만약 약육강식이라는 동물계의 생존방식이 인간사회에 그대로 적용된다면 자연적인 수명을 누릴 수 있는 이가 몇이나 될 것인가? 아직도 자본주의사회의 일각에서는 빈곤과 기아, 질병과 중노동, 경쟁사회의 폐해로 어두운 죽음의 사건들이 일어나고 있으며 이러한 비정한 죽음은 문명사회가 안고 있는 부끄러운 모습이다.

현대사회의 살인은 다른 이유도 있겠지만 금전문제로 인한 사건이 상당부분을 차지한다. 자신의 생존과 안녕을 위해서 타인의 생명을 빼앗는 치졸한 행위가 문명화된 사회에서도 심심치 않게 일어난다.

또한 인간이 생존을 위해서 자행하는 타동물에 대한 관습적인 도살행위도 일부 종교에서의 비판처럼 바람직한 모습은 될 수 없다. 그러나 생존을 위한 생태계의 생존양식을 거부하고 인류의 오래된 식생활을 비난하는 것은 무리라고 본다.

필자는 채식을 선호하지만 동물성음식을 전혀 먹지 않는 것은 아니다. 인간은 사회적 개체이며 혼자만의 식생활을 고집하기에는 많은 어려움이 따른다.

동물에 대한 도살행위가 근본적으로 옳지 않음을 우리는 인식하고 있지만 동물성먹이의 섭취는 인류의 생존과 진보를 위한 불가피한 선택이었을 것이다. 유목민족이나 잡식성에 길들여진 인간에게 동물성먹이를 전혀 먹지 말라는 충고는 맹수에게 채소만 먹으라고 강요하는 것과 다름없다.

동물성먹이의 섭취는 생태계의 순환법칙을 벗어날 수 없는 인간의 본능으로 보아야 한다. 수천만년동안 지속되어온 자연계의 생존양식을 오늘의 인류가 일순간에 바꿀 수는 없다.

분업과 협력을 통하여 사회를 구성하고 공존을 하게 된 모든 인류는 좀 더 지혜를 모아 약자가 도태되는 야생의 법칙을 일탈하여 평화로운 세상을 이룩하도록 노력해야 한다.

영생(永生)의 욕망을 통제하자

개인의 사생관은 연령층이나 또한 사람에 따라서 많은 차이를 보인다. 현실속의 사람들은 죽음을 경험해보지도 않고서 괜한 죽음의 두려움에 떨며 온갖 불안과 근심으로 하루를 보내는 이들도 있지만 이러한 모습은 근거 없는 망상에 불과하다. 특히 생활이 안락한 상류계층과 타인과의 갈등이 심한 범죄자나 말썽꾼들이 이러한 현상이 심한 것으로 보인다.

이러한 모습은 과거의 업보(業報)이기도 하며 지식과 극기심의 부족에서도 기인하겠지만 가장 큰 원인은 과거와 현재의 사람과 사물에 대한 지나친 애착과 소유욕 그리고 자신의 욕망을 이루고자 하는 이기심에서 비롯된다고 볼 수 있다.

우리가 살아 있는 동안은 일정한 재물과 어떤 목표가 필요하기는 하다. 그러나 우리가 떠난 후에는 모든 소유물이 가족이나 타인에게로 이동된다. 우리가 갖고 있는 모든 유무형의 소유물은 필요한 삶의 도구이지만 영원성을 가질 수는 없다.

풍요한 재물, 좋은 문화시설, 안락한 주거 공간, 맑은 공기와 아름다운 자연, 사랑하는 사람들과 애완동물들, 정갈한 음식과 탐스러운 과일, 타인의 존경과 부러운 지위(이른바 권력 또는 명예), 달콤한 섹스, 경이롭고 새로운 경험들, 그리고 자유와 평화를 상징하는 온갖 행사와 오락들… 이 모든 것들을 두고서 홀연히 죽음의 세계로 떠날 수 있는 용기와 신념을 가진 사람은 거의 없다고 해도 틀린 말은 아닐 것이다.

이순신장군, 안중근의사, 예수 그리스도와 같은(또한 많은 무명 용사를 포함하여) 그 시대에 따라서 죽음을 두려워하지 않는 특출한 인물들이 인류의 역사속에 나타난 것은 사실이다.

그러나 이러한 인물들의 수는 극히 제한되어 있다. 피살 또는 자살에 속하는 이분들의 죽음은 별도의 연구 대상이 되겠지만 평범한 사람들의 죽음과는 동일시 할 수 없으며 보편적인 인간의 죽음과는 많은 차이가 있다.

여기에서 중국의 고대사상가 노자(老子)가 말한 무위자연의 사상에 대해 잠시 언급해보기로 한다(노자의 도덕경은 중국의 10대 명저에 포함된다). 무위자연의 사상이란 쉽게 말해서 인간은 자연의 일부이며 자연과 조화를 이루며 살다가 결국 자연의 품속으로 돌아간다는 내용인데, 지나치게 인위적인 제도나 물질, 형식따위는 인간을 속박하는 것이므로 가능하다면 자신의 모든 주변을 조촐하게 만드는 것이 좋다는 소박한 허무주의 사상으로 보는 견해가 있다.

노자사상이 오늘날의 물질문명과 연계된 산업사회의 인간성과는 어울리지 않는 측면은 있다. 오늘의 인류가 나무 위의 우리 선조들의 삶으로 돌아가기는 불가능하다. 우리가 유인원이나 원시의 삶으로 돌아가는 것은 불가능하지만 지나친 물질만능주의나 우리를 속박하는 온갖 인위적인 허례의식은 우리 자신을 불행하게 만들 소지가 있기 때문에 보다 겸허한 자세로 살아가야 한다(또는 죽음을 맞이해야 한다)는 교훈정도로 받아 들이는 것이 좋을 것이다.

우리가 살아가면서 느끼고 소유하는 모든 것들을 뿌리치고 죽음의 세계로 홀연히 떠나가야 한다면 그것은 슬픈 일임에 분명하다. 특히 생활이 안락하고 단조로운 일부 여성들이 느끼는 죽음에 대한 공포는 훨씬 심각한 것으로 관찰된다. 일상의 생활이 안락하고 풍요로우면 알 수 없는 어두운 죽음의 세계에 대한 공포와 불안감이 더욱 커지게 됨은 당연하다. 보편적으로 세심한 성격을 가진 여성이 남성보다 죽음이 공포감이 크다고 볼 수 있다.

죽음의 공포가 유별나게 심한 사람은 새로운 변화에 대한 적응이 뛰어나지 못하며 소박하고 순수하지만, 다소 과거지향적의 보수적인 성격의 사람으로 볼 수 있다. 과거에 대한 집착이 유난히 강한 사람은 이러한 습성에서 탈피하기 위해서는 일상의 생활에서 잦은 변화를 시도해 보는 것이 좋다. 이사를 가끔씩 간다든가, 수시로 여행을 해보고 자신이 걸어온 삶을 일기형식으로 가끔씩 정리를 해보고, 꼭 필요치 않은 자신의 소유물을 서슴없이 버리는 행동을 습관화시키며, 타인과의 좋은 이별을 자주 경험하는 것도 적절한 방안이 될수 있으리라 본다. 이사를 자주 가고 새로운 환경에 적응을 하는 일은 삶의 과정에서 만나는 사건이며 "죽음"이라는 삶의 종결과는 본질적으로 성격이 다르기는 하다.

그러나 현재와 과거의 모든 일들을 과감히 정리하고 새로운 환경에서 새로운 마음으로 출발하는 자세는 집착과 미련에 묶여 있는 우리의 정신을 세뇌시키는데는 상당한 도움이 될 것이다.

풍요로운 환경에서 살아왔고 감수성이 예민하며 기억력이 뛰어난 사람일수록 죽음과 사별에 대한 두려움이 훨씬 심각한 것으로 보인다.

그 원인은 평범한 사람들(또는 불우한 사람들)보다 과거와 현실에 대한 집착이 훨씬 강력하기 때문이다. 이러한 집착에 대한 해결 방안은 여러 가지 변화를 시도하고 자신의 소유욕과 이기심을 과감하게 통제함으로써 가능해진다. 욕망과 집착에서 벗어나야 하는 주체는 바로 자신이며 스스로의 굳건한 결심으로 그 굴레에서 조금씩 벗어나야만 한다. 이러한 결심이 힘든 이도 있겠지만 그 결심은 종국에는 자신을위한 길이 될 것이다.

하층계급이나 빈곤한 사람의 삶에 대한 애착은 상류층보다는 다소 약한편에 속한다고 할 수 있다. 그렇다고해서 모든 빈곤층이 죽음을 동경하지는 않겠지만 어떤 이들은 죽기보다 더 힘겨운 삶을 살아가기도 한다. 빈곤자들은 삶이 힘든 것은 알고 있지만, 다시는 돌아올 수 없는 죽음의 세계로 떠나간다는 사실을 달갑지않게 여기는 경향도 있다.

이것은 극히 자연스러운 본능일 것이다(최악의 빈곤자가 이 책을 보게 될지는 알수없지만, 그들의 힘겨움을 조금이나마 위로하고자 하는 마음에서 지면을 할애하고 있다).

빈곤층도 여러 계층이 있으며 최악의 빈곤자들은 죽음을 향한 과감한 용기도 없으면서 실낱같은 하루의 연장만이 그들의 삶을 붙잡고 있다. 이들은 대체로 심신이 허약하고 여러 가지 질병으로 고통을 받고 있다. 간단한 한끼 식사도 타인에게 의존할 수밖에 없으며 노동력과 재력도 무능에 가깝다.

그러나 많은 이들이 시련속에 있다고 해서 그들이 삶을 포기한다면 과연 인류가 존속할수 있었을까? 또한 사회의 질서가 제대로 유지되기도 어려울 것이다. 한 사람의 잘못된 죽음은 많은 사람에게 영향을 끼치고 큰 혼란을 야기할수도 있다. 진정으로 최악의 상황이 아니라면 분별없는 죽음은 자제되어야 한다.

인간의 신념과 용기는 좋은 삶에도 유용하게 쓰일 수 있다. 최악의 상황에 처한 이들에게는 타인의 도움의 절대로 필요하다. 이들의 도움을 백안시하는 이도 있겠지만 자비로운 사람도 분명 존재한다.

두 개의 마음을 가진 인간의 양면성은 어느 세계에서나 있기 마련이다. 또한 국가와 자선단체의 지속적인 관심이 이어져야 한다. 이것은 정치 경제의 영역에 속하지만 같은 시대를 살고 있는 동족의 불행을 외면하는 사회는 야수의 세계와 다름 없다("불우한 종말"에서 다시 언급한다).

일부의 빈곤자들이 삶에 대한 애착이 적다고 해서, 모든 부유층이 자신의 모든 것을 포기하고 자연적인 죽음에 대비할 수는 없는 노릇이다. 가족와 주위의 반대도 있겠지만 부유층이 빈곤한 생활을 견디어 내기도 힘들 것이다. 그러나 일반적으로 삶에 대한 애착은 부유층이 훨씬 강력하며 따라서 이들의 죽음에 대한 공포감도 커질 것은 자명하다.

삶과 죽음의 고뇌에 대한 생명체의 적응력일지도 모르지만 인간의 뇌세포는 60세를 전후로 완만하게 기능의 퇴보를 보이고 있다. 그렇지 않은 사람도 있겠지만 일반적으로 두뇌기능의 퇴보는 모든 사람에게 일어난다. 치매(알츠하이머질환)와 같은 급속한 기능감소는 아닐지라도 기억력과 연상력 추리력 등에서 전반적인 뇌기능의 감퇴는 우리의 이별과 고통을 완화시켜주는 자연의 도움일지도 모른다.

우리의 두뇌와 육체가 느끼는 기쁨이나 쾌감 또는 만족감은 타인과 우리 자신에게 진정 어떤 의미를 갖는가?(다소 철학적이지만) 풍요한 재물을 소유함으로써 얻는 자신과 가족의 뿌듯한 만족감이나 안락함 그리고 성취감, 타인과의 경쟁이나 자신과의 싸움에서 얻을 수 있는 승리감이나 작은 기쁨, 타인에 대한 보복의 성취, 자녀의 성공으로 인한 보람이나 기쁨, 사랑하는 이와의 성적 행위로부터 얻어지는 쾌감이나 행복감, 좋아하는 음식을 섭취함으로써 얻어지는 미각이나 포만감, 타인들속에서 군림하며 그들의 존경과 애정으로부터 얻는 명예욕과 권력의 성취, 일정한 목표를 달성함으로 얻는 보람이나 긍지, 집단이나 타인의 속박에서 해방됨으로서 얻는 신선한 자유의 바람, 그리고 그리고 수많은 오욕칠정과 오감의 체험… 이러한 본능적인 기쁨과 모든 감정이 과연 자신이 아닌 타인이나 집단 나아가 자연과 우주의 관점에서는 어떤 의미가 될수 있을까?

이 모든 일들은 전적으로 자기 자신에게 속하는 것이며 공간적으로나 시간적으로 큰 영향력을 줄수는 없는 것들이다. 그것은 작은 숨소리이며 반짝이는 빛과 같아 순간에 지나지 않는다. 인간이 느끼는 감정이나 기쁨은 시간과 공간적으로 볼 때 극히 제한적이다.

인간의 본능적인 욕구나 지적 만족감을 채우기 위한 유무형의 모든 사물과 행위들은 대부분 타인의 도움이나 자연의 혜택에서 오는 것들이다. 이러한 만족감은 자신의 노력도 필요하지만 물질과 서비스는 대부분 외부에서 공급된다.

한 개인의 기쁨을 충족시키는데는 상당량의 노동력과 물자가 필요하다.어떤 유기체든 욕구의 충족은 외부의 지원이 없으면 이루어질수 없다.

우주와 대자연의 관점에서 볼 때 이러한 개인의 행복과 기쁨은 한정된 공간과 시간속에서 펼쳐지는 작은 불꽃놀이에 불과하다. 우리의 모든 행위나 욕망의 달성은 우주적인 관점에서 보면 작은 생명체의 유희와 다름아니다.

우리의 피땀어린 수고가 타인과 집단에게 큰 공헌을 했다는 긍지와 자부심도 결국은 자신의 욕망을 달성하기 위한 부차적인 결과이며 그 이상의 의미를 부여한다는 것은 오만한 독선일지도 모른다.

자신을 둘러싼 가족과 어떤 이익을 공유하기 위한 소집단 역시 하나의 개인과 연계된 집합체이다. 집단의 구성원들은 한정된 시간 동안 협력과 친밀감을 강화해나가겠지만 조만간 해체되어 각자의 길을 가든지 새로운 집단을 이루게된다. 사별이나 별거, 자녀의 결혼, 퇴직과 기업의 해산도 그러한 경우다. 개인도 시간적으로 유한하지만 집단 역시 변화의 길을 가야만 한다. 세상만물은 결코 영원할 수 없다.

과거에 대한 모든 집착을 버려야하만 한다. 과거는 혜성과 같이 우리 곁을 지나가는 것일 뿐 처음부터 우리의 동반자는 아니었다. 사랑하는 이와 자녀들도 허용된 시간 동안은 우리와 벗할수 있지만 그 시간은 영원할 수 없다. 못다한 일이 있어도 슬퍼하지 말고 모든 것을 잊어라.

이루지 못한 일이 있어도 슬퍼하지 말고 모든 것을 잊어라. 이루지 못한 소망, 후회스러운 기억도 결국은 부질없는 욕망의 부스러기일뿐이다. 이러한 끝없는 욕망은 우리 자신의 끝없는 이기심에서 비롯된다. 그 이기심 또한 끝이 없는 우리의 욕망속에서 움트는 것이다.

어떠한 목표가 우리들 삶의 원동력이 될 수는 있다. 그러나 그 내용이 허황되고 점진적인 실현이 어렵다면 좌절감만 깊어질 것이다.

인생에서 일정한 목표나 희망을 갖는 것은 바람직하다. 이러한 희망은 우리의 삶을 기쁘게 하고 소중한 원동력이 되기도 한다. 그러나 희망이나 목표에 너무 집착하여 임종직전까지도 이루지 못할 꿈이라면 이러한 욕망은 통제되어야 한다.

희망을 갖는 것은 좋지만 그 종류가 너무 많고 실현 불가능한것들만 잔뜩 품고 있다면 오히려 자신을 괴롭히게 될 것이다.

우리가 살아가는 동안은 일정한 목표를 갖고 노력을 하되 그 목표가 실패로 끝난다고해도 결코 좌절해서는 안될 것이다. 이러한 노력과 좌절도 결국 자신에게서 비롯되었기 때문에 스스로의 마음을 통제할 수밖에 없다. 자신의 결심으로 일어난 모든 일들을 실패와 좌절 때문에 원통해하는 것은 현명치 못한 처신이다.

모든 희망이나 좌절도 결국은 자신의 욕망 때문에 생기는 것이므로 그 욕망을 적절히 통제하도록 노력해야 한다. 이러한 통제가 결코 어렵지는 않다. 희망을 갖기전의 순수한 마음, 즉 어린 시절의 동심으로 돌아가는 것도 적절한 방법이다. 마음을 비운다는 것이 그렇게 어려운일은 아니다. 그것은 과거의 초심으로 돌아가는 것이다.

이러한 결심이 어려운 사람도 있지만 조금만 노력을 하면 어린 시절의 자신으로, 아무것도 모르던 시절의 자신으로 돌아갈수가 있다. 이것은 전적으로 자신의 생각에 달려있다. 영원한 삶을 꿈꾸는 일이야말로 지나친 욕심이며 비열한 탐욕이다.

우리의 업적과 자취는 상당기간 후세에 남을수는 있겠지만 무한성을 가질수는 없다. 별과 우주의 모습도 영원할 수 없는데 하물며 우리가 영원을 고집한다면 그것은 지나친 욕심이다. 자연의 일부인 인간은 자신의 능력과 한계를 인정해야만 한다.

죽음의 두려움에서 벗어나자

죽음이후와 죽어가는 과정(임종의 시간)은 육체와 정신의 상태가 전혀 다르지만 임종의 시간동안에 겪는 두려움과 고통이 매우 심각한 경우도 보게 된다.

그러나 불사(不死)를 소망하는 끝없는 집착과 욕망은 통제되어야 하고 단절시켜야 한다. 동양의 불교에도 이와 비슷한 사상이 있는 것으로 보인다.

필자의 견해로는 불교는 유일신을 숭배하는 여타 종교와는 달리 오랜 세월에 걸쳐 이룩된 방대한 사상의 집성으로 여겨진다. 불교가 깊은 사려를 통해서 이룩된 방대한 사상이지만 합리적인 증거와 논리가 뒷받침된 과학과는 근원과 내용이 다르다. 불교는 이천수백종의 경전으로 이루어진 종교다. 불교가 세계와 인간을 깊이있게 보면서 인간사의 고뇌와 고통을 잘 파악한 점은 높이 평가할 수 있다. 그러나 과거속에 정체되어 있는 경전이 세계의 진보를 이끌어 왔다고 할 수는 없으며 세계의 전부를 대표할 수도 없다. 불교사상은 인류문화의 한 부분을 차지할 뿐이다.

죽음자체는 두렵지않지만 영원히 의식을 잃고 잊혀진다는 사실이 불쾌하고 혐오스럽다는 생각도 바꾸어 표현하면 영원히 살고 싶다는 욕망의 표출과 다름 아니다. 가족과 타인에게서 영원히 잊혀지고 홀로된다는 두려움도 영원히 살고 싶다는 욕망의 뿌리를 단절시키지 못하기 때문에 일어난다(실제로 개인의 명성이 당장 사라지는 것은 아니다. 어느 시기까지는 자신의 업적에 따라 상당기간 기억이 될 것이다).

우리가 끝이 없는 행복과 안녕을 소망한다면 우리 주변의 모든 환경도 정체되어야 하고 변화하지 않아야 한다.

극단적으로 새롭게 태어나는 아이들이 있어서도 안 될 것이며, 이미 태어난 아이들과 우리 자신의 성장이나 노화도 정지되어야 한다. 또한 우리의 생존을 위한 모든 동식물과 인위적, 천연적 자원도 무한정 공급되어야 하며 생존하고 있는 전체 인류의 숫자로 일정규모내에서 제한되어야 한다(이런 일은 불가능하다). 세계의 모든 환경은 변화하고 순환을 거듭하는데 인간자체만 나이와 젊음이 그대로라면 어떤 현상이 일어나겠는가?

이러한 가정은 동화속의 세계에서나 볼 수 있는 공상의 세상과 다름없다. 만약 문명과 역사가 정체되고 아이들과 젊은이, 장년과 노년층이 언제까지나 동일한 공간에서 나이를 먹지 않고 똑같은 생활을 반복한다면 지지보다는 반발을 하는 계층도 나타날 것이다. 또한 우리 주위의 모든 환경도 이러한 정체된 세계를 결코 용납하지 않는다.

미생물을 포함하여 수많은 동식물의 출생과 사멸, 그리고 자연과 우주의 끝없는 변화는 영원을 소망하는 인간의 욕망을 여지없이 무너뜨리고 있다. 인간은 지능이 뛰어나지만 결국 동물의 일개종에 불과하며 자연의 세계에서 예외적인 존재로 대우받을 수는 없다.

인간은 만물의 영장임을 자처하면서 수많은 동식물을 통제하고 자연의 일부를 어느 정도까지는 조정하는 것처럼 보이지만 그 반발력도 결코 만만치가 않다. 미생물을 포함하여 수많은 생물들도 그들 나름의 생존을 추구하고 있으며 우주와 지구의 물리적인 활동은 엄청난 힘으로 인류를 대량사멸로 몰고 갈 수도 있다.

화산폭발의 에너지는 인간과 곤충을 따로 구분하지 않는다. 생존 경쟁의 관점에서도 인간은 많은 취약성을 안고 있으며, 무엇보다 인간은 신체적으로 영원한 삶을 누릴 수 없는 사멸의 프로그램을 갖고 있다. 그 내용은 후반부에서 설명되겠지만 죽음의 원인에는 여러 가지 복합적인 이유가 작용하고 있기 때문이다.

모든 다세포생물이 갖는 기관의 노화와 개체의 죽음은 피할 수 없는 자연의 철칙의 한 과정이다. 이 철칙은 거시적으로 보면 추측된 논리(죽음의 원인을 명확히 규명할 수 있는 경우도 있고 그렇지못한 경우도 있다)일 수도 있으나 아직까지 우리는 노화와 죽음에 대한 예방책이나 해결책을 찾지 못하고 있다. 이 문제는 인류의 영원한 숙제로 남을 공산이 크다. 과학과 의술의 집요한 노력으로 수명의 연장은 어느 정도 가능하겠지만 불멸의 꿈은 결코 실현되지 못할 것이다.

결코 이룰 수 없는 불사(不死)의 욕망에 집착하는 것은 스스로를 괴롭히는 것이나 다름아니다.

우리가 생존시에 만난 모든 사람과 사물들은 처음부터 우리의 소유물이 아니었으며 자신의 노력과 고통으로 이루었다고 자만하는 유무형의 수많은 업적과 사물도 냉철히 분석해보면 많은 타인과 자연의 도움에 힘입은 것들이다.

우리가 생존시에 만난 모든 사물과 사람들은 제한된 시간동안 우리의 곁을 지나가는 혜성과 같은 것이며 언제까지나 우리 곁에 머무를 수 없는 유한한 것들이다. 개인의 소유물은 가족이나 타인에게 전달될 것이며 그러한 인계작업으로 만족해야만 한다.

유구한 우주의 시간에 비하면 개인의 생애는 매우 짧은 시간으로 볼 수 있다. 대부분의 종교가 선행과 무욕을 좋은 삶이나 행복한 죽음과 결부시키는 이유도 탄생과 죽음, 결합과 해체라는 대자연의 섭리에 순응하고자 하는 의도를 갖고 있는지 모른다.

어떠한 생명체도 영원이라는 단어와는 친구가 될 수 없다. 자신의 후손은 남길 수 있겠지만 개체자신은 결코 영원할 수 없다.

이른바 불멸의 세포라고 일컫는 단세포생물과 특정암세포도 장기적인 관점에서 보면 영원성을 부여받고 있지는 않다. 이들 세포는 절대적으로 환경의 영향을 받고 있다.

자연의 순환과정에서 볼 때, 우리 자신은 영원할 수가 없지만 우리를 구성하는 다양한 물질은 영원한 순환을 거듭한다고 볼 수는 있다. 또한 우리의 업적도 자취를 남기고 후손들에 의해서 계승될 수 있으며 어느 시기까지는 영원하다고 볼 수는 있다. 굳이 영원을 소망한다면 말이다.

생명체에게 죽음이란 탄생이전의 상태로 다시 돌아감을 의미하며, 인간도 대자연의 질서속에서 움직이는 하나의 구성인자에 불과하다. 자연속에서의 한시적 활동과 그리고 은퇴… 이러한 순환의 섭리는 슬퍼할 일도 두려워할 일도 아니다.

사형수의 죽음

사형제도에 관해서 언급해보기로 한다(이 책은 사형수의 고통을 위로하기 위해서 집필된 책은 아니다).

사형은 국가기관에 의해 집행되는 특별한 유형의 죽음이다. 사형(死刑)제도에는 찬반양론이 대립하고 있는데 필자는 존속쪽으로 가울고 있다. 총 인구중에서 사형집행자는 자살자보다도 적은 극소수에 불과하다. 한국의 경우는 인구 천만명당 한명에도 못 미친다(한국에서는 자살자의 정확한 숫자도 파악이 어렵다. 일부 자살자는 가족에 의해 숨겨지고 있고 오래된 변사체는 피살과 자살의 구분이 어려운 실정이다).

사형제도를 인도주의 관점에서 볼 때, 폐지를 해야한다는 주장이 있지만 이것은 작은 인도주의를 위해서 보다 큰 질서를 무시하는 견해라고 생각된다. 대개의 사형수는 끔찍한 범죄행위자에 속한다. 이들의 무분별한 범죄행위로부터 시민을 보호하고, 많은 사람들에게 메시지를 전달하여 범죄예방차원에서 존속을 하는 편이 실익이 많다고 생각된다.

법의 온정과 범죄시의 정상참작으로 사형수를 최소한으로 줄여야하겠지만 잔혹한 범죄에 대한 경고의 차원에서 사형제도는 필요한 악법으로 보아야 한다. 또한 비상시국이나 전시체제에서 빈번히 일어나는 신속한 사형집행은 방지되어야 하며 잘못된 판결이 없도록 신중을 기해야 할 것이다. 『죄와 벌』의 작가 도스트옙스키는 "인간이 인간을 죽일 권리는 없다"라고 충고를 했지만 이 교훈을 흉악한 범죄행위자에게 적용시킨다면 짧은 생각이다. 모든 문제는 다양한 시각에서 고려되어야 한다.

사형수를 위로하기 위해서 어떤 견해를 펼친다면 그들의 생애와 범죄행위를 정당화시켜야 하는데 이것은 논리에 맞지 않다. 그들의 삶이 심하게 얼룩져있는데, 그 오점을 말끔히 지우기란 쉽지 않은 일이다.

사형은 특별한 사람에게만 집행되며 세상의 화제거리가 되기도 한다. 어떤 이는 사형수를 세밀하게 분석하고 책으로 펴내기까지 한다. 사형수들에게 관심을 표명하고 온정을 베푸는 것을 비난할 수는 없겠지만 "죄는 미워하되 사람을 미워하지 말라"는 법언과 함께 우리 사회가 사형수의 범죄에 대해서 전혀 책임이 없지는 않다. 그러나 그 범죄가 일반의 상식을 뛰어넘는 행위라면 응분의 징벌이 있어야 할 것이다.

자신의 국가를 위해 목숨을 바친 애국지사의 순국과 잔인한 범죄자의 사형집행은 그 성격이 전혀 다르다. 애국지사나 사상범의 헌신적인 투쟁을 이기적이고 사악한 범죄행위와 동일시할 수는 없다. 애국지사의 생애가 사형이라는 모습으로 끝이난다해도, 이러한 유형은 타살이지만 실제로는 헌신적인 자살의 성격을 갖고 있음을 이해해야 한다.

잔혹한 범죄행위자의 사형은 시간적으로 빨리오게 된 운명이므로 동정을 할 수는 있지만 이들의 죽음은 일반적인 시민의 죽음이 아니다.

불우한 종말, 힘겨운 최후

한편으로 자신의 삶이 생존경쟁에서의 패배로 인하여 극도의 궁핍이나 좌절과 시련에 봉착하게 될 때, 이러한 상황에서의 죽음 역시 아름답지 못한 종말임은 사실이다.

이 경우는 심리적인 고통보다 경제적인 궁핍으로 인한 육체적 고통이 더 심각해질 수 있다. 이루지 못한 소망, 타인의 멸시, 분노와 복수심을 접어둔 채 죽음의 세계로 외롭게 떠나가야 하는 모습은 당사자의 입장(또는 가족의 입장에서도)에서 바람직한 최후는 아닐 것이다.

실제로 이러한 죽음의 유형은 하층민의 사회에서 흔히 목격되는 사례이지만, 이러한 종말을 맞게된 근원적인 이유도 자신의 불성실이나 과오가 큰 요인을 차지하는 경우가 많다.

자신의 비참한 현실을 불우한 가정과 사회체제의 모순탓으로만 돌리며, 자신의 나태와 과오를 감추기에만 급급하다면 이는 객관적인 동정을 받기란 어렵다.

타인과 외부에 대한 이러한 비난일변도의 처신은 원인과 결과를 자신의 잣대로만 보는 독선적인 사고의 결과이다. 물론 부조리한 사회속에서 또한 불우한 가정환경에서 자신의 소망을 일백퍼센트 달성하기는 쉽지 않은 일이다. 똑같은 여건의 장애인이라고해도 사회생활을 원만히 해나가며 개인적인 성공을 달성하는 사람이 있는

가하며, 쉽게 좌절하며 분노와 파멸의 길로 달려가는 이도 있다.

사회와 가정이 그들의 바람직한 생존을 위해서 보다 적극적인 도움을 주지 않았다는 점에서 책임을 면하기는 어렵지만 자신의 선택이 최선의 길이었는지를 스스로에게 던져보는 여유로움도 가져야 할 것이다.

자신의 이루지못한 소망을 적절히 조정하고 타인과 사회에 대한 적개심의 표출을 통제해야 하는 주체는 다름아닌 자신이다. 무엇보다 자신의 욕망을 통제하고 타인에 대한 너그러움을 확대하는 자세를 가져야 한다.

자신의 능력과 노력의 크기는 비판하지 않고 모든 불행을 타인과 외부의 잘못으로만 전가시키는 태도는 지혜로운 처신이 아니다. 모든 고난과 시련의 해결책인 용기와 노력 그리고 인내심을 얼마나 수행했는가에 대한 질문에 답할 의무도 결국은 자신의 몫이다.

자신이 할 수 있는 모든 수단과 방법을 동원하여 최선의 삶을 살았지만 결국에는 피할 수 없는 죽음을 맞게 되었다면 이러한 죽음은 후회없는 아름다운 최후로 뭇사람들에게 기억될 것이다. 또한 자신의 비통한 심리적인 괴로움도 훨씬 축소될 것이다.

최선을 다했음에도 불구하고 더이상 어떻게 할 수 없는 상황에서의 죽음은 오히려 영원한 안식의 시작이 될 것이다. 이러한 죽음(질병사, 사고사, 또는 자살이든)은 자신의 과오에서 비롯된 불행한 종말은 아니다. 모든 노력을 다했음에도 불구하고 맞이하는 마지막 순간은 힘겨운 삶으로부터 오는 모든 고통과 고뇌를 일시에 정지시켜주며 현실속의 그 어떤 휴식보다 달콤한 최상의 묘약이 될 것이다.

그러나 끈질긴 인내와 노력끝에 맞게 되는 최후의 종말은 비겁한 도피라고도 할 수 있는 "이기주의적인 자살"과는 성격이 전혀 다르다. 비겁한 도피로 경멸받는 자멸의 길과 끈질긴 인내심으로 도달한 유종(有終)의 죽음은 그 내용에서 큰 차이가 있다.

경제적인 궁핍으로 인한 육체적 고통역시 무시하기 어려운 문제이다. 이런 상황은 주로 후진국형 임종환자의 모습이지만 중진국형 국가에서도 사회보장제도의 미비로 자주 발생하고 있다.

의료혜택의 부재와 주거환경의 불량, 심각한 영양부족은 육체적고통의 상태를 더욱 힘들게 한다. 이 문제의 해결책은 필자의 조언으로는 해결이 어렵다. 이 문제는 가족과 친지의 도움이 절실하지만 여건이 허락된다면 정부와 사회단체의 지속적인 관심과 노력이 있어야 할 것이다. 일부 자선단체와 종교단체에서 다양한 봉사활동을 펴고는 있지만 그 실적이 만족할만한 수준은 아닌 것으로 보인다.

사회복지제도가 불충분한 천민자본주의 국가에서는 경제적 궁핍으로 인한 질병과 기아가 만연하지만 어떤 이는 타인의 불행에 대해서는 자신의 일과 무관한 것으로 외면을 한다. 어떤 이는 대물림되는 빈곤과 고통을 당연한 결과로 비웃기까지 한다. 자신들은 생존경쟁의 승리자에 포함되었고 영원한 행복을 누리는 편에 섰다고 자부하면서 말이다.

그 자부심이 한낱 추억에 불과했다는 것을 인식하는데는 많은 시간이 걸리지 않음을 알게 되겠지만… 극도의 빈곤은 당사자를 기아와 죽음으로 몰고 가기도 한다. 이 죽음은 자연사처럼 보이지만 실제로는 사회적인 타살의 성격이 짙다. 빈곤이 당사자의 죽음으로 끝나지 않고 증오와 분노로 가득찬 사회적인 범죄로 탈바꿈하면 문제는 심각해진다. 실제로 결손가정이나 극빈가정에서 자라난 아동의 범죄율은 일반가정의 아동들보다 다소 높은 것으로 나타난다(성실한 아동들이 그래도 많겠지만). 자본주의체제에서 경쟁에서 탈락한 이들을 냉대함으로써 그 사회는 많은 비용과 불행을 자초하는 셈이다. 더불어 사는 사회가 아닌 경쟁과 탈락, 탐욕과 빈곤으로 대립된 사회는 값비싼 대가를 치르게 되며 예측할 수 없는 두려움에서 결코 해방되지 못할 것이다.

대체로 인간은 경제적인 관점, 즉 어느 정도의 의식주만 해결되면 낙천적인 착한 심성을 갖고 있다고 볼 수 있다. 이 점에서는 맹자의 성선설에 높은 점수를 줄 수 있다. 끝없는 탐욕과 해악은 교육과 사회의 힘으로 충분히 통제할 수 있으며, 도달할 수 없는 이상향은 아닐 것이다.

소수의 잘못된 지식인이나 편집병력이 있는 자들이 간악한 범죄에 빠지는 수가 있지만 이들은 자신에 대한 통제력이 매우 약한 소아병적인 부류로 간주되어야 할 것이다. 현대사회에서도 소수의 지나친 탐욕이 많은 사람을 고통속으로 몰고가는 사례를 심심찮게 볼 수가 있다. 대형금융범죄와 조직적인 사기가 그러한 유형이다.

빈곤한 이들의 질병으로 인한 죽음에 못지않게 갑작스러운 사고사(운수사고, 재해사, 피살 등이 있다) 역시 불행한 사건이다. 사고사는 연간 사망자의 15퍼센트에 달한다(1995년 한국). 이러한 사고사는 본인의 부주의보다 사고당시의 상황에 의해 일어나는 경우가 많으므로 예방이 쉽지 않다.

대부분의 사고사는 매우 빠른 시간대에서 진행(즉사, 조기사망, 후기사망 등이 있다)되며 육체적 고통이나 슬픔의 시간이 매우 짧은 측면이 있다.

사고사는 고통의 정도가 크다고 볼 수 있으나 시간적으로 볼 때 짧은 순간동안 일어나므로 오히려 임종환자에 비해서 고통의 시간이 단축된다는 측면이 있지만 돌발적인 사고가 바람직한 모습은 될 수 없다.

모든 사고의 예방을 위해서는 당사자와 사회가 협력을 해야 하고 일상적인 활동에서 세심한 주의가 필요하다고 본다. 모든 사람에게 언제, 어떻게 사고가 발생할 것인지를 예견하고 또한 그 방지책을 제시하는 것은 필자의 능력밖의 일이다(미래를 예측하기란 결코 쉽지 않다). 사고사에 따른 유가족의 슬픔도 매우 큰 경향이 있는데, 이 문제의 대처방안은 "사별의 고통과 슬픔"에서 다루기로 한다.

1부 2장

생태계의 순환

　모든 생명체는 자손의 번식을 통해 종의 영속성을 보장받고 있지만 개체의 영원한 삶은 불가능한 것으로 단정되고 있다(정확히 어떤 이유인지는 결론을 내릴 수가 없다). 그러나 공룡의 절멸과 같은 대규모의 파국이 일어나지 않는한 종의 영속성은 보장될 가능성이 높다.

　오늘날의 지구상에는 다양한 생물군이 살아간다. 크게 분류하여 미생물계와 식물계, 동물계의 3대 생물군이 있으며—학계에서는 원핵생물, 원생생물, 균류(곰팡이), 식물계, 동물계의 5대 생물계로 분류한다—이들 생물은 모두가 세포cell라는 공통의 생체조직을 갖고 있다. 단일세포의 크기는 종마다 천차만별이다.

　생물의 종은 학명이 붙은 것만 150만종이 넘는데—이 중에서 90%는 해양생물이며, 육상동물의 70%는 곤충이 차지한다—미발견된 종을 포함하면 1,000만종 이상이 될 것으로 학계에서는 보고 있다. 별것도 아닌 토양에서도 1그램당 수십만마리의 미생물이 활동하고 있음이 관찰된다. 광합성과 탄소동화작용으로 생존을 하는 식물군(독립영양생물)과 복잡한 먹이사슬로 연결된 동물군과 일부미생물(종속영양생물)은 서로간에 밀접하게 의존하면서 생존을 영위한다.

동식물의 탄수화물과 단백질을 주에너지원으로 이용하면서 살아가는 미생물군은 육지와 해양, 대기를 포함하여 또한 살아있는 생명체 안에서 활동을 하고 있다. 미생물의 분포범위는 전지구를 망라한다.

생태계의 먹이사슬에 대해서는 우리가 부분적인 정보를 갖고는 있지만 이러한 생태계가 조성된 원초적인 과정에 대해서는 완벽한 정보를 갖고 있지 않다.

오늘의 생물학은 증거와 추측이 뒤섞인 아직은 미완성의 과학으로 보기도 한다. 그러나 생물학에서의 추정은 충분히 가능성이 있는 추론이며 공상과학과 같은 허구와는 성격이 다른 것이다.

우리가 오늘날의 화석으로 관찰하는 수억년 전의 생물체의 잔해는 이미 오래 전에 원소화된 유기물의 집합체로서 당시의 생체조직과 진화과정을 명확하게 분석할 수 있는 자료로 이용하기에는 미흡한 점이 많다. 자연계에서 분해자로 불리는 미생물군(세균, 균류 등)의 출현과정과 진화의 경로는 물론이고, 생산자로 불리는 식물군, 그리고 최종소비자인 동물군의 관계를 완벽하게 파악하기에는 아직도 부족한 점이 있다. 그러나 이 점은 자동차의 부속이 몇 개 빠진 정도이지 자동차가 완전한 허구라는 뜻이 아니다.

오늘날 인간의 노력으로 이해되고 조정할 수 있는 많은 정보(생물학, 의학, 농축산업, 유전자공학 등)는 이미 성립되어 진행되어온 자연계의 한 부분에 불과하다.

과학기술에 편승한 인간의 노력도 생태계의 순환질서 즉, 생존방식이나 사멸의 과정, 자연법칙을 근본적으로 변화시킬 수는 없다. 생명체가 노화라는 과정을 거쳐서 죽음에 도달하는 이유가 유전적인 요인 때문이라 할지라도 세균이나 비루스같은 미생물의 활동으로 인한 직·간접적인 사망원인도 상당한 비중을 차지한다. 이러한 미생물의 활동이 언제부터, 왜, 어떤 과정으로 고등생물의 삶과 죽음에 관여하게 되었는지는 수억년 이전의 진화의 바다속을 찾아가야 되겠지만, 이 작업도 그리 쉬운 일은 아니다.

바다에 사는 작은 어류일지라도 수십, 수백만 마리의 미생물을 생체속에 보유하고 있다. 이들 미생물은 숙주생물의 생존에도 도움을 주지만 죽음에도 상당한 관여를 하고 있다.

오늘날 미생물의 활동범위는 육지와 해양을 포함하여 동물계와 식물계, 또한 다른 미생물과 공생하면서 광범위하게 확산되어 있다. 불행히도 이들 미생물의 생존무대는 토양이나 물과 같은 무기물의 세계에 국한되지 않고, 살아있거나 이미 죽은 유기체의 잔해도 포함되고 있다(어떤 학자는 이 점을 당연한 결과로 보기도 한다). 미생물뿐만 아니라 일부 곤충류와 하등동물류도 유기체의 잔해를 먹이로 이용하는 경우가 다반사다.

비루스Virus와 같은 미생물은 공기중이나 무기물 주위에서 장기간 생존이 가능하다(비루스는 숙주밖에서는 대사활동을 하지 않으며 무생물로 보는 견해가 있다. 특정 비루스는 심각한 질병을 유발한다). 특이한 미생물

(일부세균과 원생생물)은 뜨거운 온도의 물속이나 토양속에서 간단한 무기물을 섭취하면서 살아가기도 한다.

그러나 대다수의 미생물(부패균, 곰팡이류, 원생생물, 일부 곤충류)은 고등생물이 갖고 있는 특정성분의 유기물—적정량의 수분과 탄소, 질소가 함유된 단백질과 탄수화물—을 생존에너지로 삼고 있다. 이러한 생태현상을 자연계의 순환과정의 일부라고 치부하면 그만이겠지만 만물의 영장임을 자처하는 인간의 삶과 죽음에 막대한 영향을 끼친다는 점에서 깊은 비애를 느끼게 한다.

어떤 생물학자는 "미생물은 생태계의 지배자"라는 말도 하고 있지만 전혀 틀린 말은 아닐 것이다.

생산자(식물계), 소비자(동물계), 분해자(균류를 포함한 모든 미생물)로 구성된 지구생태계의 순환법칙은 생명체의 탄생과 생존, 그리고 진화를 위한 필연적인 결과였겠지만 왜, 어떤 경로로, 언제부터 이러한 일이 시작되었는지는 아직도 밝혀지지 못한 점이 많다. 무엇보다 지구상에 생존하는 전생물의 종류조차도 우리는 완전히 파악을 하지 못하고 있다.

더 나아가 이러한 자연계의 순환법칙을 인간의 의도대로 통제하고 조정하는 일은 거의 불가능에 가깝다.

오늘의 과학지식으로 볼 때, 고등생물의 출현이 단세포생물의 공생결합과 다세포생물의 진화에서 시작되었다는 점을 인정한다면 생태계의 모든 먹이사슬에 관한 그물망은 끊을 수 없는 철칙임이 분명하다.

모든 고등생물은 하등동식물을 먹이로 삼고 있으며, 미생물군은

고등생물의 사멸한 잔해(식물을 포함한다)를 생존에너지로 이용하여
살아간다.

　지구상에서 생존하는 모든 생물체의 총질량이, 이들이 필요로하
는 에너지의 총량과 균형을 맞추기 위해서 또는 지구전체의 무게와
균형을 맞추기 위해서 어떤 보이지 않는 힘이 죽음의 원인으로 작
용한다는 주장도 있지만, 이것은 근거가 불확실하며 합당한 이론으
로 보기는 어렵다.

　가끔 동물계에서 어떤 종의 숫자가 급격히 불어나면 대량사멸이
일어나는 수가 있다(하등어류나 곤충류, 생쥐 등). 이것은 먹이사슬의
균형을 이루기 위함인데 지구의 총질량과는 아무런 상관이 없는 것
으로 여겨진다. 동물군만해도 수십만종이 있지만 이들 종의 전체
숫자를 파악하기는 쉽지 않다.

　곤충류와 어류의 전종을 파악하기도 어렵지만 살아있는 개체의
전체 숫자를 계산하는 것도 쉬운 일은 아니다.

다세포생물의 출현과 예정된 죽음(최초의 다세포생물)

■ **최초의 다세포생물의 출현** – 다세포생물이란 인간을 포함하여 둘 이상의 진핵세포로 구성된 생명체를 말한다.

미생물중에는 다세포형태로 공생하는 생물이 많지만, 단세포로 된 세균과 원생생물은 다세포생물이 아니다. 곰팡이(균류)는 여러 종류가 있으며 다핵체를 가진 균류가 우세하므로 다세포생물로 본다(생명의 기원과 단세포생물의 출현과정은 제3부에서 설명한다).

지금부터 7~10억년 전의 어느 시기에 다세포생물이 등장했는지는 정확히 알 수가 없다. 다세포생물의 출현과 대규모멸종은 지역에 따라 큰 차이를 보인다. 15억년 전후로 소급하는 학자도 있지만, 이것은 아주 오래된 시간대이므로 정밀한 측정을 하기에는 무리가 있다.

캄브리아기(약 5억7천만년 전)의 생물의 폭발적인 출현 이전에 나타난 화석을 근거로 추정하면 10억년은 넘지 않을 것으로 여겨진다. 이 10억년동안 많은 사건이 일어났으며 그 과정을 어렴풋하게 거슬러 가보기로 한다.

그 당시 간단한 단세포생물(스파로헤타 또는 아메바와 유사한 생물로 추정)이 원시적인 다세포생물로 결합하여 진화를 시작했을 무렵, 무성생식으로 번식을 하던 단세포생물이 유성생식으로 전환을 시도하면서 유사분열과 감수분열, 성별의 분화가 일어나고 예정된 죽음의 기원을 가져왔다고 보는 관점이 있다. 또 당시의 환경이 어버이생물의 죽음이 필연적이었다고 보는 견해도 있다. 그 당시 개체수의 무한한 증가를 막기 위해서 어버이생물의 죽음이 불가피했었는지, 또다른 원인이 있는지는 오늘의 우리가 명확하게 확인할 수는 없다. 그러나 여러 가지 생물학적인 증거와 자료로 추측은 가능하다.

약 10억년 전(?) 최초로 나타난 다세포생물은 오늘날의 하등다세포생물보다 훨씬 단순했을 것으로 보인다. 이들 다세포생물은 지금의 해면이나 편모류보다 크기가 작고 조직이 간단했을 것이다.

"최초의 다세포생물은 단세포생물의 공생결합에서 탄생된 것으로 보인다. 다세포생물은 단세포생물의 서로잡아먹기에서 시작되어 먹이가 된 일부세포가 소화되지 않은 채로 공생이라는 상태에 놓이게 되고 각자가 역할을 분담하게 된 것으로 보여진다"

(마굴리스 외 공저 『생명이란 무엇인가』, 1999년, 지호출판사)

- **공생기원설** : 다세포생물의 기원에는 가스트레아기원설, 섬모충기원설 등 여러 가설이 있다.

당시의 단세포생물이 오늘날의 세균과 닮은 형태인지, 스피로헤타 또는 아메바와 유사한 생물이었는지 분명하게 알 수는 없다. 아마도 여러 형태의 단세포생물이 다세포형태로 진화를 시도했을 것이다. 이러한 추측은 허구적인 상상으로 치부할 수는 없으며, 오늘날의 미생물의 생태현상에서도 충분히 확인되고 있다. 특히 아메바나 스피로헤타의 공생현상에서 쉽게 관찰된다.

결국, 다세포생물의 성(性)과 죽음은 단세포생물의 공생에서 시작된 원시다세포생물의 등장과 함께 반복된 진화를 거쳐 오늘의 모든 생물의 유전자로 이어져온 것으로 보인다(생명체의 진화과정과 대규모 멸종은 3부에서 설명한다).

최초의 다세포생물의 죽음을 몇 가지 원인으로 추정을 한다면,

1. 다세포생물이 생식세포의 분열(번식활동)은 가능했지만 다른 기능을 가진 세포가 제한된 시간동안만 활동을 하고 기능을 정지하면서, 즉 생식세포가 아닌 다른 세포의 죽음이 결국 개체의 죽음을 가져왔다고 보고 있다(다세포생물은 여러 조직이 유기적으로 연결됨으로써 원만한 물질대사가 가능하다).

   이러한 과정이 반복되면서 예정된 죽음의 시나리오를 자신의 유전자에 새겨놓은 것으로 보인다(많은 단세포생물이 행하는 이분법이나 유사분열에 의한 증식은 개체가 죽는 것은 아니며 어버이개체는 살아있다고 할 수 있다. 여러 학자가 지지하는 견해다).

   하등다세포생물로는 해면과 자포동물이 있는데, 이들 생물은 예정된 죽음을 맞고 있으며 대부분 유성생식을 하지만 암수동체의 무성생식을 하는 경우도 있다. 대다수의 고등생물은 생식세포가 아닌 다른 조직(심장이나 뇌)이 기능을 정지함으로써 종국에는 개체의 죽음을 가져온다.

2. 종의 진화를 위해서 유전자의 변이가 필요했고, 낡은 유전자를 대체하고 더욱 진보된 자손을 만들기 위해서 노화와 죽음을 통

한 어버이생물의 희생을 스스로 선택했을 것이라는 견해도 있다. 이것은 세포의 본능적인 행동에 의한 것으로 보기도 한다. 그런데 이 견해는 원인과 결과가 뒤바뀐 것으로 볼 수도 있다. 실제로 유전자의 변이(돌연변이도 한 사례다)를 통한 생물의 진화는 무성생식(암수의 구분이 없는 생식)에 의한 번식보다 유전자의 감수분열에 의한 유성생식(암수가 구분된 생식)이 무한한 다양성을 가져다준다. 유전자의 돌연변이는 화학적 작용으로 일순간에 일어날 수도 있지만 오랜 세월에 걸쳐 점진적으로 발생하는 수가 많다. 성의 구분이 생김으로써 노화와 죽음이 시작되었다는 견해는 상당한 일리가 있다.

생명체의 진화를 위해서 자신의 희생을 감수해야 했다면 또한 자손의 다양한 번식을 위해서 유성생식을 택했고, 자신의 임무가 끝난 개체는 사라져갔다면 이것은 생존과는 전혀 반대의 길을 선택한 것으로 보아야 한다.

3. 당시의 지구환경이 오늘날과는 매우 달랐으며(대기중의 산소량이 적었을 것이다), 자외선과 방사능, 유해산소 및 중금속의 영향으로 인한 생체구조상의 물리화학적인 변화때문에 다세포생물의 죽음이 시작되었는지—이러한 죽음이 반복됨으로써 그 과정을 세포의 유전자에 새겨놓은 것으로 볼 수도 있다.

4. 집단의 생존을 보장받기 위한 어버이생물의 불가피한 희생때문이었는지, 먹이의 부족도 한 원인으로 볼 수 있다.

5. 번식이 끝난 후 후손의 생존을 용이하게 하기 위한 어버이생물의 유전적인 본능때문이었는지 이러한 현상은 오늘날의 하등어류의 생태연구(연어를 비롯한 연체동물)에서 충분히 관찰된다. 연구에 따르면 하등어류의 집단사멸은 호르몬의 영향때문인 것으로 알려져 있다. 이러한 집단사멸의 과정은 그들의 유전자에 이미 프로그램화된 것으로 이해해야 한다. 집단사멸과 같은 태고적의 유전적인 본능이 계속적으로 전해져온 생물종도 있지만 진화를 거듭한 다양한 생물종은 이러한 본능에서 이탈한 것으로 보인다.

아니면 또다른 알 수 없는 원인이 죽음의 프로그램으로 작용을 했는지 아직도 우리의 지식으로는 확실한 규명이 쉽지 않다.

위에서 언급한 여러 가지 생물학적 견해가 사실이라고 해도 우리 인간의 죽음에 큰 위안이 되지는 못한다. 단지 사실로 이해할뿐 큰 의미는 없다고 본다. 오히려 우리는 생물학적인 운명을 냉정히 수용하기 위해서 우리의 자세를 가다듬는 지혜가 필요하다고 본다.

대부분의 단세포생물(일부 세균과 아메바 따위)은 특별한 사고(事故)가 없는한 언제까지나 죽지 않고 이분법에 의한 증식을 계속할 수가 있다. 박테리아의 증식력은 무한에 가깝다. 그렇지만 실제로는 여러 가지 원인때문에 단세포생물의 사망률은 대단히 높다. 각종 환경의 영향으로(강력한 자외선과 방사능, 온도의 부적합, 건조와 먹이의 부족 등) 고등생물에 비해 생존의 확률은 매우 낮은 편에 속한다.

단세포생물은 증식과 개체자신의 항구성에는 유리한 면을 갖고 있는 것처럼 보이지만 거시적으로 보면 고등생물의 생존형태와는 달리 대단히 불안한 상태에서 살아가고 있다.

미생물의 삶은 한치 앞도 내다볼 수 없는 불안한 삶이다.

어찌되었든 단세포생물은 우발적인 죽음의 원인이 없는한 무성생식과 이분법의 증식을 통해 표면적으로는 언제까지나 죽지 않는 것처럼 보인다. 그러나 세포가 복합적인 조직으로 구성된 대부분의 다세포생물은 여러 가지 원인으로 죽음을 맞이하게 되어 있다.

위의 여러 가지 추정과 연구결과로 생명체의 최초의 죽음은 처음으로 출현한 다세포생물의 죽음이라고 할 수 있다. 물론 이 죽음은 사고사가 아닌 자연사 또는 세포의 노화사에 해당된다.

오랜 옛날에 태어난 생명체의 대변신을 이해하고 여러 가지 죽음의 원인을 체계적으로 규명하는 일은 최초의 원시생명체의 출현과정을 추적하는 것만큼이나 어려운 작업이다.

원시지구와 오늘의 지구환경은 분명히 달랐겠지만, 약 40억년 전에 유기물의 화학적 결합으로 최초의 생명체가 지구상에 나타났다고 주장한 알렉산더 오파린(1923, 러시아의 생화학자)의 "생명의 기원"설은 몇 가지 의문점은 있지만 오늘날 생물학계의 정설로 인정되고 있다. 이 설은 이른바 "화학적 진화에 의한 생명의 탄생"설로 불리기도 하는데, 이 설은 현재의 생물학이 부정하는 "생물의 자연발생설"을 인정하는 견해일뿐 아니라 수많은 생물의 다양성의 이유와 실험을 통한 유기물의 합성(코아세르베이트의 형성)이 재현될 확률이 매우 낮은 점을 설명하기에는 미흡한 점은 있다.

그러나 지구의 한 바닷가에서 기적이 일어났다. 생물이 어떤 행성에서 자연적으로 탄생했다면 그것은 기적과 같은 물질의 변신일 것이다.

오늘날의 지구환경에서는 생물의 자연발생은 불가능한 것으로 보인다. 유기물의 합성으로부터 새로운 생명체가 출현할 수 있는 시간은 인간의 역사보다 더 긴 세월이 필요할지 모른다.

고분자의 결합으로 생명체의 구성물질인 단백질이 형성되었다고 하는 오파린의 논리가 현재의 자연계에서는 실현이 어렵다는 의미다. 또한 인공적으로 어떤 물질을 결합시킨다해도 오늘의 과학은 작은 미생물조차 만들 수 없는 입장이다.

생명의 탄생과 진화는 기적과 다름없는 물질의 변신이었겠지만 짧은 시간(돌연변이)과 길고 긴 시간의 흐름(대진화, 소진화)이 번갈아 작용했을 것이다.

오늘의 과학은 오파린의 주장에 약간의 의문을 갖고 있지만, 최초의 생명체는 지구에서 출현하였고, 수억년의 진화과정을 거쳐서 현재의 생물이 나타났으며, 세포의 구성물질로 볼 때 동일한 시조생물에서 출발했다는 점은 명백한 사실이다.

지구상의 모든 다세포생물(식물을 포함한다)이 시조생명체의 후손임이 분명하다면 유전자를 통해 전달되는 사멸의 프로그램에는 예외가 있을 수 없다.

인간의 과학기술로 세포의 유전자를 조정하여 일정시점에서 노화를 중단시키고 죽음을 영구적으로 방지하려는 시도는 결코 낙관적이지 않다. 현재의 유전자공학이라는 기술도 세포핵속의 DNA를 일부제외시키거나 재배치한다는 시도이며 전혀 새로운 세포를 만든다는 의미가 아니다.

장기이식을 목적으로하는 유전자공학(체세포이식 등)이 많은 노력을 하고는 있지만, 이것은 특정장기의 교체를 시도하기 위함이며 뇌와 심장이식을 목적으로 하는 것은 아니다.

뇌와 심장은 다른 장기와는 양태가 많이 다르다. 예측이 어려운 무분별한 시도는 세포의 기능을 정지시킬지도 모르며 생명체의 정의에 혼란을 가져오는 자연법칙을 만들 수도 있다. 현재로는 신체의 장기나 세포를 영원히 늙지 않게 하는 일은 불가능한 것으로 판단된다. 신체의 부분적인 세포에 대한 노화의 방지는 가능할지 모르지만 복잡하게 유기적으로 연관되어 있는 수십 조개의 모든 세포의 노화를 방지하는 일은 불가능하다.

인간의 경우, 재생이 불가능한 신경세포와 심장세포의 최장수명은 120년 정도로 알려져 있다. 소모성세포인 피부나 혈액세포와는 달리 특별한 장기의 세포는 기능이 정지되면 재생이 불가능하다.

노화를 방지하기 위한 모든 작업은 많은 비용과 시간이 소요되며 그 효과도 한시적인 경우가 대부분이다. 또한 매우 위험한 실험으로 전락할 수도 있다.

설사 100세 이상을 살 수 있는 우수한 체질의 인류가 나타난다해도, 과학과 의술이 인간의 수명을 몇 십년 더 연장시킬 수 있는 기술을 개발한다해도, 이러한 혜택을 부여받을 수 있고 강인한 체질을 가진 인간의 수는 소수에 불과할 것이다. 대폭적으로 늘어난 수명도 삶의 질이라는 관점에서 볼 때 많은 문제점을 가져올 것이 분명하다. 언제나 관찰과 보호를 필요로하는 병실속의 삶을 진정한 사회적 인간으로 인정하기에는 많은 의구심을 가져온다.

사회적인 활동과 자연속에서의 생활이 필요한 대다수의 인간이 미숙아처럼 과학과 의술의 실험대상이 될 수는 없다. 인간의 끈질긴 노력으로 어느 정도의 수명연장은 가능하겠지만 모든 인류의 대폭적인 수명연장은 불가능한 것으로 판단된다.

인간의 수명

　오늘의 인류가 생태계에서 먹이사슬의 최정상에 있다고 자부하지만 그 위치가 확정적이라고 볼 수는 없다.

　현재의 대부분의 하등생물(절지동물, 연체동물 등)은 고등생물에 비해 수명이 짧다. 대개 일년 미만의 수명을 갖는다.따라서 최초의 유성생식을 시작한 다세포생물의 수명도 단명했을 것으로 보인다. 이것은 현재의 일부곤충류와 해양생물의 경우에서 볼 수 있듯이 번식활동이 끝나면 곧장 어버이생물이 사멸의 길로 들어서는 현상으로 충분히 짐작할 수 있다.

　오늘의 인류는 다양한 영양물질의 섭취와 더불어 과학과 의술의 진보로 인해 평균수명이 80세에 육박하는 신체적인 혜택을 누리고 있다. 불과 200년 전만 해도 평균수명이 50세에도 미치지 못한 것에 비하면 장족의 진보로 볼 수 있다.

　현생인류가 지금의 신체조건을 갖춘지 약 3만년의 시간이 흘렀지만 아직까지는 특기할만한 외형적인 변화가 없는 것으로 보인다.

　인간의 뇌와 심장의 한계수명은 최장 120년 정도로 보고 있는데, 100세 이상의 수명을 기록하는 사람은 매우 드문 경우에 속한다.

　인간은 노화로 인한 필연적인 죽음뿐만 아니라 자연과 환경의 끊임없는 공세에도 노출되어 있다. 또한 여러 가지 복합적인 원인과 함께 당사자의 부주의도 죽음의 한 원인으로 자리잡고 있다.

미생물의 끊임없는 활동과 암세포의 발생, 산업화로 인한 각종 환경공해, 음식물의 과잉섭취와 영양의 불균형, 사회적·가정적인 스트레스의 증가, 흡연과 음주, 약물의 과다복용, 성생활의 문란, 모두 열거하기 어려운 수많은 사고와 자연재해로 인해 수명을 단축시키는 자멸행위가 쉬임없이 일어나고 있다.

한국인의 평균수명은 남성이 72세, 여성이 76세(2004년 통계자료) 정도로 발표되고 있는데, 이 수치는 그 나이에 근접하여 사망한다는 의미가 아니다. 평균수명은 모든 사망자의 나이를 집계하여 평균치를 산출한 것이며 개인의 수명은 모두 다르다.

참고로 다른 생물의 수명을 살펴본다면, 큰바다거북이 200년 정도이며 그 다음으로 인간과 코끼리가 70~80년의 평균수명을 갖고 있다(코끼리가 200년 이상 살았다는 옛날 기록이 있지만 신빙성이 떨어진다).

말은 40~50년, 소는 20~30년, 개는 10~20년, 고양이는 2~10년, 돼지는 15~20년, 쥐는 2~2년6개월, 뱀은 12년 내외, 닭은 15~20년의 평균수명을 갖는 것으로 알려져 있다. 일반적으로 체구가 클수록 수명이 길어지는 경향을 보인다.

해양생물에는 잉어가 300년 정도이고, 포유동물인 고래가 40년 정도로 보고되고 있지만 정확성에는 의문이 간다. 지구상의 모든 해양생물의 수명을 조사하기란 쉽지 않은 일이다. 조류중에서 장수하는 것으로 알려진 두루미(학)는 실제로는 25년 정도이다. 이상의 기록들은 일반적인 평균수명이며 최고수명은 아니다. 야생동물과 가축의 수명이 꼭 같을 수는 없으며 전세계의 모든 생물의 수명을 조사하는 것도 쉽지가 않다. 식물계에서는 소나무를 비롯하여 은행

나무, 바오밥나무, 미국산 서퀘이어 나무 등은 1000년 이상의 수명을 기록(이것은 최고수명이다)하고 있으며, 동물보다는 식물의 수명이 월등히 긴 경향을 보인다.

식물의 수명은 나이테로 분석을 하기 때문에 동물보다도 정확성이 높을 것이다. 식물의 죽음이 환경의 변화로 인한 우연적인 사건인지 수명이 다해서 나타나는 자연적인 현상인지는 확실하게 판별하기가 어렵다. 목본류식물에 비해 초본류 식물은 수명이 현저하게 짧다. 초본류식물은 기후와 토양조건에 따라 1년 또는 2년, 다년생으로 분류한다. 초본류란 벼, 보리, 밀, 배추, 호박 등을 말한다.

바다속의 생물중에는 아직도 인간이 확인할 수 없는 미지의 생물이 엄청난 수로 존재할 것이다. 이들의 최고수명이 얼마나 되는지는 아무도 알 수 없다. 육상곤충의 수명은 수일에서 수개월로 대개 1년 미만이다. 곤충의 종류는 너무도 많으므로 모두 열거할 수가 없다. 겨울이 있는 지역에서는 대부분의 곤충이 동사하거나 굶어죽지만(동면을 하는 곤충도 있다) 애벌레는 유충상태로 생존이 가능하다.

세포의 죽음

　살아있는 다세포생물의 일부세포를 분리하여 특수한 환경에서 배양을 하면 언제까지나 살 수 있다는 주장이 있었지만, 이것은 사실과 다르다. 인체의 경우, 소모성세포(피부세포, 적혈구 등)는 신경세포나 심장세포와는 달리 재생이 되지만 기능도 다르고 수명도 차이가 많다.

　뇌와 심장세포는 현재의 기술로는 재생이 불가능하며 최장 120년 정도의 수명을 갖고 있지만, 소모성세포는 수일 또는 수시간의 간격으로 사멸과 재생을 반복한다.

　포유동물의 섬유조직구성세포(근육세포)를 분리시켜 실험실에서 배양을 한 결과 50회 정도의 분열로 세포활동이 중단되는 것을 알 수 있다. 끊임없이 불어날 것처럼 보이는 암세포도 예외가 아니다 (레너드 헤이플릭의 실험결과에서 일부 인용).

　암세포는 인공적인 상태에서 배양을 하면 언제까지나 살 수 있다고 알려져 있지만 암세포의 운명은 절대적으로 환경에 따라서 생사가 결정된다. 암세포는 영구생존유형과 한시적 분열유형으로 구분된다. 암세포는 기생하고 있는 숙주의 종말이 오면 결국은 분열이 정지되고 죽음을 맞게 된다.

　분리된 생체세포를 냉동보관하거나 특수배양을 하면 개체자신의 수명보다 오래 살 수는 있겠지만 분리된 세포가 적절한 조건에서 영원히 살 수 있다는 주장은 논리적으로 맞지 않다.

　세균과 같은 단세포생물은 화학적기능과 생리적기능면에서는 다세포생물과 유사성도 있지만 다른 점이 더 많다. 이들 두 종류의 세포는 물리화학적기능(주로 대사활동, 에너지의 이용과 흐름)에서는 유사점이 있지만 성장이나 분열 그리고 기능면에서도 많이 다르다. 특히 다른 장기의 세포가 유기적으로 밀접한 관련이 있다는 점에서 다세포생물의 세포는 미생물과는 그 특성이 근본적으로 다르다. 대다수의 세균(박테리아)은 다세포형태로 공생을 한다. 세균은 단세포 상태로 살아갈 수는 있지만—생존가능성은 낮아진다—일상적인 물질대사와 증식에서는 여러 개의 세포가 결합하여 공생을 하는 생존방식을 취하고 있다.

　세균이나 아메바같은 단세포생물은 이분법에 의한 분열로 증식하면서 두 개의 새로운 생명체가 출현한다. 이 현상은 새로운 세포의 출현이며 어버이세포의 유사분열이지 세포의 죽음은 아니라고 볼 수 있다(세균은 세포내에 핵이 없는 원핵생물이며 아메바는 핵이 있는 진핵생물에 속한다). 이러한 증식형태로 세균과 같은 단세포생물은 우발적인 죽음의 원인이 없는한 불사의 생명을 이어간다고 볼 수는 있다.

　단세포생물은 증식의 관점에서는 죽지않는 개체로 볼 수가 있지만 이들의 생존은 위험한 줄타기와 다름없는 가냘픈 삶이다. 단세포생물은 환경적인 요인때문에—자외선과 방사능, 온도의 부적합, 건조한 기후, 수분 또는 먹이의 부족 등으로 인해—제대로 살아남는 개체는 극소수에 불과하다.

　단세포생물은 대량번식과 개체의 불사라는 점에서는 성공했다고 볼수가 있겠지만 진화와 적응, 생존경쟁의 측면에서는 많은 취약성을 안고 있다.

생물학적으로 볼 때 미생물은 고등생물과 밀접한 연관을 가지면서 순환구조의 한 부분을 담당하고 있지만 이들의 생태현상을 성공한 생물 또는 진보한 생명체라고 단정하기는 성급하다고 본다.

사실 종(種)이나 개체수로 보면 미생물과 곤충의 규모가 포유동물을 압도한다고 볼 수 있다. 만약 지구상에 대규모의 재앙이 발생한다면 인간보다는 미생물과 곤충의 번식력이 뛰어나기 때문에 엄청난 부활능력을 발휘할 가능성이 높다.

단세포생물은 불리한 환경을 무릅쓰고 개체의 죽음이라는 운명(비록 일부이지만)을 선택하지 않은 반면 인간을 비롯한 대부분의 다세포 생물은 죽음이라는 운명을 안게 되었다.

다세포생물은 구조상으로는 일부기관이나 세포의 죽음으로 인해 아무런 잘못도 없는 다른 조직의 장애를 가져오고—비록 생식세포를 통한 종족의 번식은 가능하지만—종국에는 개체자신을 죽음으로 몰고가는 불행한 현상이 일어난다.

이러한 유기적인 생리구조가 언제부터 진화과정을 통하여 고등생물에게 적용되었는지는 그 전모를 밝혀내기가 쉽지 않다. 단지 우리는 부분적인 정보를 갖고 있을 뿐이다.

수억년전 단세포생물의 시조(남조류 또는 원생생물와 시조생물)가 초보적인 다세포생물로 진화를 했을 시기와 어떤 생물이 무성생식에서 유성생식으로 번식형태를 바꾸었을 시기의 태고적 흔적을 일만년의 기술문명을 가진 인류가 모두 파악하기는 어려운 점이 많다.

아마도 이러한 대진화는 돌연변이로 일어났을 수도 있지만 지구

곳곳에서 환경에 대한 적응으로 점진적으로 일어났을 가능성이 높다. 그 진행과정은 수백만, 수천만년이 소요되었을 것이다. 일백년도 살지 못하는 인간에게 수백만년이라는 시간은 어떤 의미일까?

수억년의 시간동안 일어난 모든 일들은 우리의 지식을 초월하여 아득한 혼란만을 가져온다. 오늘날의 화석으로 관찰할 수 있는 수억, 수천만년전의 생물의 잔해는 오래 전에 원소화된 무기질의 집합체에 불과하며—세포속의 수분은 모두 사라진 상태이다—그 당시의 생체구조와 진화과정을 정확하게 분석하기에는 부족한 점이 많다.

우리는 개와 원숭이의 대진화과정과 유전자의 차이점에 대해서도 충분한 정보를 가지고 있지 않다. 하물며 개의 유전자를 원숭이로 전환시킬 수 있는 기술도 없다(유전자의 상당부분이 닮은점은 알고 있지만). 고등생물의 모든 세포는 70% 정도의 수분을 포함하고 있는데 오래 전에 사멸한 생물은 몇 종류의 고체원소만 존재한다.

탄소와 칼슘, 마그네슘, 기타 광물질과 같은 고체원소인데 이러한 고체원소는 당시의 생체세포와는 구성이 전혀 다르다. 오늘의 과학이 불과 몇 종의 하등생물을 연구한다해도 그것은 생태계의 일부만을 이해하는 것에 불과하다. 아직까지도 현재의 과학은 인공적으로는 간단한 미생물조차 만들어내지 못하고 있는 실정이다.

생명체에는 고분자(여러 원소의 복합체)가 중요한 역할을 한다. 아미노산, 포도당은 "고분자"의 명칭이며 단백질, 탄수화물 등은 고분자의 집합체로 "물질"의 명칭이다.

고분자는 분자단위가 100개에서 1,000개쯤 연결되어 만들어진다. 분자단위는 적을 경우 4종류, 많을 경우 20종류나 된다. 단백질의 한 종류인 아미노산도 고분자의 한 형태인데, 탄소와 질소, 물의 여러원소가 연결되어 한 개의 분자를 만드는데, 이 분자의 수많은 집합체가 고분자이다.

고분자는 원소의 수나 연결상태에 따라 성질이 달라진다. 20종류의 분자단위를 아무렇게나 연결하면 매우 많은 종류의 물질을 만들 수 있다. 20종류의 것을 100개 연결하면, 각각에서 20가지를 바꿀 수 있으므로 20의 100제곱, 즉 10130가지가 된다. 만약 마구잡이로 연결한다면 원하는 것이 나타날때까지는 평균적으로 이만한 정도의 수를 만들때까지 기다려야 한다.

이 넓은 우주에도 원자의 수는 1080개가 안된다(우주원소의 총질량을 말한다). 게다가 우주의 나이도 1080초에 못미친다(1080초는 약 320억년이다). 그러므로 우주전체를 재료로하여 매초마다 새로운 물질을 만드는 빠른 솜씨라고해도 앞에서 언급한 모든 물질을만드는 것은 불가능하다. 그러나 생명체를 만드는 일이 불가능하다는 것은 아니다.

카드놀이를 할 때 단 한 번에 스트레이트프레쉬가 되었다는 경우도 있으므로 일어나기 어려운 짝맞춤이 단 한 번에 나타날 수도 있다. 생물을 만드는데는 분자 1개만으로는 불가능하므로 기적같은 일이 몇개의 분자에서 동시에 일어난다고 볼 수는 없다.

그러나 지구에는 생물이 있다. 좀체 있기 어려운 기적이 일어났다. 이 좁은 우주에서 다른 곳에서도 기적이 일어났다고 생각하기는 힘들다(노다하루히코 저 『생명의 기원』에서 일부인용, 1979).

산소와 물, 그리고 일정량의 영양분을 필요로 하는 생체는 뇌와 심장, 폐를 비롯하여 여러조직과 기관을 갖고 있다. 어떤 장기는 약간의 손상을 입어도 그 기능을 발휘할 수는 있지만 손상정도가 클 경우(외상이든 세균의 침입이든)에는 개체의 생존을 위협하기도 한다.

그중에서 가장 중요한 생존의 판정은 심장의 활동유무로 결정된다. 심장은 신체의 모든 기관에 산소와 수분, 에너지원을 공급하는 보급기지라고 할 수 있다.

인간의 모든 죽음에 있어서 최종적인 직접사인은 "심장박동의 불가역적인 정지"(심장마비, 심근경색으로 부르기도 한다)라는 의사의 판정이 내려지고 있다.

뇌조직의 치명적인 손상이라는 "뇌사"도 의식의 중단과 함께 점진적으로 심장기능의 정지를 가져오므로 심장은 모든 세포의 핵과 비유할 수 있는 절대적인 장기로 간주된다.

물론 심장과 뇌를 제외한 다른 장기도 신체의 원활한 활동을 유지하기 위해서는 필수적이기는 하지만 그 중요성은 3대 장기(심장, 뇌, 폐)에 비해서 다소 떨어진다.

만약 우리의 신체를 단세포생물의 확대판으로 가정한다면 심장과 뇌는 세포핵의 확대기관으로 볼 수도 있다. 또한 우리들 생명의 탄생은 유성생식을 통한 세포분열과 유전자복제의 확대판으로 볼 수가 있다. 그런데 단세포생물은 무성생식을 통하여 우발적인 죽음의 원인이 없는 한 끝없이 번식을 계속할 수 있지만 왜 고등생명체는 개체의 죽음이라는 운명을 안게 되었는지 의문을 품게 된다.

이러한 생리적인 죽음은 순수한 노화현상을 통한 자연사와 질병사에 해당되지만, 피부의 노화현상이나 암세포의 발생과 같은 유전적요인과 더불어 기관자체의 마모설도 상당한 설득력이 있다.

고등생물의 중요장기는 식물이나 미생물의 생존활동과는 달리(사실 기관으로 볼만한 조직도 없지만) 수십년동안 쉬지 않고 물리화학적인 기능을 수행하고 있다.

인체의 장기든 기계의 부속품이든 계속되는 활동으로 인한 조직의 마모나 유해물질의 축적은 당연한 현상으로 보아야 한다. 만약 우리가 단 한시간의 휴식도 없이 십년 동안 계속하여 자전거를 탄다고 가정해 보자(물론 이것은 불가능하지만).

아마도 무릎관절과 대퇴부의 근육은 마비가 되든지 혈액순환이 정지될 것이다. 또한 관절과 근육의 노화현상도 급격히 찾아올 것이다. 의학적인 실험결과에서도 과격한 운동 후에는 피로물질(젖산과 특정호르몬)의 분비가 급속히 증가하는 것을 알 수 있다.

결국 노화와 질병으로 인한 죽음은 우리의 기술적 능력으로는 어떻게 할 수 없는 세포의 유전적 요인과 더불어 여러 가지 요인이 작용하고 있음을 인정해야 한다.

노화의 방지, 그 어리석음

많은 사람들은 건강하게 오래살기를 원한다. 건강과 장수는 오누이처럼 다정한 사이지만 건강을 위해서는 일상생활에서의 꾸준한 노력과 정기적인 건강검진이 필수적이다.

신체의 노화를 예방하기 위한 많은 정보가 동서고금을 통해 알려져 있으나 그 효과는 한시적이며 확실하지도 않은 것이 대부분이다. 또한 그 효과가 모든 사람에게 똑같이 일어나지는 않는 것으로 보인다. 노화가 반드시 죽음을 의미하는 것은 아니지만 여러형태로 죽음에 영향을 미치는 것은 사실이다.

정기적인 건강검진, 맑은 공기와 깨끗한 물, 적당한 운동과 충분한 수면, 균형있는 식사와 소식주의, 채식위주의 자연식섭취, 젊은 마음과 희망찬 생활신조, 절제된 성생활과 성병의 예방, 스트레스의 예방과 위생적인 생활환경 등과 같은 보편적인 장수비결이 알려져있으나 완벽한 실행도 어려우며 모든 사람에게 똑같은 효과가 있는 것은 아닌 것으로 보인다. 사실 이러한 생활을 평생동안 실행하는 이는 매우 적다. 현대문명의 무분별한 환경파괴와 더불어 경제적이유와 여러가지 사회적, 가정적 여건들이 장애요소로 작용하고 있기 때문이다.

일부 특권층의 장수비결도 다양하지만 그 효과역시 불확실하며 극히 제한된 사람에게만 이용되고 있을 뿐이다.

젊은 포유동물의 정액을 먹는 방법(고농축의 단백질과 호르몬이라고 할 수 있다), 어린동물의 피를 먹는 방법, 어린 소녀와의 동침(성관계시 사정의 억제), 산삼과 녹용의 정기적인 복용, 특정 남성호르몬의 투입, 남성의 경우는 고환의 새로운 이식, 여성의 경우는 난소의 이식, 장기간의 동면(시신과 장기의 냉동보관도 그 한 예이다). 산모의 태반에서 얻은 특정물질의 투여, 코카인유도체의 주입 등과 같은 수많은 비법과 수단이 고안되어 일부계층에서 시도되어 왔지만, 그 효과는 장기적인 관점에서 볼 때 의문이 많다. 이러한 특정장수비결은 효과면에서도 입증이 되지 않은 사례가 많을뿐 아니라, 모두 실패로 끝이 났다는 것을 알 수 있다. 이러한 시도자들이 일백세 이상을 살았다는 기록은 찾기가 거의 드물다.

인간의 꾸준한 노력으로 건강백세를 소망하는 일은 가능할 수 있겠지만 그 이상의 수명은 사실 무리인 것으로 보인다.

현대인은 70~80세의 평균수명을 살고 있으므로 노력 여하에 따라 어느 정도의 수명연장은 가능할 것으로 예상된다.

그 노력은 과학과 의학의 진보도 필요하겠지만 당사자의 꾸준한 노력과 주의도 필수적이다.

앞에서 언급한 특정장수비법이 자신의 신체가 감당하기 어려운 과민반응을 보인다면 오히려 역효과를 가져올지도 모른다.

이러한 방법들은 본인의 체질적 조건과 성향을 충분히 검토한 후에 신중하게 선택해야 할 사안이다. 부유층과 권력층의 장수에 대한 소망이 대부분 실패로 끝이 났다는 것을 우리는 과거의 기록을 통해 잘 알고 있다.

세포 속의 유전자를 조작하여 기관의 노화를 방지하거나, 인공배

양된 장기를 이식(체세포복제)함으로써 수명을 연장시키는 방법도 진행되고 있지만 그 전망이 밝지는 않다.

이러한 시도는 살아있는 인체를 대상으로 하는 신중하지 못한 실험의 우려성을 안고 있으며, 모든 인간의 신체조건이 똑같은 상태는 아닐 것이며 전 인류의 획일적인 수명연장은 달성하기 어려울 것이다. 유전자의 대진화(또는 돌연변이)는 인간의 역사보다 더 긴 시간을 필요로 한다. 그 시간은 수만년 이상이 걸릴지도 모른다.

노화 Senility에 대한 설명

늦어간다는 의미의 "노화"는 생리학적으로 볼 때 "세포의 대사기능이 감소 또는 정지되어 물질유동의 정확한 조절능력이 떨어지는 것"을 말한다(신체조직의 대사활동이 모두 정지한다는 의미는 아니다).

대표적인 예로는 피부의 노화가 있으며—수분과 영양물질의 공급부족으로 세포의 재생이 늦어지거나 기능이 중단된다. 상처의 회복도 느려진다—모발의 변색 또는 탈모 현상—새치는 영양물질의 공급이 원활하지 못해 나타나는 색소의 부족현상 때문이다—등이 있다. 탈모는 내과적인 원인도 있지만 외부의 자극으로 발생하는 수가 많다. 그밖에도 치아의 손상, 청력과 시력의 감퇴, 혈관의 노화, 신경세포의 부분적인 기능정지(감각의 둔화), 골격의 약화 등 수많은 사례가 있다. 이러한 증상들은 주로 내분비계통의 이상 때문에 일어나며 근원적인 예방이 쉽지 않다.

신체의 표면적인 노화현상은 눈으로 쉽게 확인할 수가 있지만, 신경세포, 혈관조직, 심장과 뇌, 간 또는 신장과 같은 중요한 장기의 노화상태는 간단히 확인하기가 어렵다.

외면적인 노화현상은 치명적이지는 않으나 중요장기의 노화는 심각한 내과질환을 유발할 수 있으므로 세심한 주의와 검진이 필요하다. 이러한 장기의 노화가 왜 일어나는지에 대해서 설명하자면 많은 자료와 증명이 필요하다.

가장 믿을 수 있는 견해로는 세포자체의 유전설(프로그램이론)과 환경설(일명 마모설)이 있지만 완벽한 해명으로는 부족한 것 같다.

피부와 모발의 노화는 치명적이지는 않으나 연령을 가늠하고 신체의 노화를 확인할 수 있는 중요한 징후가 된다.

특별한 경우를 제외하고는 사람의 나이는 외모로 판별이 가능하다. 따라서 내부장기의 노화도 표면상으로 가늠할 수 있다.

노화의 원인은 여러 가지 요인이 작용하는 것으로 보여진다. 노화를 유발하는 원인은 여러 가지 가설이 있지만, 근본적인 원인을 규명하기에는 완벽하다고 볼 수 없다. 다음 견해들은 포유동물에 대한 의학적인 연구이론이다.

1. 유전설 : 계획이론programmed theory이라고도 한다. 세포가 최초로 생성될 시점부터 세포속에 노화와 중독의 원인을 갖고 있다고 해석한다. 즉 세포자체가 예정된 시간표에 따라 사멸을 향한 각본대로 움직인다고 본다. 그 각본은 세포의 핵속에 있는 유전자(DNA 및 RNA)에 적혀있다고 본다. 이설은 세포의 유전적인 요인뿐만 아니라 대사기능의 결과인 환경설(마모설)과 어느정도 중복된다고 보아야 한다. 유전설은 피부와 시신경의 노화, 심장질환과 뇌질환의 근본요인으로 보고있다. 생물학에서 인정하는 다세포생물의 노화와 죽음과도 유사한 설이다.

2. 환경설 : 일명 마모설이라고도 한다. 일상의 환경속에서 제기능을 수행하던 세포가 외적인 요인에 의해 점진적인 과정에 따라서 파괴된다는 견해이다. 여기에서 환경이란 태양의 강한 자외선, 오존층 파괴등으로 인한 유해방사능, 산업화로 인한 각종 유해물질의 배출(환경호르몬 등), 세균 및 바이러스의 활동, 여러 중

금속 등이 세포내에 있는 유전자의 정상적인 기능을 방해함으로써, 즉 기능을 중단시키거나 돌연변이를 일으켜 기관의 노화를 가져오고 나아가 질병을 유발한다는 주장이다. 환경설은 간, 신장, 임파선 등 기관의 노화와 암세포를 발생시키는 원인으로 보고 있다. 어떤 학자들은 활성산소가 세포의 노화를 가져오는 원인이며 생명체의 죽음에 큰 영향을 끼친다고 주장한다. 활성산소의 유해설은 복잡한 설명이 필요하므로 이 글에서는 구체적인 내용은 생략한다.

3. **독소설** : 변비나 신체내부의 각종 미생물, 장내세균이 분비하는 독소에 의한 중독현상으로 세포의 노화가 발생한다는 이론. 유해화학물질이나 각종 미생물의 노폐물질로 인한 독소의 영향도 무시할수는 없다(독소의 화학반응은 암모니아를 비롯하여 수백종에 달하고 있다). 프랑스의 의학자 "메치니코프"의 독소설이 유명하며, 하만(Harman 1956년 미국)이 발표한 자유래디칼free radical이론과 유사하다.

자유래디칼이론이란 불안정하게 형성된 신체대사물질의 원자나 분자가 정상세포에 해로운 물질을 생성하게 하여 노화와 질병을 가져온다는 견해다. 대체로 체중이 무거운 사람과 대식가일수록 노화현상이 빨리 일어난다는 통계(반드시 수명의 차이가 있는 것은 아니다. 수명은 개인마다 모두 다르다)가 있지만, 이러한 근거에서 볼때 대사활동이 왕성한 사람일수록 심장의 부담도 크고 신체내의 침전물이나 독소의 영향을 많이 받는다고 볼 수 있다. 이와는 달리 동물계에서는 체격이 큰 종이 작은 종보다 일반적으로 수명이 긴것으로 알려져 있다. 이것은 종자체의 수명이 오래전부터 확정된 결과이기 때문이지만, 같은 종에서의 수명차이는 학계에서 연구대상이 되기도 한다.

4. 신경설 : 재생이 불가능한 뇌세포의 활동으로 인한 각종피로 물질이 뇌의 바닥에 쌓여 신체의 여러기능과 내분비활동을 조절하는 중추신경에 대한 장애를 가져오고 그 결과로 여러 장기의 노화가 일어나다는 주장이다. 스트레스의 증가가 뇌기능의 저하를 가져오고 결국 뇌세포의 노화를 촉진한다는 스트레스 원인설과 비슷하다. 이설은 뚜렷한 증거는 없지만 일리가 있는 견해로 볼 수 있다. 스트레스의 증가가 심장과 뇌의 기능에 큰 영향을 준다는 점은 사실이다. 특정 비타민이나 멜라토닌 같은 성장호르몬이 노화를 어느정도 늦춘다는 보고가 있지만 수명을 연장시킨다는 확증은 없다.

5. 혈관장애설 : 혈청내의 지방성분인 콜레스테롤과 같은 침전물이 원인이 되어 혈액순환장애를 일으켜 뇌혈관질환, 고혈압, 동맥경화증, 심장질환 등이 발생한다는 설이다. 독소설과 대동소이하다.

6. 기능설 : 주요장기의 기능저하를 노화의 주원인으로 보는 설. 환경설과 대동소이하며 암세포의 발생과도 연관이 있다. 암세포의 발생은 유해물질에 의한 유전자의 돌연변이나 미생물 등에 의해서 일어난다고 보는데 중요 장기의 기능이 마비되면 그 예후는 대단히 심각하다.

7. 내분비설 : 성기능의 폐절이 노화를 촉진하기 때문에 성선의 회복이 질병에 대한 치유능력을 개선시킬 수 있다는 견해이다.

8. 면역기능약화설 : 유전설이나 마모설에 따른 장기의 면역기능 약

화로 각종 세균의 침입을 막지못해 질병이 노화를 더욱 촉진하고 비정상적인 세포의 수를 증가시킨다는 견해이다. 암세포의 발생과도 다소 연관이 있는 것으로 보인다.

※ 의학계에서 신생물로 통칭되는 암(cancer, tumor 종양)은 정상적으로 분열하는 기존 세포와는 달리 통제할 수 없는 새로운 세포의 끝없는 증식으로 이해한다. 신생물에는 악성과 양성이 있으며 유전적인 요인 또는 유해물질이나 미생물의 작용에 의해 발생하는것으로 알려져 있다. 악성신생물(암)은 정상적인 신진대사를 하지 않고, 자신이 섭취한 영양물질을 새로운 세포의 재생에만 투입하므로 종국에는 조직에 심각한 장애를 가져온다. 암은 세포의 노화라고 인정하기보다 비정상적인 변이로 이해되어야 할 것이다.

참고서적
김숙희, 김화영 공저, 『노화』에서 일부인용, 민음사, 1995
폴.쇼사르, 『죽음의 생물학적 해석』
오영근, 이정주, 공역, 『아카데미서적』, 1987

피할 수 없는 숙명(宿命)

어떤 원인으로 노화현상과 질병이 발생하였든 이미 7~10억년 전에 출현하여 우리의 시조다세포생물(오늘날의 아메바보다 좀더 진화한 생물로 추정된다)은 자손을 남기는 증식활동을 하면서 그 유전자속에 죽음의 각본을 답습하도록 정보를 새겨놓은 것으로 보아야하다. 결국 유전자를 통한 자손의 번식은 가능했지만 어버이생물은 조만간 죽음이라는 운명을 맞이하도록 아득한 먼 옛날에 철칙화시켜 놓은 것으로 이해해야 한다.

어버이생물의 수명이 한달이든 백년이든 그 길이는 문제가 될 수 없다. 지구상의 모든 다세포생물은 반드시 죽음이라는 숙명을 안고 있다.

현재의 다세포생물은 극소수의 종을 제외하고는 유성생식(암수양성이 분리된 생식)의 방식으로 번식을 하지만 먼옛날 생체의 한부분인 생식세포가 번식능력을 갖게 되면서부터 개체자신은 조만간 사멸을 해야되는 운명을 안게 되었다. 이러한 유전정보의 전달이 시작된 구체적인 경위나 유성생식을 시작하게된 근원적인 이유에 대해서는 아직도 우리는 완벽한 지식을 갖고 있지 못하다. 모든 생명체는 태어나면 일정시기까지는 생장하고 진화를 향해 조금씩 나아가며 후손을 남긴 후 종국에는 스스로 사멸한다는 생물계의 법칙정도를 알고 있을 뿐이다.

오늘의 인류와 해양동물인 고래가 수 백만년 후에는 어떤 모습으로 진화할지는 아무도 알 수 없다. 현재의 생물중에서 일부어류와 어떤 곤충류는 번식활동이 끝나면 곧장 사멸의 길로 들어선다는 것을 우리는 알고 있다. 우리가 생명체의 죽음에 관한 의문을 풀기 위해서 하등생물의 번식형태와 사멸의 과정을 연구할 수 있겠지만, 이들 생물의 유전정보를 모두 이해하고 원초적인 발생경로까지 추적하여 해명하기는 어렵다. 또한 이러한 연구업적을 인간의 수명연장과 건강유지에 활용하는 일도 많은 단점이 있다.

현재의 모든 과학지식을 동원하여 유전자조작을 통한 세포의 영구적인 삶을 추구하는 시도는 생명체의 활동자체를 위협하는 위험한 일이 될 수도 있다.

생명체의 노화와 죽음이라는 현상은 생명체의 탄생과 대사활동인 삶의 현상과는 뗄 수 없는 운명으로 인정해야만 한다. 특정 유전자(염색체 일부)에 대한 분리나 조작은 전체유전자의 파괴나 다름없는 결과를 가져올 수도 있다. 유전자를 복제하는 작업과 유전자중의 일부 염색체를 분리시켜 조작하는 작업은 그 내용이 전혀 다르다. 유전자조작이 어려운 측면도 있지만, 만약 노화나 질병을 일으키는 염색체를 제거하는데 성공을 했다해도 엄청난 후유증과 예상치 못한 결과를 가져올지도 모른다.

생명체의 죽음에는 유전적인 요인뿐만 아니라 외부의 환경도 큰 영향력을 행사하고 있다. 영원히 살 수 있는 개체의 무한한 증가는 자연의 순환질서를 붕괴시키고 큰 혼란을 가져올 것이다.

특정한 종의 끝없는 증가는 생태계 전체의 붕괴를 가져올 수도 있다. 인간사회는 지식과 문명의 결정체로써 자연계속에서 특별한 대우를 받는 것처럼 보이지만 이러한 대우도 결국은 그 한계를 인정해야만 한다. 자연적인 죽음이나 자연의 순환과정은 동물과 인간을 따로 구분하지는 않는다. 지진에너지는 인간과 곤충을 별도로 취급하지는 않는다. 외부환경에 대한 두려움은 비합리적이고 과장된 감이 없지는 않지만 공룡의 멸종과 같은 대규모의 사건이 포유류의 세계에서도 일어나지 말라는 법은 없다. 공룡뿐만 아니라 캄브리아기 이후의 생물종의 상당수가 여러가지 원인으로 찬란했던 자취를 남기고 사라져갔다. 삼엽충과 고생대에 등장했던 수많은 어류들이 그 증거들이다.

여러 가지 죽음의 원인

인간은 지구생명체의 일원이며, 오래전에 등장한 생명체의 후손인 이상 탄생과 죽음이라는 자연의 순환질서에서 벗어날 수는 없다. 노화가 어떤 과정으로 오든, 어디에 원인이 있든지 우리가 어떤 수단과 방법을 동원한다해도 기관의 노화는 피할수가 없다. 신체의 노화로 인한 질병의 발생기관이 뇌, 심장, 주요혈관, 간, 폐, 신장등 중요한 장기일수록 치명적이며 개체의 죽음을 빠르게 재촉한다. 노인들의 죽음은 상당히 복합적이다. 이것은 한 두가지 질병으로 사망을 하는 것이 아니라 여러 기관의 노화가 유기적으로 죽음과 연관되어 있음을 의미한다.

그 원인이 미생물 또는 암세포의 발생으로 인한 질병때문인지 불과 1세기 전만해도 세균에 의한 사망은 전쟁으로 인한 사망보다 더 높은 숫자를 기록했다. 아직도 미생물은 인간 자신(살상 또는 암세포의 발생)을 제외하고는 가장 무서운 적으로 인간을 위협하고 있다. 아직도 많은 질병이 세균의 영향을 받고 있다. 현대의학은 미생물과의 싸움에서 이길때도 있지만 지는 경우가 비일비재하다. 한편 후진국에서는 기아로 인한 사망률이 높은 실정인데 이것은 환경적인 요인이지만 결코 무시할 수 없는 사망원인이다.

• 세포의 핵속에 내재된 유전자의 예정된 사멸의 각본 때문인지

(유전설)

- 특정장기의 세포가 갖고 있는 활동에너지의 소진이나 장기자체의 마모에 의한 것인지(마모설)
- 인간을 둘러싼 전 지구적, 사화적환경이나 신체속에서 일어나는 생리학적인 유해물질 때문인지(환경설과 독소설, 자연재해를 포함한다.)
- 또는 이해할 수 없는 대자연의 힘에 의한 특정종에 대한 개체수의 조정 때문인지(자연도태와 적자생존설)

아니면 또다른 요인과 위의 여러가지 요인들이 복합적으로 작용하고 있는지 우리는 죽음의 근원적인 이유를 밝혀내고 그것을 해결할 위치에 서 있지는 않다.

설사 그 원인을 알수 있다고 해도 신체의 노화나 모든 질병을 완벽하게 방지하고자 하는 시도는 결코 성공할 수 없을 것이다.

자연과 우주를 이해한다는 것과 마음대로 통제하는 일은 다른 것이다. 어떤종의 대폭적인 수명연장은 양서류에서 파충류로의 진화과정만큼이나 험난한 과정을 필요로 할지 모르며, 매우 긴 시간이 걸릴지도 모른다.

대폭적인 수명연장이나 일정시점에서 노화를 방지하고자하는 인간의 모든 노력은 결국 실패로 끝날 공산이 크다.

인류의 역사가 몇배 더 진행된다고 해도 이러한 노력은 제한된 성과밖에 얻지 못할 것이다. 인간의 지능이나 기술에 못지않게 자연의 힘과 반발력도 막대하기 때문에 모든 일이 인간의 뜻대로 될 수는 없을 것이다.

과학과 의술이 고도로 발전하여 노쇠한 사람이 특정장기를 이식받거나 인공장기로 교체한다고 해도, 이러한 시도는 젊음 층의 환자에게는 어느 정도 효과를 볼 수 있겠지만 그렇다고 해서 평균 수명을 상회하는 경우는 드물 것이다. 더 나아가 신체의 장기를 모두 교체할 수 있는 기술이 개발된다고 해도 이것은 당사자의 몸이 아닌 타인의 육신과 다름없는 것이다. 이러한 생존형태는 새로운 생명을 잉태하는 것과 같은 별개의 생명체를 만드는 것이며, 이미 존재하여 활동해온 노쇠한 사람의 수명연장으로 보기는 곤란하다.

가까운 미래에는 인공장기의 이식 분야에서 뛰어난 발전이 예상되지만 70세 이상의 고령자에게는 그 효과에서 부정적인 측면이 더 많을 것으로 예견된다.

죽음의 원인에 대한 결론

생명체는 외부환경이 허용하는 한 자손의 번식은 가능하지만 종국에는 개체 자신이 사멸을 하게 되는지 그 본질적인 이유를 명확하게 정립할 수는 없다.

거시적으로 볼 때 보이지 않는 대자연의 섭리인지, 생명체가 갖고 있는 세포와 유전자에 그 원인이 있는지, 또는 환경의 영향때문인지 그 전모를 분명하게 밝혀내고 죽음을 방지하는 일은 현재의 우리 능력으로는 불가능한 것으로 여겨진다.

지금까지 언급한 여러 가지 죽음의 원인은 구체적인 증거가 제시된 것도 있고 추측으로 인정해야 될 내용도 있다.

그렇지만 왜 이러한 죽음의 과정이 발생하며 종국에는 모든 생명체를 죽음으로 몰고 가는지 공식화된 체계를 수립하기는 어렵다. 많은 죽음에는 복합적인 원인이 작용하기도 한다. 기계나 암석같은 무기물은 해체나 형태의 변형은 일어날 수 있지만 세포의 활동정지라는 죽음의 과정은 없다. 무기물은 세포라는 조직이 없기는 하지만, 우리는 생명체의 죽음이라는 생리학적 또는 화학적인 현상도 무기물의 변형과 같은 자연계의 변화의 한 형태라는 관점에서 이해를 해야 한다.

이런 견해는 다소 추상적인 견해이기는 하다. 우주나 자연속에서 발생하는 변화와 물리화학적 현상은 인간개인이 겪는 질병에 의한 죽음과는 직접적인 연관성이 있다고 볼 수는 없다. 그러나 모든 생물의 신체내부에서 일어나는 노화현상과 질병은 미생물이나 공해, 음식물 등으로 인해 분명히 간접적인 영향을 받고 있다.

항성(별)의 폭발, 운석이나 유성의 충돌, 화산폭발, 지진, 태풍과 홍수, 방사능과 강력한 자외선, 지각의 변동, 빙하기의 급격한 도래 등과 같은 대규모의 재앙이 일어나면 인간을 비롯한 수많은 생물을 대량 절멸상태로 몰고 가기도 한다.

이러한 재앙이 전능하신 창조주의 뜻이라면 너무나도 가혹하며 뚜렷한 목적도 없는 대자연의 섭리라면 너무나도 무자비하지만, 그 이유가 무엇이든 우리의 존재가 더없이 나약함을 새삼 일깨워준다.

우리가 자연으로부터 받는 영향이 직접적이든 간접적이든간에 인간이 지구생태계의 일원인 이상 피할 수 없는 운명임은 분명하다. 여러가지 자연재해로 인한 대량 사멸은 노화나 질병과 같은 인체내부의 잘못으로 인한 죽음과는 원인이나 과정이 전혀 다르지만 종국적으로는 심장과 뇌의 영구적인 사멸을 가져온다는 점에서 인간의 삶과 죽음에 막대한 영향력을 끼친다고 볼 수 있다.

어떤 이유에서인지는 몰라도 대우주는, 아니 우리가 살고 있는 태양계와 은하계 우주만 관찰한다고 해도 인간의 손이 도달하기에는 너무나도 광대한 공간으로 존재하고 있다.

인간의 크기는 우주라는 규모에 비하면 지극히 미소하다. 소우주라고 할 수 있는 미생물과 세포, 그 속의 유전자는 인간의 요구대로 통제하기에는 지극히 미세하고 난해하며 그 숫자 또한 천문학적 규모로 존재하고 있다.

인체가 보유하고 있는 전체세포의 숫자 역시 천문학적이다. 수십 조개(성인의 평균세포수는 60조~100조에 달한다)의 이들 세포의 규모는 우리의 능력을 초월하여 존재하고 있다. 아직도 우리는 이들 미세한 세포들을 우리의 의도대로 통재하고 조정할 수 잇는 깃루을 완벽하게 갖추지 못한 실정이다. 그 이유는 이들 미세조직의 규모가 방대하면서도 난해하며, 생체실험면에서도 많은 위험성을 안고 있기 때문이다. 인간의 출생과 성장, 노화의 과정은 수억년동안의 진화의 결과이며 동일한 신체조직을 가진 인간은 거의 없다고 해도 과언이 아니다. 평균적인 동물세포의 경우 5~40마이크로미터(1마이크로미터=1만분의 센티미터)로 전자현미경으로만 관찰이 가능하며 세포의 조직에 따라 그 기능과 구조가 천차만별이다.

세포 속의 유전물질이 저장되어 있는 DNA의 사슬은 100분의 1마이크로미터에 불과하다. 우리가 특정세포의 상태나 조직속의 핵과 유전자(DNA, RNA)를 고성능의 현미경을 통해 관찰할 수 있다해도 살아있는 신체 속에서 활동하는 수십조개의 세포의 죽음을 완벽하게 방지하는 작업은 불가능 바로 그 자체이다.

이런일은 광활한 우주에 산재해있는 별에 대한 탐사를 완료하고 별의 수명이나 위치를 우리의 의도대로 다시 조정하는 것 만큼이나 불가능한 일에 속한다.

우주의 방대한 규모나 세포와 미생물의 천문학적인 숫자는 우리의 능력으로는 어쩔 수 없는 전혀 다른 차원의 세계임을 인정해야 한다.

생명체의 죽음의 원인과는 상관이 없는 견해이지만 만약에 이 세계에 영원히 살 수 있는 인간들만 존재한다면, 이 세계는 언제까지나 오래되고 지치고 나태한 똑같은 모습의 문명만 존재하게 될 것이다. 이들 불멸의 인간들은 새롭게 태어나는 아이들처럼 신선한 두뇌와 새로운 유전조합을 갖고 있지 않기 때문에 새로운 문명의 발전이나 사회의 변혁은 기대하기 어려울 것이다.

죽은 후에 자신의 육신이 해체되거나 소각된다는 사실에 대해서도 참담해하고 두려움을 갖는 이들이 있지만 이러한 생각도 자가당착의 이기적인 사고에서 비롯되는 것이다.

인간은 생존시에 수많은 동식물의 주검을 목격해왔고 그 일부를 자신들의 음식물로 이용해왔다. 인간이 다른 동식물의 주검이나 잔해의 절단과 부패는 당연한 현상으로 여기고 자신의 육신만은 영원한 보석처럼 존속하기를 바란다면 이러한 소망은 교만한 이기주의의 전형이라고 아니할 수 없다. 이러한 이기적인 사고는 지나친 과욕이며 비겁하고 어리석은 욕심일 뿐이다.

만약 인간의 시신이 썩지도 않고 소각되지도 않는다면 인류의 역사가 계속되는 날까지 이 지상은 무수한 인간들의 시신으로 뒤덮여 흉물스러운 풍경이 전개될 것이다. 비록 인공적인 보존을 시도한다 해도 그러한 작업도 한계에 부닥칠 것이다. 이러한 시신의 산더미는 당사자와 우리의 후손들에게도 결코 바람직한 모습이 될 수 없다.

미이라와 시신으로 가득찬 지상은 인간을 위시한 타생물들의 생존차체를 어렵게 만들것이다. 또한 노쇠한 사람들이 죽지도 않고 수천년, 수만년 이상 살 수 있다면 이 지상은 엄청난 인구의 포화로 아비규환의 생지옥이 연출될 것이다. 영원한 불멸의 꿈은 누구에게도 유익이 되지 못하며 결코 아름다운 세상의 모습을 만들 수 없다.

인류문명의 진보는 노쇠한 과거의 사람들이 물러나고(그들의 경험 위에서) 새로운 세대들이 등장함으로써 가능해진 것이며, 그렇지 않았다면 인류의 역사는 낡고 지루한 과거만이 반복되었을 것이다(문명의 진보나 혁신이 진정으로 무엇을 의미하는지 또한 첨단기술 문명의 발전이 진실로 인간의 행복을 위한 길인지 그러한 논제는 별개로 치자).

모든 생명체의 죽음과 부패, 그리고 자연속에서의 해체는 자신과 다른 생물 또한 우리의 후손들에게는 오히려 바람직한 현상으로 인식되어야 한다.

육신의 사망과 변화(정신의 소멸조차도)는 비참한 종말이 아닌 대자연의 섭리에 따른 새로운 변화로 인식되어야 한다.

우리의 육신이 대자연의 품으로 다시 돌아간다는 것은 우주질서의 한 과정이며 자연속에서의 당연한 역할이자 의무임을 명심해야 될 것이다.

과학과 진실, 유물론적인 숙명

인간을 비롯하여 모든 사물의 존재(죽음을 포함한다)를 물질의 복잡한 현상으로 보는 유물론적인 관점은 한편으로 허무주의적인 세계관을 가져올지도 모르며, 일부 종교에서 말하는 신(神)이 주신 고귀한 생명과 영혼, 그리고 영적능력을 부정하고 인간의 존엄성을 격하시키는 측면이 있을 수도 있다.

유물론에 기초한 과학의 모든 증거는 진실의 당위성을 갖고 있지만 사실 우리를 두렵게 할 소지도 있다.

우리의 삶이 언젠가는 허망한 죽음으로 끝을 맺는다면, 우리의 업적이나 명성, 가족과 재물조차도 결국에는 아무런 의미를 갖지 못하고 오랜시간이 흐른뒤에는 잊혀지고 사라질 존재들이다. 모든 사회의 엘리트 계층이 높은 가치로 인식하는 명성과 업적도 영속성을 보장받기에는 분명히 한계가 있다.

수십년 또는 수백년의 시간속에서 보면 우리의 업적이나 명성이 존속할지 모르지만 수만 또는 수백만년의 장구한 시간의 관점에서 본다면 우리 자신뿐만 아니라 가문이나 소집단, 국가조차도 영원성을 보장받을 수 있다는 것에는 사실 회의적이다.

수백만년후에는 오늘의 세계가 어떠한 모습으로 변화될지는 어느 누구도 상상하기 어렵다. 이러한 예상은 우리의 능력을 벗어나는 사차원에 속하는 일이다.

"우리가 생전에 이룩한 모든 명성과 업적, 재산, 가족과 친구들조차 우리의 죽음과 함께 언젠가는 잊혀지고 사라질 존재들이다. 인류의 역사가 계속될 때까지 그 명성을 남길 수 있는 사람은 극소수에 불과하다. 이러한 명성조차도 언젠가는 사라질 시간이 분명 오게 될 것이다. 사실 우리들 삶의 명제나 목적은 궁극적으로는 약점을 안고 있다. 우리의 죽음과 함께 또한 집단이나 사회의 해체와 더불어 언젠가는 우리의 모든 노력과 업적이 잊혀지고 사라질 날이 결국은 오고 말 것이기 때문이다".

(에밀 뒤르켐 『자살론』 중에서 일부인용, 1897년)

역사적으로 볼 때 어떤 권력집단에 의해 지명(地名)을 업적이 뛰어난 사람의 인명으로 바꾸는 수가 있다(호치민시, 워싱턴시 등과 같이). 특히 사회주의 국가에서 이러한 경향이 많은데, 이 경우에는 해당 국가나 권력집단이 존속하는 한 상당기간 후세들에게 그 명성이 전해질 수 있으므로 과거의 명성을 상기한다는 의미는 있다. 그러나 이러한 명성도 우주적인 시간 즉 수백만, 수천만년의 시간 척도에서 보면 영원성을 갖는다고는 볼 수 없다.

필자의 견해로는 인생의 목적을 보편적인 시각에서 간단히 언급한다면, 인간이란 태어나서 즐겁게 살다가 자식을 낳고, 크든작든 업적을 남기고 이 세상을 떠나는 것이다(할수만 있다면 업적을 남기는 것이 좋다).

그러나 인생의 과정에서 숱한 고난을 겪고 자신의 의도대로 살지 못하는 이들도 부지기수다. 이러한 불행은 국가나 사회 또는 가정과 타인의 영향도 있겠지만 자신의 판단과 능력 때문이기도 하다.

우리가 먹고 마시고 잠을 자고 배설하는 행위는 삶의 과정의 한부분이며 본능에 속하는 것이지 인생의 궁극적인 목적으로 볼 수는 없다.

사랑이나 재물, 어떠한 지위에 대한 욕망도 살아가는 과정에서의 작은 목표일뿐 최종적인 인생의 목적이 되기는 어렵다.

모든 생명체는 결국 죽음으로 종결되기 때문에 항구적인 목표를 세운다는 것은 적어도 개인의 입장에서는 논리적으로 맞지 않다. 어떤 집단이나 개인의 업적은 상당기간 존속할 수는 있겠지만 기나긴 시간속에서는 영원성을 보장받기가 어렵다.

그러나 이러한 유물론적인 허무주의 사고에 얽매여 우리의 삶을 비하시키고 무가치한 존재로 전락시키는 일은 현명한 삶의 자세라고 할 수 없다.

곤충의 삶이든 인간의 삶이든 자연과 사회에서의 역할은 어떠한 형태로든 주어져 있으며 나름대로의 생존의 가치를 부여받고 잇다.

허무주의 사고에 깊이 빠져 사려깊지 못한 이기주의적인 자살행위와 같은 범죄는 성숙한 인간의 행동으로 볼 수 없다.

우리가 자연이 명령하는 죽음의 시간을 거부하고 가족과 사회의 기대를 저버린 채 의도적인 자살이나 살인과 같은 범죄를 행한다면 어떠한 이유에서든 그러한 행위는 비난을 면치 못할 것이다.

범죄인에 대한 사형이나 안락사의 경우도 특이한 죽음의 유형이기는 하지만, 이 또한 죽이는 자와 죽는 자의 모습이 아름다운 모습으로 비쳐지기는 어려울 것이다.

자연과학에 입각한 생물학적인 죽음관이 우리의 인생과 죽음을 허무한 모습으로 비하시킬 우려는 있다. 또한 현실에 집착한 쾌락주의와 물질만능주의와 황금만능주의, 핵가족적 이기주의를 확대시킬 가능성은 어느 정도 있다.

이러한 모습의 대표적인 사례가 고대 그리이스의 에피쿠르스학파인데(BC 300년경) 이들의 사상은 2300년전의 어두운 지식의 태동기였으므로 세계와 자연을 이해하는데는 부족함이 많았을 것이다. 삶의 기쁨과 행복이 물론 중요하기는 하지만 지나친 쾌락주의와 허무주의는 우리를 오히려 고통과 좌절속으로 몰고 갈 수도 있으며 건전한 노동관을 확립하는 중용의 지혜가 필요하다고 본다.

당사자의 인생관은 각자의 지식과 경험에 따라서 여러가지 양태를 보이겠지만 일방적인 편견으로 유물론적인 사상이 개인의 사고나 인생관을 획일화시킨다고 할 수는 없다.

우리의 삶과 죽음이 유물론에 입각하든, 유심론에 근거를 두든 또는 종교적인 숙명론에 좌우되든, 우리의 삶 자체는 나름대로 소중한 것이며 수많은 사회적 관계를 형성하고 있고 인간다운 생존과 행복을 추구할 권리가 있다.

죽음에는 수많은 유형이 있지만, 자연의 시간이 우리의 죽음을 명할때까지는 우리는 최선을 다해 보람있는 생을 살아가야 할 것이다. 이러한 보람있는 생활이 자신의 행복과 기쁨을 목적으로 하든지 가족과 소속된 집단에 대한 애정과 헌신이든, 또한 일정한 삶의 목표를 갖고 있든 아니면 단순히 맹목적인 삶이라 할지라도 각자의 인생을 채색하면서 기꺼이 이 세상을 살아가야만 한다.

사별의 고통과 슬픔

　죽음의 사건과 직면하여 가족과 친지, 친우와의 사별을 애통해하는 이도 많은데, 여기에는 크게 보면 두 부류의 슬픔이 있다. 즉, 떠나가는 당사자의 슬픔과 남겨진 가족의 슬픔으로 구분할 수 있다.

　그 중에서도 빈도가 가장 높은 부모의 죽음과 배우자의 죽음(사랑하는 사람을 포함한다), 형제자매의 죽음, 친지의 죽음을 비롯하여 빈도는 약간 낮지만 자녀의 죽음과 친우의 죽음 그리고 사회적인 저명 인물의 죽음 등으로 분류할 수 있다.

　물론 가장 심각한 것은 당사자의 죽음이지만, 본인의 죽음은 이미 언급한 내용들을 충분히 이해하도록 해야 하며 여기에서는 남겨진 가족들의 고통과 슬픔에 대해서 언급하기로 한다.

　이러한 사별에 따른 슬픔에는 주로 떠나가는 당사자의 과거속에서 만난 사람과 사물에 대한 지나친 애착과 소유욕, 지난날의 잘못에 대한 죄책감, 그리고 자신의 욕망을 이루기 위한 이기심 등이 복잡하게 얽혀있다.

　이러한 슬픔의 감정(두려움 또한 외로움으로 표현되기도 한다)은 대부분이 당사자(임종환자)가 만드는 심리적 고통과 외로움의 문제에서 발생하는 것이며 남겨진 가족의 슬픔의 근거가 되기에는 이유가 불명확한 것이다. 당사자의 슬픔이 커질수록 가족들의 슬픔도 확대되는 경향이 있다. 슬픔을 축소하기 위해서는 당사자의 마음가짐이 큰 역할을 하게 된다.

죽음의 당사자에게 많은 애정과 의존심을 가진 가족일수록 슬픔의 정도가 크기 마련인데 이 경우에도 자신의 욕망을 이루지 못했다는 이기심에서 비롯되는 수가 많다.

자신의 욕망과 이기심을 단절시키는 자세야말로 슬픔과 고통을 억제하는 최상의 방법이다(어린 아이들에게 적용시키기는 힘들겠지만). 현실을 떠나가는 당사자의 슬픔과 고통, 외로움과 두려움은 남겨진 가족의 슬픔보다 훨씬 더 심각한 것이다.

현실속에 남은 이들은 고인(故人)의 생존시의 활동에 따라 그의 죽음을 슬퍼하고 업적을 언급하겠지만 자신의 죽음처럼 심각한 직접 체험이 될 수는 없으며 수개월 또는 수년의 시간이 흐르면 남겨진 가족들의 상처도 점차 회복되는 경우를 볼 수 있다.

한편 특별한 가족들은 그 상처를 오랫동안 안고 있는 경우가 있다. 이들의 슬픔이 비록 같은 시간과 공간속에 있다고 할지라도 가족의 슬픔은 죽음의 당사자에 비해 훨씬 축소된 슬픔으로 보아야 한다.

임종 당사자에게 보다 많은 애정과 의존심을 갖고 있는 가족은 슬픔과 후회의 정도가 깊을수도 있겠지만, 이러한 슬픔은 고인의 사망으로 인한 공포와 고독의 슬픔이라기보다 특정한 대상의 상실에 대한 비통함, 즉 가족구성원의 정신적, 물질적, 육체적 이기심과 연관된 좌절과 허탈의 슬픔으로 보는 것이 적절할 것이다.

가족구성원중에서도 고인과의 친밀도나 이해관계에 따라 슬픔의 정도가 달라진다는 사실을 우리는 이해할 필요가 있다.

유가족의 슬픔과 고통은 정도의 차이는 있겠지만 죽음의 당사자의 고통과 슬픔보다 훨씬 더 심각하다고 보기는 어렵다. 고인은 모든 것을 버리고 자연의 품으로 돌아가겠지만 남겨진 이들은 그래도 살아가야 할 많은 시간을 두고 있다.

남겨진 이들의 슬픔과 고통은 고인에 대한 깊은 애정과 의타심 또는 자신의 이기심등에 근원을 두고 있기 때문에 조만간 고인과의 과거를 청산하기 위해서 노력하고 새로운 마음으로 현실생활에 적응을 하는 길이 최상의 방안이 될 것이다(고인과의 기억속에서 못다한 애정이나 후회스러운 일도 슬픔의 원인이 될 수 있겠지만, 이 슬픔도 결국은 자신의 욕망을 이루기 위한 이기적인 감정의 표현일 뿐이다).

사별에 따른 슬픔과 고통을 최소화시키는 첩경은 자신의 욕망을 이루기위한 고인에 대한 의존심이나 애정, 이기심 등을 한시바삐 단절시키는 일이다. 이러한 자세는 차가운 이성을 강조하기 위해서가 아니며 지나친 슬픔을 통제하기 위해서는 반드시 필요한 일이다.

자신의 보람된 현실 생활이야말로 고인의 기대와 은혜에 보답하기 위한 최선의 길이 될 것이다.

여기에서 보람된 현실생활이란 여러가지 내용을 포함한다.

- 성실한 새로운 친구들을 만나고
- 자신을 이해해줄 사람을 찾고
- 일상의 업무와 직업에 더욱 충실하고
- 타인에 대한 애정과 봉사를 확대시키고
- 자신의 여가시간과 취미생활을 보람있게 활용하는 등 슬픔의 구속으로부터 벗어나기 위한 여러 가지 노력을 말한다.

심리학의 교훈 중에 "삶은 끊임없는 활동이고, 끝없는 상념은 죽음이다"라는 경구가 있다. 쉬임없이 움직이는 육신에는 슬픈 감정에의 몰입이 중단된다는 의미로 이해할 수 있다. 이러한 여러가지 처신을 달리 표현하면 "자립의 정신을 굳건히 세우는 것"이라고 할 수 있다.

여기에서 친구라함은 반드시 이성(異性)친구를 의미하지는 않으며 자신의 모든 행위에 대해서 지나치게 타인을 의식하는 자세는 결코 도움이 되지 못할 것이다.

위의 내용들은 사별후의 냉정한 자세를 일방적으로 강요하여 고인과의 관계를 한시바삐 청산하기 위한 관점보다 심리적인 슬픔과 괴로움을 좀더 빠르게 정상화시켜 유가족의 심경을 완화하려는 목적이 더욱 중요하기 때문이다.

만약, 여러 사람들의 평판이 좋지못한 사람(예를 들어 잔혹한 범죄자나 말썽꾼 등)이 죽으면 주변의 사람들은 그의 죽음을 내심 반기는 경우도 있다. 사망자의 직계가족은 그래도 슬픔의 연민을 느낄지도 모르지만, 그와는 이해관계가 별로 없는 이들은 말썽꾼의 죽음을 홀가분하게 여기는 경향이 있다. 이러한 모습은 죽음의 당사자가 주변 사람들과 이해관계가 많지 않으며, 특별한 감정을 줄 수 없기 때문이며 또한 관계가 있다고 해도 자신에게 직접 또는 간접적으로 피해를 줄지도 모르기 때문이다.

일반적으로 사별(또는 타인의 죽음)로 인한 슬픔이나 고통은 이해관계에 따라서 그 깊이가 달라진다.

사고사로 인한 가족의 고통과 슬픔

사고사는 전체 사망자의 15%에 달하고 있다(1996년 통계청자료).

사고로 인한 비자연사(사고사 또는 돌연사)와 타인의 행위로 인한 억울한 죽음, 그리고 자살은 예기치 못한 죽음이기는 하지만 일반적인 질병사의 범주에 포함시켜 슬픔을 최소화시키도록 노력을 해야된다. 비자연사는 여러 가지 원인과 결과가 얽혀있기 때문에 일률적으로 슬픔에 대처하기가 쉽지 않다.

비자연사의 경우에 발생하는 가족의 슬픔과 고통에는 뛰어난 해소책이 없지만 자연사의 경우에 적용시켜 슬픔을 최소화하는 수밖에 없다. 비자연사는 금전적인 보상과 사회적인 혜택을 받는 경우가 많지만 유가족에게는 슬픔의 정도가 매우 크다는 점을 주목해야한다.

사고사는 전혀 예상치못한 죽음이 대부분이며 갑작스런 충격에 따른 심리적 불안감의 완화가 어려운 것은 사실이다. 모든 사람에게 언제, 어떠한 사고가 발생할 것인가는 어느 누구도 예견이 불가능하다. 하물며 그들 가족과 당사자의 슬픔을 상황에 따라 적절하게 위로하는 일도 더욱 어려운 일이다. 우연을 각본화하여 미래를 대비한다는 것은 내심으로는 필연을 소망하는 의도를 갖고 있는 것이나 다름없다. 비자연사를 각본화하는 것은 당사자나 가족에게 결코 바람직한 현상이 될 수 없다.

그러나 인간은 언젠가는 반드시 죽음을 맞게 된다는 대명제를 인식하고 그 시간이 좀더 빨리 왔음을 수용하여 고인의 죽음으로 인한 못다한 여러 가지 감정들을—애정과 의존심, 자신의 이기심, 지난 날의 후회와 잘못에 대한 죄책감 등을—빠른 시일내에 최소화시키는 노력이 필요하다.

이러한 노력의 방안도 현실생활에 대한 충실한 적응이 최상의 길이 될 것이다.

비자연사의 경우(사고사, 피살, 자살 등) 사망자의 슬픔과 고통은 일반적으로 매우 빠른 시간내에 진행되며 통상적인 질병으로 인한 임종환자와는 다른 양태를 보이므로 구체적인 대처방안은 생략하기로 한다.

고인과 남겨진 이들과의 사별에서 우리가 슬퍼하는 감정중의 하나로써 서로에게 못다한 애정을 비롯하여 복잡한 심리상태를 엿볼 수 있다.

특히 임종 당사자의 입장에서는 생전에 못다한 업적과 지난날의 후회스러운 일들, 가족과 타인에 대한 못다한 애정이나 연민을 파노라마같은 기억으로 되살리며 슬퍼하는 모습도 볼 수 있다.

이러한 모습은 평소에 생활의 성실도가 부족했다는 의미도 되지만 자신의 모든 소망을 완벽하게 달성하고자 하는 또다른 표현으로 볼 수가 있다.

자신의 모든 소망을 다 이룬 뒤에 완벽한 인생을 살고서 세상을 떠나는 사람이 한명이라도 있다면 그것은 불가사의에 속한다. 우주는 끝이 있을 수 있지만 좁디좁은 인간의 정신은 끝없는 욕망을 펼칠수가 있다. 이러한 욕망은 제한되어야 마땅하다. 나무랄데없는 완벽한 인생을 살고가는 사람은 종교의 세계에서나 나타나는 절대자와 다름없이 전지전능한 존재이며, 전설속에서 등장하는 신선에게나 가능한 이야기지 평범한 우리네 인간의 모습이라고는 할 수 없다. 특출한 능력과 뛰어난 인품을 갖춘 성인군자(聖人君子)의 모습도 그 수가 극히 제한되어 있으며 평범한 사람들이 모방하기에는 많은 노력과 시련을 필요로 한다.

아무리 고상한 인품과 뛰어난 능력을 갖춘 사람일지라도 완벽하게 인생을 살다가 죽음을 맞이하기는 쉬운 일이 아니다. 완벽한 인생에 대한 욕심도 영생의 욕심만큼이나 지나친 과욕으로 볼 수밖에 없다.

못다한 일에 대한 애통함을 최소화시키는 방안은 유언을 통하여 2세나 후계자에게 생존 당시에 충분한 인계를 하고, 못다한 애정과 후회스러운 일 역시 평소에 성실하지 못했던 자신의 과오를 반성하고 용서을 구하는 것으로 적절한 해소가 될 것이다. 죽음을 눈앞에 둔 사람이 과거의 잘못을 행동으로 완벽하게 원상복귀를 하기란 사실 어려운 일이다.

어린자녀의 죽음과 부모의 슬픔

어린자녀의 죽음을 앞둔 가정에서 부모가 할 수 있는 정신적, 육체적 도움에 대해서는 뛰어난 해결책을 찾기가 쉽지 않다.

죽음을 앞둔 어린자녀에게 자연의 섭리와 순환과정을 설명해주고 죽은 후의 육신과 정신의 변화에 대한 복잡한 지식을 쉽고 간단하게 이해시키는 일은 그리 쉬운 일이 아니다. 이 방안은 오히려 임종을 앞둔 아이들에게 좋지 않은 영향을 줄 수도 있다.

죽음에 대한 막연한 공포감이나 부모와의 이별에 따른 슬픔과 두려움, 알 수 없는 죽음 이후의 세계에 대한 불안감을 갖고 있는 지식수준이 빈약한 아이들에게 죽음의 근원적인 원인과 자연의 순환과정, 생명의 탄생과 죽음의 철칙에 관한 복잡한 지식을 전달해준다해도 충분한 설득력을 갖는다고 볼 수는 없다.

죽음의 원초적인 시발점은 생명의 탄생(이 점을 깊이 인식하고 자녀를 출산하는 부모는 거의 없다)이지만 생명의 탄생과정과 길고 긴 진화의 역사, 그리고 자연과 우주의 순환섭리를 이해시키지 않고서는 죽음에 대한 구체적인 해명이나 위로가 쉽지는 않을 것이다.

여기에서 생명의 탄생과정은 부모의 만남으로 시작된 자녀의 출생만을 의미하는 단편적인 사건을 말하는 것이 아니다. 부모의 만남은 여러 가지 개인적, 사회적 이유에서 비롯되었겠지만 그 이전에 수억년 동안 꾸준히 생명을 이어왔고 또한 사라져간 멀고 먼 옛날의 우리들 선조생명체들의 자취를 포함하는 것이다.

애처로운 임종을 겪게 되는 어린자녀는 죽음에 대한 공포가 매우 심한 사례도 있지만 한편으로는 무지와 체념, 극심한 육체적인 고통으로 인해 죽음에 대한 심리적인 두려움이 훨씬 축소되는 경우도 볼 수 있다. 매사에는 일장일단이 있으며 이들 임종 자녀들은 불행 속에서도 작은 희망과 성인 임종환자에 비해 다른 양태를 보이기도 한다.

임종아동들에게 들려줄 수 있는 지식으로는 "죽음은 아무런 고통이 없는 영원한 잠"이며 또는 "하느님이나 평소에 좋아했던 사람(고인이 된 사람중에서)에게로 떠나가는 평온한 여행정도"로 이해시키는 것이 적절할 것이다. 그 자녀가 질병에서 조속히 회복되어 정상적인 생활로 복귀한다면 더없이 바람직하겠지만 상태가 악화일로를 향해 간다면 가족과 의료진의 심정은 침통해질 수 밖에 없다.

여기에서 자녀의 회복을 돕기 위한 격려의 말은 질병으로부터의 탈출에 도움을 줄 수는 있겠지만, 충분히 회복가능한 자녀의 경우는 위의 내용이 해당되지 않는다고 본다. 상태가 악화된 자녀(의식이 있는 경우에)에게 자포자기식의 처신을 하는 부모도 있지만 이 방법은 차선책이며 현명한 대처방안은 아닐 것이다.

어린자녀를 떠나보내는 부모와 다른 가족의 슬픔은 매우 심각한 것으로 관찰된다. 여기서도 임종자녀를 제대로 보살펴주지 못한 "죄책감"이나 자녀에 대한 깊은 "애정"과 미래에 대한 "기대감" 등이 부모의 복잡한 이기심(심리적, 물질적 욕구가 모두 포함된다)과 함께 혼란스러움을 가져올 것으로 여겨진다.

임종자녀와의 사별에 따른 슬픔을 완화하는 방안은 자녀로부터 얻고자하는 모든 기대감이나 욕망을 최소화시키고 자신의 마음을 다스리는 것이 중요하다. 모든 부모들이 자식에 대한 끝없는 사랑, 대가없는 무조건적인 사랑을 강조(이것은 당연한 일이다)하지만 이러한 사랑도 결국은 부모자신의 심리적인 행복감을 채우기 위한 것이다.

이상한 논리일지 모르지만 무조건적인 헌신은 대가없는 기쁨이나 욕망을 채우기위한 또다른 표현으로 볼 수가 있다. 그렇지않다고 반박하는 사람도 있겠지만 무조건적인 헌신은 행하는 쪽에서 기쁨이나 보람을 느끼는 심리상태를 종종 보게 된다(필자는 이 점을 강조하고 있다).

자녀에 대한 "죄책감"도 자신의 마음을 학대하여 고통속에 두고 자함이며 결국은 남겨진 가족들 스스로가 만드는 괴로움의 일종이다. 분명한 잘못이나 무책임은 용서를 구해야 되겠지만 자신의 직접적인 책임이 아닌 어린자녀의 죽음을 부모 스스로가 학대하여 오랜시간동안 슬픔에 잠겨있는 모습은 좋은 처신이 아니다. 임종자녀에 대한 모든 감정을 단시일에 지우기는 쉽지 않겠지만 상당한 시간이 흐르면(다소의 상처는 남겠지만) 자녀의 출생이전의 생활로 돌아갈 것으로 예상된다. 질병이 아닌 사고로 인한 갑작스런 자녀의 죽음도 시간적인 차이는 있겠지만 위의 내용을 참조하여 슬픔을 최소화하도록 노력해야 한다.

냉정한 감정으로 자녀와 가족을 떠나보내고 또한 사별후의 슬픔을 억제한다는 일이 평범한 사람의 능력으로는 어려운 일일지도 모른다. 그러나 지나친 슬픔에 빠져 사별의 고통을 확대시키고 떠나간 사람과의 과거에 얽매여 있는 모습은 남겨진 이들의 현실생활에 어떠한 도움도 되지 않는다.

　냉정하고 무심한 감정으로 어린자녀의 죽음을 바라보는 것이 환영받을 수는 없겠지만 슬픔의 기간을 조만간 단축시키는 노력이 필요하다고 본다. 이러한 노력으로 남겨진 가족의 심리적인 안정과 원만한 생활을 되찾고 수개월안에 일상의 세계로 돌아오도록 힘써야 한다. 떠나간 사람과의 지난 일에 얽매여 스스로를 학대하는 모습이나 떠나가는 자녀와의 불확실한 미래에 온갖 연민을 갖고 자신의 소망을 간절히 기원하면서 언제까지나 슬픔과 고통속에 잠겨있는 모습은 성숙한 삶의 자세라고 할 수 없다.

젊은 부모의 사망과 유자녀의 슬픔

　일반적으로 죽음을 연령면에서 파악하면, 죽음의 당사자는 성년의 나이(만 20세 이상)를 초과한 경우가 대부분이며 부모 또는 배우자를 사별한다해도 남겨진 가족의 연령이 20세 이상인 경우가 대다수이다. 그런데 전체적인 빈도는 낮지만 어린자녀(14세 이하)의 죽음을 지켜보는 부모와 젊은 부모의 사망을 겪게 되는 어린자녀가 발생하는 사례가 종종 있다(1996년 한국의 경우, 14세 이하 유자녀의 발생가구수는 전체사망가구수의 12% 정도로 집계되고 있다. 전체사망자는 25만명에 달한다). 부모의 사망에서도 한쪽부모와 양친 모두의 사망은 슬픔이나 고통의 정도가 다를 것이다.

　이 사례들은 특별한 경우이기는 하지만 고인과 남겨진 자녀의 슬픔이나 고통을 한꺼번에 해소시켜 대처하기란 쉬운일이 아니다. 부모가 사망할 때 6세 이하인 자녀와 10세 또는 14세인 경우는 죽음이나 세계에 대한 지식이 다르기 때문이다.

　이들 유자녀들에게 "죽음"이라는 현상을 단순히 "아버지께서는 하늘나라로 가셨다"라든가 "어머니는 영원히 잠이 드신 것이다."라고 실제적이지 못한 설명으로 슬픔을 무마시키는 방안이 사용될수가 있겠지만, 이러한 방안을 사용하면 하느님(神)이나 잠에 대한 좋지않은 감정을 품게 될 수도 있으며, 어린아이들의 얕은 지식으로는 생명체의 죽음에 대한 두려운 의문을 감당하기가 어려울 것이다.

왜냐하면 고등생명체인 인간의 죽음을 제대로 이해시키기 위해선 상당한 지식이 갖춰져야하고 자연의 순환법칙을 어느 정도는 이해를 해야 하지만 지식수준이 얕은 14세 이하의 아동들에게는 수많은 용어와 논리들이 깊은 설득력을 갖지 못한다.

죽음에 임한 당사자와 남겨진 가족의 연령이나 지식수준에 따라서 고통과 슬픔의 대처방법 또한 달라져야 한다.

단지 이 장에서는 미성년자의 죽음이나 젊은 부모와의 사별에 대한 심리적 고통과 슬픔을 해소시키는 방안으로 보편적이고 일반적인 내용만 소개하기로 한다.

어린자녀가 죽음의 당사자인 경우와 또는 유가족이 될 경우에는 사망자의 고통과 슬픔을 해소시키기 위한 측면보다 남겨진 가족의 슬픔을 보다 빠르게 축소시켜 장래를 위한 현실생활의 적응력을 향상시키도록 하는 것이 중요하다고 본다.

비록 합당한 주장이 아닌 것처럼 들리겠지만, 고인보다 유가족의 행복과 안녕을 우선순위로 두는 것은, 어린자녀의 죽음에 대한 위로는 이해력과 정신력의 미숙으로 훌륭한 해소방안을 찾기가 어려우며, 어린자녀가 유가족이 될 경우는 이들의 장래가 고인의 죽음으로 인한 고통보다 더욱 중요하다고 판단되기 때문이다. 죽음의 당사자와 사별을 겪는 가족이 연령이나 지식수준이 매우 낮은 경우에는 죽음에 따르는 슬픔이나 고통, 외로움이나 공포심을 신속하고 명료하게 해소시키기가 사실 어렵다.

이들의 지식수준이 죽음이라는 인간의 숙명을 초연히 받아들이고 이해하기에는 너무나도 부족하기 때문이다.

　부모의 죽음으로 인해 어린자녀가 겪는 슬픔이나 불안감도 그 근원을 분석해보면 주로 자신의 이익을 상실하게 됨으로써 발생한다고 볼 수 있다.

　부모자식간의 자연적인 애정과 천륜을 단지 논리적으로 규명하여 분석하는 일이 바람직하지는 않지만, 가족사회의 본질도 결국에는 공동사회(이익사회)의 특별한 결합체라고 할 수 있다.

　젊은 부모의 사망은 •부모에게서 받는 애정의 상실을 비롯하여 •경제적 여유의 상실 •고독감 및 사회적 소외감 •그리고 부모의 죽음으로부터 오는 막연한 공포심이나 불안감을 들 수 있는데 천진난만한 아이들에게 "부모님으로부터 얻고자하는 모든 자신의 욕구를 포기하라"고 설득하고 "자연의 섭리(또는 갑작스런 사고)로 인한 죽음의 당위성"을 이해시키고자 하는 노력은 결코 쉬운 일이 아니다.

　어린아이가 "욕구"라는 단어를 이해하기도 쉽지 않겠지만, 어른들의 설득으로 어린아이의 단순한 슬픔이 쉽게 해소될 것으로 기대하는 것도 무리다.

　가장 쉬운 용어로 그리고 조용한 어조로 설명을 한다고해도 죽음의 전체적인 맥락을 이해할 수 있는 어린이가 과연 몇이나 될 것인가? 어린아이의 감정은 때묻지 않은 순수함은 있지만 냉엄하고 복잡한 죽음의 세계를 이해하고 받아들이기에는 한계가 있다. 이러한 설득은 에스키모인에게 아랍어로 "코란"을 강의하는 것과 비슷할지 모른다.

세월이 지나서 아이들의 연령이 높아지고 지식의 총량이 증가하면 죽음에 대한 이해가 어느 정도 가능하겠지만 유아시절의 아이들에게 장황한 설명은 오히려 역효과를 가져올 수 있다. 예를 들어, 우발적인 교통사고로 사망한 아버지의 주검을 목격한 어린자녀에게 원인을 제공한 가해차량의 제반상황을 설명(그날의 기후나 교통상황도 사고의 원인이 될 수 있다)하기 전에 거시적인 관점에서 "생명체는 언젠가는 반드시 죽는다"는 자연의 섭리만을 강조한다면 우선적이고 바람직한 슬픔의 해소방안으로 보기는 곤란할 것이다.

어린자녀를 고인의 장례식에 참여시키고 시신에 대한 접견을 허용하는 것이 좋을 수도 있다는 일부전문가들의 견해가 있지만 이 문제는 유가족의 환경이나 자녀의 성숙도에 따라서 판단할 사안이므로 분명한 결정을 내리기는 어렵다고 본다.

매사에는 일장일단이 있으므로 만 6세 이상의 자녀에 한하여 자녀본인의 의사를 존중하여 결정하는 것이 좋다고 본다. 14세 이하의 어린자녀가 부모와 사별하게 될 경우에는 심각한 가정적, 사회적 문제를 야기시킬 우려가 있다. 부모 중의 어느 한쪽만 사망을 했을 경우라면 그래도 대처방안이 쉬운 편이겠지만 양친이 모두 사망한 경우라면 적지않은 문제가 발생할 수 있다.

이들 어린자녀들은 양친이 모두 사망한 경우라면 연령이나 성격에 따라서 다양한 반응을 보이기도 하지만 좋은 후견인이 없다면 자녀의 장래에 좋지않은 영향을 줄 뿐만 아니라 사회적인 문제와 더불어 심각한 정신적인 후유증이 나타나기도 한다.

양친모두가 사망했을 경우(이러한 상황은 자녀에 대한 양육포기와는 또다른 형태의 이별이다) 좋은 친지에게로의 입양이나 덕망있는 교육자와 같은 훌륭한 후견인의 선정이 가장 바람직한 선택이겠지만 이마저도 여의치 않다면 사회의 보호기관에서 심리적, 경제적 도움을 지속적으로 제공해야 할 것이다.

이들 어린자녀가 독자적인 가정생활이 가능(경제적인 안정을 말한다)하고 부모의 사망으로 인한 고통이나 슬픔을 스스로 극복할 수 있는 정신적인 성숙함을 보인다면 더없이 바람직하겠지만 이들의 외로움이나 슬픔을 신속하고 원만하게 해결해줄 수 있는 방법을 찾기란 쉽지 않다고 여겨진다. 부모가 일찍 사망한 경우에는 고인의 죽음에 따르는 고통이나 어린자녀의 슬픔을 극복하기 위한 측면보다 어린자녀의 장래생활과 심리적 장애의 치유에 더 많은 노력을 기울여야 할 것이다.

부모가 사망한 후의 일은 자녀본인과 후견인의 판단에 따라서 결정되어야 할 사안이므로 구체적인 내용은 생략한다.

임종시의 고통과 대처방안

　불치의 질병을 앓고 있는 환자와 대면할 때, 의료진의 처신은 좀 더 신중해야 할 필요가 있다.

　"귀하는 ○○암입니다. 앞으로 몇 개월 정도 밖에 시간이 없습니다." 이런 식의 직설적인 소견을 환자에게 알려주는 의사는 거의 없겠지만 병명과 소견(치명적인 질병일수록)을 환자와 가족에게 전해주는 과정에서 슬기로운 처신이 필요하다고 본다.

　이런 상황에서는 "귀하는 ○○암지만 노력에 따라 10년 또는 그 이상도 생존할 수가 있습니다. 그러나 치유와 건강관리를 제대로 하지 않으면 더욱 예후가 나빠질 수도 있습니다" 등의 충고와 격려가 혼합된 융통성있는 소견이 환자의 심리적안정에 도움이 될 수 있다고 본다. 차라리 죽음의 시간을 예견하지 않는 것도 현명한 처신일 수가 있다. 정직이 최상의 방안이 아닐 때도 있다.

　물론 그 환자가 수개월 내에 사망할 가능성이 높지만 만약 조기에 사망을 한다고해도 가족들의 원성을 듣거나 의료사고로 간주되지는 않으리라 본다. 단지 직계가족에게는 솔직한 견해를 말해주는 것이 좋다고 본다.

　여기에서 환자본인에게는 정확한 소견을 알리지 않고 가족들에게만 솔직한 의견을 말하는 방안과 환자와 가족모두에게 병명을 가벼운 질환정도로 위로해주는 방법도 있을 수 있지만 이러한 방안은 진실과 배치될뿐 아니라 의료진의 책무상 곤란한 점이 많을 것이다.

이 방법들은 차후에 허위진단이라는 불명예를 가져올 수 있으며 병원의 업무체계상 질병의 정체가 결국은 드러나게 마련이다. 여러 가지 상황을 고려해볼 때 고대의 명의 '히포크라테스'가 말한 "환자의 안녕과 권익"이 진정으로 무엇을 의미하는지 우리를 혼란스럽게 한다.

임종환자에 대한 효과적인 심리적 대처방안을 위해서는 모든 의료진의 훌륭한 지혜를 모아야 할 것이다. 또한 자본주의경제체제에서는 환자의 경제적능력도 고려하지 않을 수가 없다. 입원치료를 해야 하는 환자가 통원치료 또는 자가치료를 할 수 밖에 없는 사정을 이해(경제적 이유뿐만 아니라 가정적, 사회적 이유도 있을 것이다)해야 하고, 환자와 가족의 입장을 배려할 수 있는 박애의 정신을 확대시켜야 할 것이다.

질병의 종류에 따라서 달라지겠지만 임종을 앞둔 수일 또는 수주일동안 육체적고통과 심리적인 두려움을 호소하는 환자들이 많은데 불행히도 그 비율은 상당히 높은 편에 속한다.

지난 과거속에서 자신이 저지른 온갖 잘못이나 악행(惡行)에 대해서 격심한 심리적 갈등을 겪으며 후회를 하는 임종환자가 더러 있지만 이들의 심리적 고통이 육체적인 통증과 어떤 관련이 있는지 정확한 자료를 확보하기는 어렵다.

그러나 이러한 심리적인 갈등이 육체적인 통증에 어느정도 영향을 줄수는 있다고 생각된다.

죽음이 임박한 환자의 심리상태가 자신의 모든 과거를 정당화시킬수 있는 강한 신념을 갖고 있다면 문제가 없겠지만, 자신의 행위가 명백한 범죄행위가 분명하고 진심으로 과오를 뉘우치지 않는다면 심리적, 육체적 고통이 확대될 것은 자명한 일이다.

육체적인 통증의 문제는 의료진의 약물처방으로 제한된 시간동안 효과를 볼 수 있겠지만 근원적인 해소는 어려울 것으로 보인다. 인간의 신경체계에는 중추신경과 자율신경 등이 있으며, 약물요법으로 효과를 보는 증세가 있는 반면, 신경조직의 통증과는 상관이 없이 활동하는 기관이 있다(심장과 간이 그러하다).

오늘날의 의술의 힘은 통증으로 고통받는 환자의 문제는 거의 해결한 것으로 보인다. 뛰어난 효능을 가진 진통제와 마취제의 역활은 질병의 고통을 잠시나마 잊게 해주는 평화로운 해결사로 자리잡고 있다. 그러나 이런 약물의 효능이 한시적이며 질병의 원인을 근본적으로 치유할 수는 없다는 점에서 의술의 한계성과 생명체의 유한성을 보여준다. 또한 여러가지 마취약물은 신체의 자연적인 치유 능력을 약화시킬 수도 있는 결함을 안고 있다.

말기 임종환자들의 경우에 자연의 진통제인 혼수coma와 인내심, 신체의 내성력 등을 도외시하고 약물의 장기적인 투여로 인해서 오히려 임종의 시기를 고통스럽게 연장하는 폐단을 가져오기도 한다.

강인한 정신력과 인내심, 여유있는 포용력, 의료진의 효과적인 약물처방이나 안락사 또는 환자의 소극적인 행위로 인한 자살 등으로 고통의 시간을 줄여줌으로써 육체적인 고통의 문제는 해결이 가능하겠지만 안락사와 자살은 많은 문제점을 안고 있으므로 신중한 협의가 필요하다고 본다.

안락사와 소극적인 진료행위로 인한 환자의 조기사망 또는 환자의 자살은 생명의 존엄성과 도의적인 관점에서 논란의 대상이 될 수 있기 때문에 이 문제는 임종환자가 겪어야하는 고통의 시간을 단축시킨다는 대전제하에 사회 각계의 다양한 의견이 모아져야 한다고 본다.

임종이 임박한 경우의 증상은 다음과 같다.

(노유자외 3인 공저 『호스피스와 죽음』, 현문사, 1994, 190p)

- 신경반사의 소실로 움직일 수 없게 된다.
- 식욕이 감소하고 음식물을 삼키지 못한다.
- 호흡이 빨라지고 무호흡과 과소환기의 특성을 지닌 체인스톡 현상이 나타나고 심한 질식상태가 나타날 수 있다.
- 피부는 차고 축축해진다. 그리고 창백해진다.
- 맥박이 약해지고 빨라지고 불규칙하며 혈압이 떨어진다.
- 동공(눈동자)이 확대된 상태로 고정된다.
- 체온이 떨어진다.
- 소변량이 감소하고 대소변의 실금(참지못하고 쌈)이 나타난다.
- 통증이 있었던 부위는 대개 통증이 경감한다.
- 의식이 변화되어 깊은 수면상태이거나 혼수를 나타나지만 끝까지 의식이 또렷한 경우도 있다(질병에 따라 다르다).
- 턱과 얼굴근육이 이완되어 표정이 평화롭게 보인다.

환자에 따라서는 위의 임박증상이 한두가지만 나타날수가 있고 복합적일수도 있으며 아무런 증상이 나타나지 않을수도 있다. 생의 마지막 48시간에 나타나는 증상으로는 의식정도가 감소하고 물도 먹지 못하며, 소변량이 줄고 거의 없거나 진한 빛깔의 소변을 조금씩 보기도한다. 다리와 팔이 보라빛으로 변색되고 차가워지며, 무호흡상태를 보이면서 호흡곤란을 나타내고 인후와 가슴에서 부글거리며 끓는 소리가 난다.

위의 임종증상들은 의료진이나 직계가족이 흔히 목격하는 일이지만 임종 당사자와 그의 가족이 굳이 이러한 증상들을 꼼꼼하게 숙지하는 일은 별반 도움이 되지는 못할 것이다.

왜냐하면 이러한 고통스러운 마지막 이별에 대한 기억이 남은 가족의 삶과 떠나가는 당사자의 심리적 안정에 어떠한 도움을 줄 수 있다는 근거가 없기 때문이다. 단지 참고사항 정도로만 이해하면 좋을 것이다.

일반적으로 의술의 역할은 죽은 이를 살린다거나 기적과 같은 생살여탈의 권능을 보여주는 것은 아니다.

의술이나 약물의 효능은 환자의 허약한 신체상태를 가능한 모든 수단을 동원하여 자생적인 치유능력을 최대한 향상시키는데 있다.

큰 질병과의 싸움에서 의술의 힘은 강력한 지원군임은 분명하지만, 정작 생사의 갈림길에서 투쟁하고 이겨내야할 당사자는 환자의 육신과 강인한 정신력이다. 질병을 이겨내려는 강인한 의지(두뇌의 작용때문이기도 하겠지만)는 육체의 원활한 회복에 많은 도움을 주는 것은 사실이다.

의술은 인류의 질병을 치유하고 수명의 연장에는 지대한 공헌을 했지만 넘지못할 한계는 엄연히 존재하고 있다. 그 한계는 너무나 광범위하다. 수억년동안 전해져온 세포의 노화와 부분적인 사멸, 자연환경과 미생물의 활동, 수많은 유해물질, 세포의 예측불가능하고 난해한 활동 등… 일일이 열거하기가 어렵다.

　의술이라는 지원군이 아무리 강력한 도움을 준다해도 환자의 육신과 정신이 재기불능 상태에 있다면 그 도움은 결국 헛된 수고로 끝날것이다. 의술은 자신의 능력을 믿고 숱한 기대와 희망으로 자연의 힘에 대항해왔지만 결과는 언제나 자연의 완승으로 끝이 났다. 자연은 자신의 일부인 인간에게 약간씩의 양보는 하겠지만 무패의 기록은 결코, 언제까지나 깨어지지 않을 것이다.

　개체의 죽음은 자연앞에서의 패배로 보일수도 있겠지만 이것은 승리와 패배의 관점이라기보다 기존의 질서를 유지시키려는 말없는 자연의 표상으로 이해되어야 한다.

　객관적으로 볼 때, 완치가 어려운 중대한 질환을 갖고 있는 환자가 사실상 회복이 어렵고 식물인간과 다름없는 장기간의 투병에 들어간다면 가족과 의료진이 충분한 협의를 거쳐서 적절한 결정을 내려야함이 보다 나은 선택이 될지도 모른다.

　이러한 결정은 환자가 겪는 고통의 시간을 단축시키고 가족의 경제적, 심리적 고충을 덜어주는 최선의 길이 될 수도 있다.

　고대의 명의 히포크라테스의 교훈에 따르면 의사에게 가장 중요한 것은 "담당환자의 건강과 생명, 그리고 권익을 지키는 것"이라고 가르치고 있다. 환자의 건강과 생명, 권익이 진정 무엇을 의미하는

지 그 해석이 간단치는 않다. 이 해석은 환자의 질병과 상태에 따라 달라질수도 있다. 죽음이후보다 더 괴로운 중환자의 고통은 우리를 혼란스럽게 한다. 한 예로 전표피의 2분의 1 이상이나 되는 중화상을 입은 환자의 상태는 매우 심각하다. 또한 그 예후도 매우 나쁘다. 진실로 환자의 건강과 안녕이 무엇인지 우리는 정확한 판단을 내릴 수 없다.

식물인간과 뇌사환자의 경우도 장기간의 투병으로 인해 환자와 그 가족이 치러야하는 고통은 만만치가 않다. 식물인간은 대뇌조직이 큰 손상을 입은 뇌사환자와는 달리 뇌간부위가 정상적으로 기능을 하는 상태를 말하지만 양자의 차이는 정상으로의 회복이 어렵다는 점에서 볼때 두드러지는 것은 아니다. 식물인간이 상당기간 생존을 할 수 있다는 점은 사실이지만 정상적인 삶으로의 복귀가 쉽지 않다는 문제를 안고 있다. 뇌사환자의 예후도 나쁜편에 속하며 심박동의 정지가 조만간 닥쳐오게 된다.

환자가 60세 전후의 장년층일때는 그래도 의료진의 헌신적인 노력이 필요하겠지만 70세 이상의 고령층이 회복이 불가능한 중대한 질병을 갖고 있다면 사실 그 예후가 좋은 편은 아니다. 이러한 치유과정에서 여러 가지 논란이 있을수 있다.

치유가능과 치유불가능의 판정이 그리고 식물인간과 중환자에 대한 명백한 구분이 과연 어느 선에서 그어져야 하는지 그 의견이 분분하겠지만 보다 최상의 선택을 할 수 있도록 모두의 지혜를 모아야할 것이다.

불치의 질병에 걸린 고령자의 생명연장은 많은 사회적 노력과 가정적인 비용의 증가를 가져오며 환자와 가족의 육체적 정신적 고통의 시간을 연장시키고 종국에는 허탈한 의술의 패배를 가져올 뿐이다.

임종환자 자신을 위해서도 장기간의 투병은 결코 바람직한 현상이 될 수는 없을 것이다.

의료진의 입장에서 볼 때, 환자의 빠른 쾌유나 조기사망은 의술의 능력과 한계성을 보여주는 동시에 병원재정수입의 감소라는 이율배반적인 양면성을 갖고 있다.

모든 의료진이 언제나 상업적인 목적을 갖고 의술의 봉사를 행하는 것은 아닐 것이다(자애로운 헌신과 봉사를 아끼지 않는 의료진도 많겠지만). 그러나 환자의 조기사망은 자연의 섭리에 대한 의술의 패배를 시인함과 동시에 병원재정수입의 감소를 의미한다.

환자와 가족의 입장에서 볼 때, 최상의 길은 조기완치와 감당할 수 있는 적절한 의료비용을 지불하는 것이겠지만 그들의 희망과는 달리 환자가 장기간의 투병상태에 들어가게 되면 모든 상황을 어렵게 만든다. 이러한 상황에서 환자자신과 가족 그리고 의료진이 최상의 방안으로 생각하는 공통분모를 찾는 일이 그리 간단하지는 않다.

가장 합당한 의료행위와 치유가 충분히 가능한 질병에 대한 판정을 객관적으로 공정하게 내리는 일이 결코 쉽지는 않다.

그러나 "담당환자의 건강과 생명을 가장 우선으로 하라"는 히포크라테스의 가르침을 따라서 보다 최선의 길을 찾도록 노력해야 할 것이다.

평화롭고 안락한 죽음을 궁극적인 목표로 삼고 있는 호스피스

(hospice)활동에서도 기대만큼의 효과를 올리지 못하는 경우가 대부분이다.

주위의 가족과 의료진이 최선을 다한다해도 마지막 시간을 향해 달려가는 환자의 고통을 대신해 줄 수는 없다(주로 육체적 통증인데 마취제와 진통제의 효능에도 한계가 있다).

타인의 존재는 환자가 홀로 있지 않음을 확인시켜주고 환자의 고통을 조금이나마 경감시켜줄지는 모르지만, 자연의 섭리에 따라 달려오는 죽음의 군사들을 언제까지나 완벽하게 방어하는 것은 불가능한 일임을 우리는 무수히 보아왔다. 질병의 끈질긴 고통과 도도히 다가오는 죽음의 증상들을 수많은 의약품과 복잡한 의료기기들이 언제까지나 방어할지는 장담할 수 없다. 심장 및 혈관질환, 뇌졸중, 암, 치매, 고혈압, 당뇨, 세포의 노화로 인한 주요장기의 기능약화, 그로 인한 면역성의 저하, 노인성폐렴, 패혈증… 그밖의 수많은 질병과 신체의 이상 징후들 그리고 무수한 사고들… 아무리 뛰어난 의료진이라 할지라도 이들 죽음의 군사들을 언제까지나 방어하기란 불가능하다. 이 불가능은 의술의 한계라기보다 우리 육신의 자연의 섭리에 대한 마지막 한계라고 보아야 한다.

이러한 시련과 고통이 우리 인생의 종반부에 현실로 닥쳐올 수 있다는 것을 인식하고 우리는 평소에 자연의 섭리에 대한 우리의 지식과 신념을 강화하여 최후를 담담하게 수용할 수 있는 자세를 가다듬어야 할 것이다.

우리의 죽음은 언젠가는 치러야할 홍역과 같은 것이기는 하지만 치명적인 질병이 아닌 이상 애써 삶을 조기에 중단해야 될 이유는 없다. 나약한 죽음에의 동경은 생명체의 본능과도 어긋나지만 자연은 그러한 불행을 강요하지도 지지하지도 않는다. 자연은 말이 없고 묵묵히 움직이고 있을 뿐이다.

아직도 살아가야할 많은 시간을 갖고 있고, 이루지 못한 꿈을 간직한채 병마와 싸우고 있는 환우들에게는 조속한 쾌유를 빌며 새로운 인생의 시간을 알차게 엮어나가기를 진심으로 기원한다.

생명의 끈을 좀 더 연장시키는 일이 자연의 시각에서는 하찮은 모습일지 모르지만 우리들 인간은 나름대로의 소우주를 형성하고 있으며 강인한 의지와 반짝이는 지혜를 갖고 있다.

자연은 우리에게 삶과 죽음이라는 두개의 운명을 주었지만 주어진 시간동안은 우리는 그 삶을 슬기롭고 유용하게 사용할 권한이 있다. 세상의 모든 사람은 어떠한 형태로든 타인과의 관계를 갖고 있다. 자신의 삶을 좀더 아름답게 채색하고 측근들의 기쁨과 행복을 위하여 다시 일어설수만 있다면 재기의 집념을 포기해서는 아니된다. 아름다운 죽음은 좋은 삶과 불가분의 관계를 갖고 있다.

홀로된 죽음

다양한 임종환자의 죽음을 대면해보면, 홀로된 죽음과 가족 또는 많은 사람들에 둘러쌓인 죽음의 비교에서 육체적 통증과 심리적 공포감의 정도는 뚜렷한 상관이 없는 것으로 여겨진다.

통증이나 공포감의 정도는 타인의 존재여부의 측면보다 질병의 종류와 직간접적인 사망원인(노화, 질병, 각종 사고 등), 투병기간의 장단, 그리고 개인의 지식이나 성격에 따라 많은 차이가 있는 것으로 보인다.

홀로된 죽음이 심리적 불안감이나 공포감, 외로움등이 클 것으로 예상되지만 육체적인 통증에 대한 인내력은 훨씬 강인하며 임종에 도달하는 시간이 비교적 짧은것으로 관찰되고 있다. 그러나 이런 사례들은 개인차가 많기 때문에 체계적인 자료를 확보하기는 어렵다고 본다.

퀴블러.로스(1986년 미국, 『인간의 죽음』)의 견해에 따르면 일반적인 임종환자의 경우에 (암환자가 상당수를 차지한다.)

1. 죽음에 대한 부정 denial
2. 분노 anger
3. 타협 bargaining
4. 우울 depression

5. 수용 acceptance 등의 죽음에 관한 심리적인 다섯 단계를 거친다고 한다(그밖의 학자들은 견해를 조금씩 달리한다). 이러한 죽음에 임박한 심리적 진행과정을 우리가 일률적으로 확인하기는 어렵다고 본다.

통상적으로 임종환자의 심리상태는 질병의 종류와 병의 진행상태, 연령과 성격, 지식과 사회적 경험에 따라 다양한 형태를 보이는 것이 일반적이다.

의식불명의 중환자와 뇌와 심장에 중대한 질환을 앓고 있는 환자의 심리상태를 세밀하게 분석하기는 쉽지 않다.

홀로된 사람은 심리적인 외로움이 크다고 볼 수는 있겠지만 사별을 겪어야 할 직계 가족이 거의 없다는 이유때문에 슬픔의 깊이가 오히려 작아지는 측면도 있다. 또한 과거사에 대한 많은 애착도 여러가족을 거느린 사람보다 훨씬 축소된다고 보아야한다.

홀로된 사람의 임종은 오직 자신의 결단력과 신념으로 죽음에 대한 초연한 자세를 가다듬기에는 유리한 측면도 있다. 매사에는 장단점이 있으므로 자신의 처지를 불행하게만 여기는 옹졸한 생각에서 벗어나야 할 것이다.

숙명을 겸허하게 받아들이자

　결론적으로 죽음을 달관하고 여유로운 임종을 맞이하고자 한다면 생존시의 모든 과거사에 대한 지나친 집착이나 애정을 최소한으로 줄이고—이는 사람, 사물, 사건에 대해 모두 해당된다—우리의 정신이 영원한 잠과 함께 안식을 갖는다는 믿음을 갖고, 육신의 부패나 소멸과 같은 자연적인 현상에 대해 불필요한 혐오감이나 공포감을 갖지 않도록 지식을 강화하는 것이 필수적이다.

　육신의 주검이란 이미 분리된 머리카락이나 손발톱과 다름아니다. 저 광활하고 거대한 우주도 또한 태양과 지구도 끊임없이 활동하고 변화하는데 하물며 생물의 일개종인 우리 인간이 영원한 존재로 남아있기를 고집한다면 이는 지나친 욕심이다.

　죽음이란 비참하고 괴로운 종말이 아니라 평온한 무의식과 영원한 안식을 향한 새로운 여행의 시작일런지 그 누가 알 수 있겠는가.

　수억년의 시간동안 탄생과 진화, 그리고 사멸의 순환작업을 연출해온 자연의 막강한 힘에 저항하는 일이야말로 무모한 헛수고일뿐이다. 탄생과 죽음, 결합과 해체, 변화와 순환이라는 자연의 프로그램은 그 대상이 생물이든 무생물이든 우주가 존재하는한 계속될 것이다.

　생명체는 대부분이 진공과 수소(hydrogen)로 가득찬 우주의 이단아이며 물질의 돌연변이의 일종이라는 일부의 주장도 있지만 우리의 존재가 그렇게 무가치할 수는 없다.

우주적인 시각에서 볼 때 "지구"라는 행성이 거대한 활동체임은 맞지만 우리가 일반적으로 인정하는 생명체는 아니다. 그러나 생명체와 같이 모든 별과 행성은 끊임없이 움직이고 변화한다.

우주공간의 대부분은 진공상태이며, 공간사이에 있는 질량체는 대부분이 무생물이다. 별(항성:우리의 태양과 같다)은 주로 수소와 헬륨으로 구성되어 있다. 금속성원소는 전체 우주질량에 비하면 구성비가 매우 낮다. 태양계만해도 물과 탄소, 질소 등으로 구성된 생물의 총질량은 지구질량의 일만분의 일에도 미치지 못한다.

태양계전체로 보면 행성자체를 제외한 생물의 총질량은 일억분의 일도 되지않는다. 아직까지는 지구를 제외한 어떤 행성에도 생물이 있다는 증거는 발견되지 않고 있다.

지구밖의 행성간 우주에도 유기물(물과 탄소질소의혼합물)이 어느정도 존재하고 있음이 알려졌지만 아직도 외계생명체의 존재에은 회의적이다. 조만간 태양계 바깥쪽의 행성에 대한 탐사가 진행될지는 모르지만(현재의 기술로는 아직도 요원하다) 지구외의 생명체의 존재에 관해서는 아직도 부정적이다. 생명체의 출현이 그만큼 어렵다는 얘기다.

우리는 기적과 같은 물질의 결합으로 태어난 생명체의 후손이며 선조들의 덕택으로 또한 우리의 노력과 의지로서 많은 지식과 경험을 얻게되었고 오늘날 지구의 대표적인 고등생명체인 "인류"라는 명칭을 부여받고 있다. 이 명칭도 기실 우리들 선조들이 부여한 것이기는 하지만.

어떠한 행성이든 생명의 탄생은 기적과 다름없는 낮은 확률의 결과(고분자의 결합이 생물의 세포조직인 단백질이 되기 위해서는 확률적으로 엄청난 수의 시행과정을 거쳐야 한다)이며, 고등생명체의 출현 역시 험난한 과정을 겪은후의 승리라면 우리의 삶은 우주가 만들어낸 고귀한 작품의 하나이다.

종의 기원(생명의 시초)은 허무주의적인 관점에서는 달갑지 않은 우주질서의 반동으로 볼 수도 있겠지만 일방적인 편견으로 우리의 생명과 존재를 비하시키는 일은 우리 자신에게 어떠한 도움도 되지않는다.

인간이 창조한 종교는 약간의 허구성을 안고는 있지만 안락한 심신(心神)을 유지하고 평화로운 삶을 도모하기 위해서 많은 공헌을 해왔으며 권선징악에 대한 훌륭한 가르침과 그리고 인간의 죽음에 대한 위로에는 어느정도 긍정적인 역할을 해온 것은 사실이다.

영생의 소망과 생전에 못다한 꿈을 죽음 저 너머에서도 이루기 위한 인간의 소박한 바램이 종교의 모습으로 나타났다면 그것이 비록 신기루속의 이상향이라 할지라도 우리는 충분히 위로받고 기뻐할 수 있을 것이다. 그러나 현실적으로 볼 때 종교의 논리가 사실과 부합되지 않는 내용이 있음을 간과해서는 아니될 것이다.

자신과 타인을 위한 성실하고 보람된 삶, 타락하지 않은 건전한 삶의 자취가 안락하고 평온한 죽음을 가져올 수 있으며 사별(死別)의 고통을 최소화시켜줄 수 있음은 당연한 귀결이다.

우리는 우리의 숙명과 자연에 대한 겸손을 확대시켜 나가야 한다. 우리의 숙명을 허망하다고 느끼기보다 길든 짧든 우리에게 남아있는 삶의 시간표를 좀 더 의미있게 채우기 위해서 최선의 노력을 기울여야 할 것이다.

2부

죽음의 유형과
사망원인별 분류

1. 죽음의 정의와 생명체의 정의

"죽음"에 대한 정의는 단체나 학자에 따라서 견해가 조금씩 다르다. 세계보건기구 WHO의 정의를 보면 "소생할 수 없는 삶의 영원한 종말"이라고 하며, 영국의 웹스터Webster 대사전에는 "동식물에서 소생가능성이 없는 모든 신체기능의 영구적인 중단, 생명의 종결, 죽는다는 사실과 행동 및 과정"이라 하였고, 임종dying은 "생명이 끝나가는 것, 죽음이 임박한 것, 생명체가 점차 소멸하는 것"이라고 해석한다.

대한의학협회 소속 「죽음의 정의위원회」에서는 "사망은 심폐기능의 정지인 심폐사 또는 전뇌(全腦)기능의 소실(消失)인 뇌사로서 판단한다"라고 하여 뇌사를 죽음으로 인정한다는 견해를 밝히고 있다.

한국어대사전에는 "死, 입몰(入沒), 사망, 사세(死世), 끝장, 죽는일, 세포의 연속적인 생리적 변화가 불가역적(원래대로 돌아갈 수 없음)으로 정지된 상태"라고 설명되어 있다.

위의 죽음에 대한 정의는 주로 인간의 죽음에 관한 것이며 다양한 죽음의 정의에서 가장 명확하고 기초가 되는 것은 의학적인 죽음의 정의, 즉 "임상학적인 죽음"이다. 생물학적인 죽음이라는 용어도 사용할 수 있지만 "임상학적인 죽음"이 그 단초가 된다.

다른 동식물이나 미생물에 대한 죽음의 정의는 약간 달라지기도 한다.

죽음에 대한 정의를 이해하기 전에 먼저 생명체에 대한 정의를 이해해야 될 것이다. 생명체에 대한 판단기준도 그리 간단치 않다.

- 생명체에 대한 정의를 일반적인 관점에서 본다면,
1. 외부와 격리된 세포막 또는 조직이 있어야 한다.
2. 물질대사(에너지의 섭취와 이용)를 할 수 있고
3. 생식능력(자손의 번식 또는 증식이 가능)이 있어야 하며
4. 생장(生長)을 할 수 있고
5. 운동성과 반응성이 있고
6. 환경에 대한 적응력과 향상성(조직의 기능조절 및 조화유지능력)이 있어야 한다.

여러 특성 중에서 중요한 것은 물질대사와 생식능력이다. 미생물인 비루스(Virus)는 생물과 무생물의 경계선에 있는 생물이므로 완전한 생명체로 보기에는 곤란한 점이 있다.

비루스는 기생하는 숙주안에서는 생물의 특성을 보이지만 숙주가 아닌 다른 곳에서는 생물의 특성이 전혀 없는 무생물로 판단한다.

(월리스외 2인 공저 『생물학』에서 참고, 을유문화사, 1995)

말과 당나귀의 혼혈종인 노새가 생식능력이 없다는 것은 알려져 있지만 노새가 생물이 아니라는 견해는 합당하지 않다. 노새가 생

식능력이 불가능한 것은 유전적인 원인으로 생식세포의 결합에 문제가 있는 것으로 보인다. 이렇듯 생명체의 판단기준도 간단하지는 않다.

2. 죽음의 유형과
사망원인(사인)에 대한 설명

죽음의 유형과 사망원인별 분류는 아직도 학계의 통일된 내용이 정립되지 않았으므로 이 장에서는 일반적이고 상식적인 선에서 설명하기로 한다.

죽음의 유형과 사망원인에 대한 구분을 혼동하는 사람도 가끔 있으나 여러 가지 형태의 죽음, 즉 죽음의 유형―자연사(질병 또는 노화로 인한 사망), 자살, 피살, 사고사, 재해사 등이 있다―과 신체의 죽음을 가져오게 된 직접 또는 간접적인 원인을 분석하는 사망원인별 구분은 의미가 많이 다르다.

죽음의 유형은 죽음의 외부적 요인 또는 내부적 요인을 큰 범주에서 파악하는 것이며 사인별 구분은 보다 세밀하게 관찰한 분류 방식이다.

신체의 죽음을 가져온 직·간접적인 모든 원인, 즉 사인은 용어가 명확하게 통일되어야 하겠지만, 이 분야는 법의학계와 병리학계에서 깊이있게 다루고 있으므로 이 글에서는 일반적인 내용으로 설명한다.

신체의 죽음에서 수반하여 거론되는 "법률적인 사망" "사회적인 죽음" "심리적·종교적 관점의 죽음"과 같은 부차적인 명칭의 죽음은 사회 각 분야의 관점에서 통용되기도 하지만 이런 용어들은 신체의 죽음에 뒤따르는 이차적인 명칭이므로 큰 의미를 갖지 않는다고 본다. 또한 명예로운 죽음, 불행한 죽음, 숭고한 죽음, 비참한 죽음과 같은 수식적인 어휘를 사용하기도 하지만 이러한 수식어는 문화적시각이나 사회적관점에서 특별한 경우에만 통용되므로 결국 신체의 죽음에 따르는 부차적인 의미로 해석될 뿐이다.

(1) 죽음의 유형별 분류

신체적인 죽음의 여러 가지 형태를 말한다. 사인별 분류와는 달리 큰 범주에서 분류하는 방식이다. 내인사(內因死, 자연사), 외인사(外因死), 불상(不詳) 등으로 구분한다.

|죽음의 유형|

1. 내인사	질병사, 노쇠사로 구분되며 자연사라고도 한다. 신체내부의 자연적인 질환으로 사망하는 경우를 말한다. 법의학에서 언급하는 내인성급사도 여기에 해당되며 법의학에서는 별도로 분류하고 있다.
2. 외인사	사고사, 피살, 자살, 모든 재해사, 안락사 등이 있다. 대부분 돌연사의 성격을 띠고 있으며 신체 내부의 잘못이 아닌 외부의 물리력 또는 중간매체가 작용하여 사망하는 경우를 말한다.
3. 불 상	내인사, 외인사 어느 쪽에도 속하지 않는 불명확한 사망형태를 말한다. 상당한 시간이 경과한 시신에 불상이 많다.

의학적인 죽음은 "임상학적인 죽음"과 "생물학적인 죽음"으로 구분할 수 있으며, 임상학적인 죽음은 신체의 3대장기 인 심장, 폐, 뇌의 영구적인 기능정지로 판정되며, "생물학적인 죽음"은 신체전세포의 기능정지와 부패가 시작되는 시점(통상 임상사망의 24시간 전후)으로 판단할 수 있는데 여기에 대한 견해도 학자들마다 약간씩의 차이가 있다.

① 내인사(內因死, Inner Death)
신체내부의 장기가 노화되거나 면역기능이 저하되어 또는 병원균에 의해 조직의 이상이 발생하면서 특별한 외부의 작용이 없이 사망에 이르는 경우를 말한다. 자연사라고도 한다.
질병사와 노쇠사가 주요인이며 노쇠사는 질병에 의한 사망원인이 복합적으로 내재되어 있는 사례가 많다.
내인성급사는 돌연사의 성격을 갖지만 내인사에 포함시킨다. 내인성급사는 별도로 분류하여 설명할 것이다.

② 외인사(外因死, Out Causing Death)
신체장기의 점진적인 노화나 치명적인 질병의 발생이 아닌 외부적 요인이 작용하여 사망하는 경우이다.
자살, 피살, 사고사(운수사고, 추락사, 직업재해사, 자연재해사, 안락사) 등이 있으며 빠른 시간내에 사망하므로 돌연사의 성격을 띠고 있다. 여기에서 돌연사(sudden death)라 함은 장기적인 투병의 결과로 오는 질병사와는 달리 시간적인 개념에서 사용하는 용어인데

1~24시간 이내의 급작스런 사망을 의마한다. 일명 급사라고도 한다.

급사는 당사자와 유가족의 입장에서 볼 때 바람직한 사별의 모습이 아니며 예방에 많은 주의를 기울여야 할 것이다.

돌연사는 사고(事故)가 발생하는 동시에 사망하는 즉사immediately death와 조기사early death, 후기사망lately death(수일 또는 수주일 이내 사망) 등으로 구분한다. 즉사는 사고발생 후 수분내의 사망을 말하며 조기사는 1~24시간 이내, 후기사망은 24시간 이후의 사망을 말한다.

일반적으로 의학계에서는 1~24시간 이내의 사망을 돌연사로 판정한다. 돌연사는 과거에 뚜렷한 질병의 경력이 없는 상태에서 사망하는 경우와 특정한 질병(급성뇌출혈, 심근경색 등의 질환)으로 인한 사망을 포함하여 대부분의 외인사는 돌연사의 성격을 띠고 있다.

③ 불상(不祥 Ominous Death)

외인사, 내인사 어느 쪽에도 포함시키기 어려운 상태의 죽음을 말한다. 오래된 시신에 불상이 많다. 예를 들어, 외부의 물리력에 의해 외상을 입은 상태에서 또다시 화상으로 사망한 경우에는 피살 또는 자살, 직접사인과 중간선행사인, 선행사인(간접사인)을 구체적으로 규명할 수도 있겠지만 외부의 힘의 정체나 사고당사자의 의식상태 및 타인의 간접적인 행위를 파악하기 어려운 경우도 있다. 낙뢰(번개)에 의한 화기사는 감전사로 볼 수도 있으며 재해사의 한 종류이지만 오래된 유해는 판정이 쉽지가 않다.

(2) 사망원인별 분류에 따른 설명

사인별 분류는 법의학의 관점에서 죽음의 여러 가지 원인을 단계별로 분석하여 파악하는 방식이다(직접, 간접사인, 중간 선행사인, 선행사인 또는 1, 2, 3차적 원인 등으로 파악한다).

사인별 분류는 죽음의 유형과는 의미가 많이 다르다.

외상사(총상, 자상, 둔기상, 창상 등이 있다), 출혈사, 교사, 액사, 익사, 추락사, 화기사 등과 같은 사망원인별 분류가 있으며, 이러한 분류는 직접사인(최종사인, 심작박동의 정지)에 앞서 발생한 중간 선행사인과 선행사인을 가져오게 만든 행위나 도구, 중간매개물 등을 단계별로 파악한 것이다. 이러한 사망은 대부분이 외인사에 포함되며 법의학분야에서 자세하게 다루고 있다(문국진『법의학』, 1985).

모든 죽음의 최종적인 판정은 심장사(뇌사를 포함한다)를 기준으로 내려진다. 의료계와 생리학의 관점에서 볼 때 직접적이고 최종적인 사인(직접사인)은 심장사(심기능의 정지, 심장마비, 심근경색 등)로 판정된다.

뇌사도 사망을 판정하는 기준이 되지만 심장사와 뇌사의 시간적인 차이는 그리 크지 않다. 뇌사자의 장기기증은 아직도 논란의 대상이 되고 있지만 인공적인 생존장치가 제거되면 뇌사자의 심기능 정지는 매우 빠르게 진행된다.

일반적으로 심장의 기능이 회복이 불가능한 상태에서 정지되면 혈액의 공급이 중단되면서 뇌사와 폐사가 동반되고 전세포의 사멸(이것이 "세포사"다)이 점진적으로 시작된다. 세포사는 주위환경에 따라서 빠르게 또는 완만하게 진행된다.

만약 세포사가 시작되는 시점을 삶과 죽음의 경계선으로 간주한다면 심장사를 완전한 죽음으로 보기 어렵다는 견해도 있다. 이 논점에서는 몇 가지 학설의 대립이 있으므로 심장사 및 뇌사와 폐사를 동반하는 3대장기의 총체적인 기능정지를 사망으로 보는 종합판단설이 적합할 것이다.

　특별한 뇌사환자의 경우, 뇌세포의 사멸이 시작(어떤 원인으로 뇌의 기능이 정지된 후 수분 후에 나타난다)되면서 심장기능의 정지 그리고 폐기능의 정지가 순차적으로 일어나지만 통상적인 질병에 의한 사망은 ① 심장기능의 정지 ② 뇌기능의 정지 ③ 호흡기능의 정지(순환기질환의 사망 경우)순으로 진행되는 것이 일반적이다. 물에 빠져서 사망하는 익사자의 경우는 폐기능의 정지, 뇌기능의 정지, 심장기능의 정지 순으로 다른 양태를 보이기도 한다. 상당수의 익사자는 폐기능의 정지에 앞서 급격한 체온저하로 사망하는 수가 많으므로 심장사와 뇌사가 먼저 일어나기도 한다.

　죽음에 대한 판정시각은 일정시점에서 결정되는 것은 아니며 일련의 연속과정으로 볼 수 있다. 죽음의 판정시점을 어느 시점에서 고정시킨다고 가정한다면 심장과 뇌, 폐라는 3대장기 회복이 불가능한 상태로 정지되고 전세포의 사멸이 시작되는 시점을 완전한 사망으로 보는 것이 타당할 것이다(최소한 24시간이 경과되어야 한다). 3대장기의 기능정지라는 종합판단설을 "임상학적인 죽음"으로 인정하고 잇달아 일어나는 세포사를 완전한 사망으로 간주해야 할 것이다. 세포사는 "생물학적인 죽음"이라고도 한다.

　신체의 3대장기인 심장과 뇌 및 폐기능이 완전히 정지되고 특별한 보존방법을 취하지 않는한 시신은 2~24시간에 걸쳐 세포의 사멸이 부분적, 점진적으로 시작된다(부패 또는 분해현상이 일어난다).

신체세포의 사멸순서는 심장과 뇌, 폐기능의 정지와는 전혀 다르다. 혈액순환의 정지와 함께 산소와 수분의 공급이 중단되면, 대뇌피질의 손상이 일어나고 하위뇌조직, 소뇌, 뇌간 등의 순서로 세포의 사멸, 즉 세포의 건조화 및 부패와 분해가 시작된다.

심근경색으로 인한 사망자는 4~6분의 혈류중단으로 대뇌피질은 영구히 파괴된다. 비교적으로 저항력이 강한 뇌간은 기능이 계속되기도 한다. 대뇌세포는 상당부분 파괴되었지만 뇌간기능이 살아있고 신체의 일부장기가 대사활동을 계속하는 상태가 "식물인간상태"이다. 뇌세포의 사멸에 뒤따르는 다른 조직의 부패는 사망자의 질병유형과 주변환경, 온도에 따라서 달라진다. 내부기관의 부패도 부패균의 증식에 의해 신속히 진행된다.

이 과정을 모두 명확하게 기술하기는 곤란하므로 전문서적을 참고해주기 바란다.

• 중요장기의 기능정지에 대한 순위구분
1. 심근경색사망의 경우
심장사 → 뇌사 → 폐사 → 세포사
2. 익사자의 경우
폐사 → 뇌사 → 심장사 → 세포사
3. 외상으로 인한 뇌사자의 경우
뇌사 → 폐사 → 심장사 → 세포사

(3) 법의학에서 보는 사인별 분류와 설명

여기에서 설명하는 사망원인은 자연사(내인사)를 제외한 모든 사고사를 포함한다. 이 분류에는 "내인성급사"를 제외하고는 대부분이 외인사에 해당된다. 내인성급사라는 용어는 그 사망이 급사의 성격을 띠고 있기 때문이며 일반적이고 치명적인 만성질환과는 의미가 다르다.

법의학의 사인별분류는 행위나 수단, 도구 또는 중간매개물 등으로 인한 사망형태를 종류별로 구분한 것이다. 여기에서는 피살 및 자살 또는 제3자의 원인제공 여부를 별도로 구분하지는 않는다.

1. 외상사 : 총상, 절상, 자상, 척상, 과다출혈사 등이 있다. 운수사고(교통사고)는 외상사의 전형적인 유형이며 여러 가지 외상이 복합적으로 발생한다. "손상사"라고도 한다. 도구나 중간매개물에 따라서 구분을 하면, 둔기손상, 예기손상, 총기손상, 폭발물손상 등으로 분류하기도 한다.

2. 교사(絞死) : 끈 또는 줄로써 사망자의 체중에 의해 사망하거나 질식으로 인한 호흡곤란으로 사망하는 것을 말한다. 의사 또는 교살(絞殺)이라고도 한다.

3. 익사(溺死) : 물에 빠져 호흡곤란 또는 체온저하로 사망함을 이른다.

4. 과다출혈사 : 외상 등으로 인한 출혈과다로 사망하는 것이다. 주로 외상에 의해 발생하지만 2차적인 결과로 사망을 초래하므로 특별히 분류한다. 통상체중의 5% 이상

출혈을 하게 되면, 사망에 이를 수 있다(체중 60kg의 사람은 약 4,800CC의 혈액을 보유하는데 그 중에서 2,800CC 이상 출혈이 되면 예후가 좋지 않다).

5. 화기사(火氣死) : 어떤 인화물질의 열기로 인한 사망을 말한다. 화상사 또는 온도 이상에 의한 사망이라고도 한다.

6. 질식사 : 유해화학물질의 호흡기흡입으로 인한 사망, 화기사와 동시에 일어나는 수가 많다.

7. 약물중독사 : 독극물 또는 약물의 주입 또는 복용으로 인한 사망

8. 기아사 : 장기간의 영양부족, 수분부족으로 인한 사망
단식이나 동면은 에너지사용을 최소화하는 생존방식이지만 시간적으로 한계가 있다. 후진국에서 기아사가 많이 발생한다.

9. 내인성급사 : 급사와 내인사(주로 급성질환에 의한 사망)의 개념을 합친 것이다. 통상적으로 증상이 나타나고, 1~24시간을 기준으로 급사로 판정한다. 내인성급사는 본질적으로 질병사에 속하지만 법의학에서 별도로 다루며 추가로 설명될 것이다.

10. 낙태 및 영아살, 학대아 : 영아와 관련된 사망을 말한다. 낙태에 관한 법적인 문제는 국가마다 다르며 여러 논란이 있다.

11. 性(성)과 관련된 사망 : 성병 또는 물리적인 폭력에 의한 성교로 인한 사망

12. 감전사 : 전기감전에 의한 심장마비로 인한 사망

위의 제반분류는 법의학이나 병리학의 관점에서 분석하는 사망원

인이며 신체장기의 점진적인 손상으로 일어나는 노쇠사나 질병사의 근원적인 원인을 총체적으로 분석하는 방식은 아니다.

신체장기의 노화는 육체의 면역기능을 약화시키고 외부의 영향에 대한 방어체계를 혼란(미생물의 침입을 억제하는 저항력을 약화시킨다)시키며 여러 가지 합병증을 유발하는 가장 큰 원인이다.

노화와 질병을 가져오는 근원적인 원인은 유전적인 요인과 환경적인 요인이 중복되어 있으나 의학계에서는 이 요인을 중요한 사망원인으로 분류하고 있지는 않다(이것은 대단히 광범위한 체계와 지식이 필요하다).

피살, 자살, 안락사 등의 용어는 죽음의 유형중에서 분류되는 한 종류의 사망형태(외인사에 속한다)이므로 사인별 분류와는 다르게 사용되어야 할 것이다.

참고로 변사(變死)란 법률용어로서 외인사, 내인사로 구분되지 않고 불상(不詳)으로 발견된 모든 주검을 통칭한다. 내인사로 사망했을지라도 확인되기 이전의 모든 죽음은 변사로 분류한다.

▶ 내인성급사의 분류와 설명

(문국진 『최신법의학』, 1994, 일조각)

1. **심혈관 질환** : 관상동맥질환, 심장파열(심근경색으로 인한 심장벽의 파열), 고혈압성심질환, 심판막질환, 심근염, 매독성심질환, 지방심, 심전도장해, 만성알코올중독성질환

2. **호흡기계 질환** : 폐렴감염, 인후 및 성문수종, 폐전색증, 출혈

에 의한 기도폐쇄

3. **중추신경계 질환** : 특발성내출혈(외상성 내출혈, 병발성 내출혈), 지주막하출혈, 수막염, 뇌염, 뇌종양, 간질

4. **소화기계 질환** : 간경변에 속발되는 식도정맥류파열, 소화관 내 출혈, 복막염, 장폐색, 급성출혈성 췌염, 위암(소화관출혈, 천공성, 악액질 등이 동반될 경우)

5. **비뇨생식기계 질환** : 자궁외 임신파열, 난소난종의 염전, 급성 및 만성신질환, 자간

6. **조혈기질환** : 비종splenomegaly, 말라리아, 백혈병, 결핵, 매독, 전염병 및 아편중독자에서 심한 부종을 볼 수 있으며 이러한 경우 쉽게 파열되어 실혈(失血)로 인해 사망

7. **기타질환** : 당뇨병, 갑상선기능항진증, 패혈증, 만성알코올중독, 하퇴정맥류의 파열

8. **청장년급사증후군**

9. **흉선임파선체질**

10. **실질장기의 지방변성**

11. **유아의 급사**

① 선천성질환(선천성기형, 선천성대사장애)

② 감염증

③ 대사장애

④ 외상trauma

⑤ 기타 : 영양장애, 부신출혈, 발육부전, 소아암

　흔히 중풍, 암 등으로 부르는 질환은 포괄적인 질병의 통칭이며 전문의학용어는 아니다. 중풍은 중추신경계질환의 포괄적인 명칭이며 뇌졸중(뇌출혈, 뇌경색) 등으로 구분된다.

　암은 백혈병을 포함하여 발생부위에 따라 명칭이 달라진다. 암cancer은 종양tumor과 같은 의미로 사용되기도 하지만(병리학에서는 구분이 된다) 악성과 양성으로 분류가 된다.

　의학계에서 "신생물"로 통칭되는 암은 정상적인 세포와는 달리 통제가 불가능한 새로운 세포의 끝없는 증식으로 인식하고 있다. 신생물은 양성과 악성이 있으며 유해물질이나 미생물의 작용에 의해 무분별한 증식을 억제하는 정상세포내의 일부 유전자가 변이를 일으켜 발생하는 것으로 알려져 있다. 악성신생물은 정상적인 신진대사를 하지 않고 영양물질을 자기세포의 증식에만 집중함으로써 종국에는 다른 신체조직에 심각한 손상을 가져온다.

　양성신생물은 오랫동안 생존이 가능하며 종양환자는 발생장기에 따라서 잔여수명이 달라지므로 정확한 사망시기는 예측이 어렵다.

　의술의 발달에 따라 초기 암환자의 완치율이나 생존기간의 연장은 매우 높아지고 있다. 노년층의 사망은 여러 질환이 복합적인 경우가 많다. 동맥경화, 고혈압, 당뇨, 치매(알츠하이머 포함), 폐렴, 감염에 대한 면역기능 약화, 암 등의 질환 등이 있는데 이 질환들은 청장년층에게는 치명적인 질병이 되지 않는 수가 있지만 노년층에게는 결과가 다르다. 이것은 노년층의 신체조직이 전반적으로 노화되었기 때문으로 판단된다.

한국인의 사망원인별 통계자료(2006~2007년)

연 도	사망자수		
	남녀전체	남자	여자
2006년	242,266	133,725	108,541
2007년	244,874	134,922	109,952

사망원인 순위별 성별 사망자수(2007년)

순위	남녀전체		남 자		여 자	
	사망원인	사망자수	사망원인	사망자수	사망원인	사망자수
1	악성신생물(암)	67,561	악성신생물	42,778	악성신생물	24,783
2	뇌혈관질환	29,277	뇌혈관질환	13,941	뇌혈관질환	15,336
3	심장질환	21,494	심장질환	10,897	심장질환	10,597
4	고의적 자해(자살)	12,174	자살	7,747	당뇨병	5,581
5	당뇨병	11,272	간질환	5,868	자살	4,427
6	운수사고	7,604	당뇨병	5,691	고혈압성질환	3,592
7	만성하기도질환	7,523	운수사고	5,614	만성하기도질환	2,919
8	간질환	7,314	만성하기도질환	4,604	폐렴	2,227
9	고혈압성질환	5,402	폐렴	2,329	운수사고	1,990
10	폐렴	4,556	추락	1,925	간질환	1,446
기 타		70,697				

기타는 달리 분류가 되지 않는 증상, 징후와 분류가 전혀 불가능한 경우를 포함.

계	244,874

3부

생명체의 기원과
진화

생명체의 기원과 진화

우리 인간이 생명체가 분명하다면 우리의 삶과 죽음을 이해하기 위해서는 오늘날의 생명체가 존재하게 된 과정을 돌이켜보지 않을 수 없다.

그 학문이 지구상의 모든 생물에 관하여 연구를 하는 "생물학 (Biology)"이다.

이 장은 다음 몇 권의 생물학 교과서를 참고하였다.

주요 내용을 발췌하여 재구성하였지만 생략된 부분도 있고 약간 수정한 부분도 있음을 양해해 주시기 바란다.

참고서적

로버트 A 월리스 외 2인공저, 『생물학』, 을유문화사, 1993

A.리.맥컬래스터 저, 『생명의 역사』, 민음사, 1981

이영록 저, 『생명의 기원과 진화』, 고려대출판부, 1995

두산동아대백과사전, 동아출판사, 1995

오시마타이로 저, 『생명의 탄생』, 전파과학사, 1993

오늘의 생물학은 독자적인 학문은 아니다. 생물학은 모든 생물을 대상으로 하는 중요한 학문이지만 주변과학의 도움이 없다면 존립이 어려운게 사실이다. 화학과 지구과학을 비롯하여 유전자공학, 분자생물학, 의학, 생태학 및 해양생물학 나아가 우주과학과 물리학의 도움이 필요하기도 하다.

미생물학과 동·식물학이 생물학의 한 갈래임은 두말할 필요가 없다. 생물학은 다른 주변과학과 마찬가지로 증거자료와 실험을 중요시 하지만 생명체의 과거와 현재, 미래까지도 연구해야하는 역사학적인 성격도 갖고 있다.

이 장을 기술하는데 있어서 생물학의 전 분야를 설명할 수는 없다. 지면의 부족 때문이기도 하지만 생물학전공자가 아닌 일반독자가 생물학의 세밀한 부분까지 이해를 해야 할 필요는 없다고 본다.

전문용어의 사용을 최소한으로 줄이고 화학과 유전자공학 등의 복잡한 내용은 생략키로 했다. 이 장은 생물학 중에서 "생명의 기원과 진화"에 관한 대략적인 내용만 소개하였으므로 자세한 내용은 참고서적을 통하여 이해하시기를 바란다.

지구생물의 역사간추림

동물과 인간의 역사를 주대상으로 기술하였으며 발생시기는 학계의 견해차이가 있을 수 있다.

주 요 내 용	비 고
1. 우주의 시초 빅뱅(Big-Bang 대폭발)	150억년 전
2. 태양계의 생성	50억년 전
3. 고체지구의 완성	46억년 전
4. 유기물의 바다에서 최초의 원핵세포(시원생물) 출현	35~40억년 전
– 원시박테리아 및 남조류의 시조 출현	
5. 원핵단세포생물에서 진핵단세포생물로의 진화	20억년 전후
– 오늘날의 원생생물과 유사한 생물의 등장	
6. 진핵단세포에서 다양한 종의 다세포생물로의 진화	7~10억년 전
– 동식물의 시조생물, 해면동물과 유사한 생물로 추정	
– 예정된 자연적인 죽음과 성(性)의 구분 시작 (유성생식)	
– 건프린트처어트화석, 픽트리화석, 빅터스프링즈 화석	

7. 다세포생물에서 하등바다생물로의 진화
  – 지역에 따라 다양한 생물의 화석이 발견됨.
  – 에디아카라화석, Pikaia, Opabania 등의 생
    물출현)
	6~7억년 전
	(선캄브리아기)

8. 하등바다생물의 폭발적인 증가로 다양한 종으
  로 진화
  – 해면, 자포, 편형,선형, 연체, 환형, 절지동물
    등의 시조 출현
  – 절지동물은 곤충의 시조생물임. 버제스세일화
    석 등이 대표적인 사례
  ※ 얕은 바다에서 이끼류 식물의 시조 등장
	5억7천만년 전
	(캄브리아기)

9. 극피동물, 반삭동물, 척삭동물(창고기류) 등의
  시조생물 등장 → 척삭동물에서 두삭동물, 미삭
  동물, 원시척추동물로의 진화 → 소형무척추동
  물에서 척추동물로의 진화(턱뼈없는 소형척추
  어류)
  ※ 식물의 육지상륙 시작(5억년 전후)
  – 칠성장어, 먹장어 등의 시조출현, 갑주어의
    출현
  – 삼엽충의 확산(약 3억년 전에 멸종 추정), 절
    지동물의 육상진출	

10. 턱뼈없는 척추어류에서 턱뼈있는 척추어류로 → 유악류어류 등장, 판피류어류의 등장(멸종	4억2천5백만년 (실루리아기)

추정) → 일부는 데본기어류로 진화	
11. 유악류어류에서 지느러미의 점진적인 발달 　－ 데본기어류의 진보, 다섯개의 손가락뼈의 발 　　달 　－ 연골어류(상어류의 시조)와 경골어류의 점진 　　적인 출현	4억년 전부터 (데본기)
12. 지느러미어류에서 손과 발부분의 점진적인 진 　화 　－ 조기류, 폐어류, 총기류의 등장 　－ 양서류의 시조생물인 총기류(육질지느러미어 　　류)의 등장, 폐어류는 3개종이 현존하고 있으 　　며 늪지대와 해양 두 곳에서 생존한다. 　※ 비종자식물(양치식물) 출현	
13. 어류의 육상진출 　－ 총기류의 일종인 라티메니아(Latimenia, 일명 　　실러칸스)는 현존하는 생물로서 공극류라고도 　　한다. 이들의 일부가 양서류로 진화했고 척추 　　동물의 육상진출이 본격화 됨.	〃
14. 총기류어류에서 양서류로의 진화 　－ 양서류가운데 미치류의 출현(원시양서류와 파 　　충류의 시조생물로 현재의 영원, 개구리, 도 　　롱뇽과 유사한 종으로 판단됨.)	3억5천만년 전
15. 양서류에서 육상도마뱀, 파충류 및 소형포유상	3억1천5백만년 전

파충류의 출현

    – 체내수정을 목적으로하는 암수 성기의 발달과 수정 후 난의 체내착상으로의 발전(알상태로의 출생 후 부화)

    ※ 식물은 은행류, 송백류 출현(2억8천만년 전)

16. 소형포유상파충류에서 중생대포유류의 등장	약2억년 전

    – 단공류, 유대류, 태반류(포유동물의 시조)의 시조출현

    – 태반류는 현재의 식충포유류(뾰족뒤쥐)와 유사한 형태의 화석으로 발견됨.

    ※ 식물은 소철류(겉씨식물), 송백류(1억9천7백만년 전) 및 현화식물(겉씨식물)–1억3천5백만년 전 나타남.

17. 파충류의 전성시대(쥬라기)	2억4천만년 전 ~6천5백만년 전

    – 최초의 조류출현(시조새의 화석 2억2천5백만년 전)

    – 1억7천만년간의 파충류(공룡)의 시대 펼쳐짐

18. 대규모의 파충류절멸이 발생함(백악기말기)	6천5백만년 전

    – 대형파충류의 멸종은 몇 가지 원인이 추정되고 있으나 정설은 확실치 않음.

    ※ 속씨식물의 번창으로 초원지대가 형성됨.

19. 단공류, 태반류, 유대류의 점진적인 확산	6천만년 전 (신생대초기)

    – 태반류의 대규모 확산

– 식충포유류(쥐와 유사), 익수류(박쥐), 육식류
      (개, 고양이과), 우제류(홀수발굽), 기제류(짝
      수발굽), 장비류(코끼리), 빈치류(나무늘보),
      고래류, 설치류(다람쥐), 토끼류 등
    – 영장류는 식충포유류에서 점진적으로 진화됨.	

20. 태반류의 식충포유류에서 영장류의 시조출현
    – 소형원숭이류의 등장(여우원숭이, 안경원숭이
      등)
	5천만년 전후

21. 소형원숭이류에서 유인원으로 진화
    – 오랑우탄, 고릴라, 보노보, 침팬지 등의 조상
      출현
	1700만년 전후

22. 유인원에서 구석기 인류로
    – 다양한 중간단계의 유인원 출현, 일부는 멸종
      하고 일부는 진화, 수상생활에서 직립보행의
      첫걸음
    – 오랜기간의 구석기시대 후 오스트랄로피테쿠
      스 출현(아프리카지역)
    – 학자에 따라서는 540만년 전후로 추정
    – 최초로 불을 사용(50만년 전, 북경원인)
    ※ 아프리카는 120만년 전에 불의 사용 흔적 발
      견
	300~200만년 전

23. 구석기인류에서 중석기인류로(호모사피엔스) – 네안데르탈인 등장 후 대부분 멸종(3만5천년	5~30만년 전

전)

    – 시신의 매장문화 시작(10만년 전후)

    ※ 호모하빌리스, 호모에렉투스 등은 200~30만년 전에 걸쳐 생존하였으나 네안데르탈인과 크로마뇽인, 현생인류의 출현으로 멸종 추정

24. 중석기인류에서 신석기인류로
  – 아프리카 동부지역에서 현생인류의 시조 출현, 네안데르탈인의 점진적인 멸종
  – 호모사피엔스사피엔스(크로마뇽인)의 등장, 환경적 지리적 차이로 흑, 백, 황인종으로 분화, 초보적인 언어사용 가능해짐.
	3~5만년 전

25. 최초의 도시국가출현, 일부 지역에서는 청동기시대 시작 – 고인돌 및 매장문화의 발전, 유럽계크로마뇽인의 퇴조, 아시아, 아프리카계인의 혼성인류 등장	1만~8천년 전

26. 역사시대의 시작(표지의 시대, 기록의 시대)
  – 이집트, 메소포타미아문명 발원(이집트의 상형문자 사용, 메소포타미아의 설형문자 사용 BC 3200년경)
  – 이집트의 내세신앙이 중동지역에 큰 영향을 끼침, 메소포타미아는 천문학과 점성술이 발달
	8천~6천년 전

– 인더스, 황하문명 발원	6천~4천년 전
– 철기시대 시작(지역마다 시기적으로 차이를 보임)	
27. 그리스의 이오니아문명 발생	BC9~3세기
– 과학의 여명기, 최초의 자연과학 문명의 태동	
28. 과학의 암흑시대	BC2~AD14세기
29. 유럽의 문예부흥(르네상스 개막)	14~15세기
30. 레오나르도다빈치(15C), 코페르니쿠스(15C), 갈릴레오(16C), 뉴우턴(17C), 케플러(17C) 활동	15~17세기
31. 응용과학의 급속한 진보 찰스다윈, 돌턴, 뢴트겐, 러더퍼드, 퀴리부부, 포드, 라이트형제, 에디슨, 플레밍, 파스퇴르, 아인슈타인 활동	19~20세기

진화에는 대진화와 소진화가 있다.

종이상의 변화를 대진화라하고 종내에서 일어나는 미세한 변화의 진화를 소진화라 한다.

총기류어류에서 양서류로의 진화, 양서류에서 원시파충류로의 진화는 대진화개념이고 사자와 표범, 오랑우탄과 고릴라의 차이는 소진화개념에 해당된다.

생물의 종이 진화하는 원인으로는 여러 요인에 의해 유전자가 갑작스런 돌연변이를 일으키는 경우(유전자변이, 염색체변이가 있다)가 있고, 어떤 종이 환경에 적응하기 위해서 같은 종의 다른 생물과는 달리 오랜 세월에 걸쳐 신체를 변화시켜 그 특질을 자손에게 전달해주는 경우가 있다.

획득형질은 짧은 기간에는 유전이 되지 않지만 자연선택에 의해 환경에 적응한 생물은 처음의 같은 종과는 다른 특성을 보이기도 한다.

방사능에 의한 유전자변형생물의 출현은 돌연변이의 일종인데 변형생물의 생존이나 번식가능성은 상당히 낮지만 변형정도에 따라 번식이 전혀 불가능하지는 않다.

사자와 표범은 고양이과 시조동물에서 분화된 것으로 보이는데, 표범의 얼룩무늬는 돌연변이와 자연선택(환경적응에 따른 적자생존)이 복합적으로 작용한 것으로 여겨진다. 생물학계에서는 사자의 조상이 표범보다 뒤늦게 나타난 것으로 보며, 일반적으로 같은 종에서는 소형생물이 먼저 출현하여 대형생물로 진화하는 것으로 알려져 있다. 진화의 다양성을 보여주는 사례는 인간과 친숙한 개가 많은 것을 보여준다.

광합성

"먹지않고는 살 수 없다." 이 말은 생태계에서는 불변의 진리에 속한다.

먹이의 역사는 매우 오래되었고 원핵생물(시원생물)이 나타나면서 부터 시작되었다. 최초의 생명체가 종속영양생물인지 독립영양생물(또는 광독립영양생물)인지는 분명하지 않다. 모든 물질은 에너지이며 생물은 일정한 에너지를 필요로 한다.

먹이는 에너지를 의미하며 생물은 반드시 에너지가 공급되어야 생존이 가능하다. 에너지를 얻는 과정(물질대사 metabolism)에는 크게 두 가지가 있다. 간단한 물질(빛에너지 등)에서 복잡한 물질을 만드는 동화작용(독립영양생물)과 복잡한 물질에서 간단한 물질로 분해시키는 이화작용(종속영양생물)이 있다. 동화작용의 대표적인 현상이 녹색식물과 플랑크톤에 의한 광합성이다. 광합성생물이 아닌 모든 생물은 이화작용(호흡)을 통해서 에너지를 공급받아 생성을 한다. 호흡은 유기물속에 있는 화학결합에너지를 ATP(아데노신 3인산)로 변화시키며 이때 체내의 산소를 이용하여 이산화탄소를 배출한다.

광합성photosynthesis은 지구생태계의 기반을 유지시키는 대단히 중요한 작용이다. 식물과 해양의 플랑크톤(식물성과 동물성이 있다)은 생태계의 먹이사슬에서 필수적인 기반을 제공한다.

식물은 광합성작용으로 녹말과 단백질, 지방, 무기질, 비타민 등을 생성한다. 식물의 열매에는 에너지원인 포도당이 들어있고, 씨앗과 뿌리, 잎에도 다양한 유기물질이 들어있다.

광합성에 관한 매커니즘은 완전히 규명되지는 않았으나 생화학분야의 연구로 일부는 검증이 되어 결과를 인정받고 있다.

식물의 잎은 녹색인데 꽃잎이나 열매, 가지 등은 왜 다른 색을 띠는지 그 이유를 아직도 밝혀내지는 못하고 있다. 잎속에 있는 엽록소가 빛의 녹색을 흡수하고 또는 꽃잎이 적색을 흡수한다는 것은 알고 있지만 구체적으로 어떤 원자가 어떠한 과정으로 이런 작용을 하는지는 검증을 하지 못하고 있다. 광합성의 진행과정은 매우 난해하며 지금도 생화학분야에서 연구가 계속되고 있다.

태양광선은 열에너지와 빛을 동시에 전달한다. 빛에는 감마선의 광자와 뉴트리노의 존재도 확인되고 있다. 태양에너지자체는 원소가 아니지만 미생물의 생장과 식물의 광합성에는 중요한 역할을 한다. 주로 적색과 보라색의 가시광이 큰 기능을 하는 것으로 생각된다. 가시광선은 광합성에 필요한 산소의 발생을 효율적으로 만드는 것으로 보인다.

식물은 태양의 빛과 에너지를 이용하여 물과 대기중의 이산화탄

■광합성의 포도당 생성식

$$CO_2+6H_2O \xrightarrow{\text{태양에너지}} C_6H_{12}O_6+6O_2$$

이산화탄소 물 　　　　　　　포도당　산소

소를 유기물(탄수화물)로 바꾸면서 산소를 방출한다.

최초의 지구생성기에는 많은 양의 이산화탄소가 존재했으나 오늘날에는 상대적으로 그 양이 감소한 것으로 학계에서는 보고 있다. 이러한 현상은 식물의 광합성작용으로 산소가 생성되고 동물의 호흡을 통한 이산화탄소의 방출양이 어느 정도 균형을 이루기 때문이다. 현재도 대기중의 이산화탄소와 해양의 이산화탄소비율은 일정한 균형을 유지하고 있다.

한편으로 화석에너지의 대량사용으로 인한 이산화탄소의 증가로 오존층이 파괴되고, 지구의 온실효과가 증가하면서 기후변화를 가져오고 생태계에 심각한 피해를 주고 있다는 주장이 대두되고 있지만 지표면의 산소발생량도 막대하기 때문에 아직까지 크게 우려할 수준은 아닌 것으로 보인다. 그러나 지구환경파괴의 심각성은 모든 인류가 인식하고 있으며 청정에너지의 개발과 자연보호를 위해서 끊임없는 노력과 투자를 게을리해서는 안될 것이다.

생물의 화학적 분석

어떤 물질을 가장 미세한 상태로 나누었을 때, 그 물질의 성질을 잃지 않고 더이상 나눌 수 없는 상태가 분자이다(물분자, 수소분자, 나트륨분자 등). 모든 물질은 분자로 이루어져 있고, 분자는 둘 이상의 같거나 다른 원자로 되어 있다(H_2, O_2, H_2O물분자, Nacl염화나트륨).

원소란 같은 원자의 집합명사를 말한다. 원소는 다른 물질과 결합할 수는 있지만 일반적으로 다른 원소로 바뀌지는 않는다. 원자내부에는 양성자와 중성자, 전자가 일정간격을 유지하고 있으며 원자의 운동은 이들 세 미립자의 움직임을 말한다. 양성자와 중성자의 수를 합친 것이 원자의 질량이며 양성자의 수는 원자번호를 의미한다(원자번호 $_{92}U^{238질량}$: 우라늄 238, 중성자의 수는 146, 질량은 238이다).

독자들은 모든 생물의 세포가 물질로 구성되어 있으며 그 물질은 다시 여러 원소로 이루어진 분자상태로 되어있음을 알 것이다(십만 배 정도의 고배율현미경을 사용하면 충분히 관찰할 수 있다).

생물의 세포를 구성하는 물질은 조직마다 다르기 때문에 기능이나 다른 물질에 대한 반응도 천차만별이다. 세포는 많은 수의 같거나 유사한 분자가 모여서 구성된 중합체로 결합되어 있다. 중합체를 고분자라고 한다. 고분자란 많은 원소가 결합된 복잡한 분자라는 뜻이다. 세포의 분자는 몇 종류의 원소로 구성되어 있는데 산소, 탄소, 수소, 질소, 황이 주요원소이다. 이들 원소의 수가 많고 적음에 따라 또는 연결상태에 따라서 분자의 성분도 다르며 또한 고분자의 성질도 달라진다. 고분자의 수가 적고 많음에 따라서 또는 다른 물질의 혼합정도에 따라서 물질의 성질도 달라진다.

고분자의 집합체인 탄수화물, 단백질, 지방(지질) 등은 세포를 구성하는 중요한 물질이다(여기에서 물의 역할도 매우 중요하다. 물에 대한 설명은 자연과 우주에서 별도로 언급될 것이다). 핵산과 스테로이드역시 세포속의 유기화합물로서 중요한 기능을 하는데 핵산은 뉴클레오티드라는 고분자로 구성되어 있다. 핵산과 스테로이드는 단백질보다 더 복잡한 물질이다.

핵산에는 두 종류가 있는데 리보핵산(RNA ribose nucleic acid)과 데옥시리보스(DNA deoxy ribose nucleic acid)가 있다. RNA와 DNA는 세포의 핵속에 들어있는 유전물질로서 유전자 또는 염색체라고 한다. DNA는 주로 유전자의 복제를 담당하고 RNA는 DNA의 복제기능을 전달하는 것으로 알려져 있다.

포도당은 탄수화물중에서 당류의 한 명칭이며, 아미노산은 단백질의 일종인데 그 수가 20여 종에 이른다. 아미노산의 연결상태에 따라서 단백질의 성질도 차이가 많다.

아미노산은 1차 아미노산과 2차 아미노산으로 구분되는데 20여 종류의 아미노산은 엄청난 수의 다른 종류의 단백질을 만들 수 있다. 탄수화물과 지방, 단백질은 물질의 명칭이며 포도당, 아미노산, 글리세린 등은 고분자의 이름이다. 꿀, 사과, 녹말(전분), 쇠고기 등은 여러 물질이 혼합된 음식물의 이름(물질명사)이다.

• 물 질 – 탄수화물, 지방, 단백질, 핵산, 스테로이드 등

•고분자 – 포도당, 아미노산, 글리세린, 셀룰로오스 등

　가장 흔한 포도당은 6개의 단당 $CH_2O \rightarrow C_6H_{12}O_6$로 구성되어 있다. 즉, 단당 한 분자가 여섯개씩 연결되어 있다.

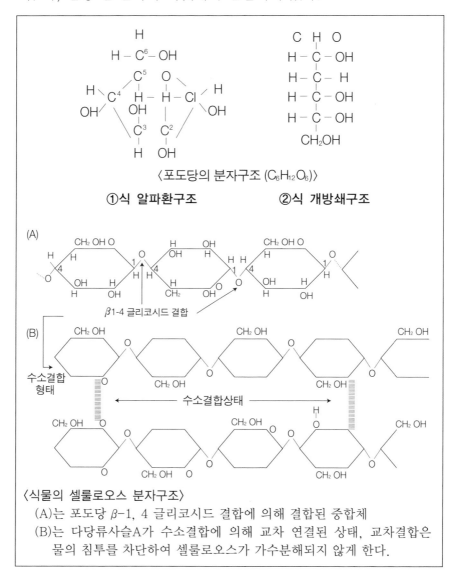

〈포도당의 분자구조 ($C_6H_{12}O_6$)〉

　①식 알파환구조　　　　②식 개방쇄구조

〈식물의 셀룰로오스 분자구조〉

　(A)는 포도당 β-1, 4 글리코시드 결합에 의해 결합된 중합체

　(B)는 다당류사슬A가 수소결합에 의해 교차 연결된 상태, 교차결합은
　　물의 침투를 차단하여 셀룰로오스가 가수분해되지 않게 한다.

탄수화물 Carbohydrate

　탄수화물은 일상적인 음식물인 당류와 전분(녹말) 등에 많이 포함되어 있는 중요한 에너지원이며 가장 많이 섭취하는 유기물질이다.

　주로 식물의 뿌리와 열매에 많이 저장되어 있고 단백질과 함께 생명체의 필수물질이다. 탄수화물은 탄소 1: 수소 2 : 산소 1의 원자가 연결된 분자로 구성(이 분자들의 중합체인 고분자가 포도당, 과당 등의 당류다)되어 있고 실험식 $(CH2O)^n$으로 표시된다. 따라서 n은 $CH2O$의 수를 의미하며 가장 간단한 물질로 탄수화물 $(CH2O)^3$ 즉 3탄소화합물을 들 수 있다.

　쌀알속에는 포도당(6단당 형태), 수분, 무기물, 기타물질 등이 혼합되어 있다. 모든 탄수화물은 단당single sugar으로 그 근원을 이룬다. 단당의 종류도 많지만 6개의 단당이 연결된 포도당이 가장 흔하다.

　포도당은 그 근원에 따라 포도당, 옥수수당 등으로 부른다. 포도당은 위에서 바로 소화되지 않고 장벽에서 직접 흡수가 되므로 이것을 먹으면 바로 에너지원 등으로 이용된다.

　사람의 뇌세포는 엄청난 양의 포도당과 산소를 필요로 하는데 음식물의 섭취가 어려운 환자는 주사를 통해 영양공급을 하기도 한다. 포도당은 이스트속에 있는 지마아제라는 효소의 작용으로 발효를 시키면 에틸알코올이 만들어진다. 포도당에 비해 분자구조가 더 복잡한 과당은 가장 달며 과일이나 꿀속에 많이 포함되어 있다.

녹말(일명 전분)은 탄수화물을 가장 많이 포함하는 식물성물질의 이름이다. 녹말은 물질명사이며 식물의 열매(쌀, 감자 등)를 분쇄한 가루이다.

단당류보다 좀더 복잡한 구조의 탄수화물은 2개의 단당으로 연결된 설탕(백설탕)을 들 수 있다. 이당류 중에는 설탕, 맥아당, 유당이 있고 이들을 가수분해하면 2개의 분자로된 단당류를 얻는다. 설탕의 분자식은 $C_{12}H_{22}O_{11}$이다. 설탕은 포도당의 2분자가 약간 다른 형태(산소원자가 1개빠짐)로 공유결합된 것이다.

설탕은 사탕수수, 사탕무우 등에서 얻으며 이것을 가수분해하면 포도당 $C_6H_{12}O_6$과 과당 $C_6H_{12}O_6$으로 분리된다.

• 설탕의 가수분해식

$$C_{12}H_{22}O_{11} + H_2O \longrightarrow C_6H_{12}O_6 + C_6H_{12}O_6$$
(물)

```
        C H O                         CH2OH
   H  –  C  – OH                   C = OH
  HO –  C  – H                  HO – C  – H
   H  –  C  – OH                   H  – C  – OH
   H  –  C  – OH   D(+)포도당       H  – C  – OH   D(–)과당
       CH2OH        Glucose           CH2OH        Glucose
```

설탕은 신체의 창자속에서 가수분해되어 포도당과 과당으로 분리되는데 이 반응은 물 한 분자가 효소에 의해 첨가되면서 일어난다. 체내에서는 설탕이 흡수가 잘 되지 않으므로 이 과정이 필요하다.

설탕을 많이 먹으면 일부는 분해가 되지 않고 혈액속으로 들어가

오줌으로 배설이 된다. 따라서 혈당치가 상승하는데 당뇨병환자는 내분비계통의 이상(인슐린의 부족)으로 정상인보다 오줌속에 많은 설탕이 포함되어 있는 것을 알 수 있다.

단당류는 쇄상(긴고리형태) 또는 환상(둥근고리형태)의 두 가지 구조이며, 다당류의 단위체단당은 전부 환상구조로만 연결되어 있다. 다당류Polysaccharides는 큰분자형태로서 단당분자들이 공유결합에 의해 쇄상의 중합체상태로 되어 있다.

"식물성 전분"으로 부르는 다당류는 감자, 밀, 옥수수가루, 식물의 씨앗, 과일 등에 많이 포함되어 있다. 일명 "녹말"이라고도 한다.

글리코겐glycogen은 동물의 조직속에 단백질과 함께 들어있는 포도당이며 "동물성 전분"이라고도 한다. 그밖의 다당류중에는 셀룰로오스와 키틴이 있다. 키틴과 셀룰로오스는 저장성 탄수화물로 에너지로 전환이 되지는 않지만 세포의 구성재료로 쓰인다.

셀룰로오스는 식물의 세포벽을 만드는 다당류이며 키틴은 곤충의 껍질과 곰팡이(균류)의 세포벽을 만드는 물질이다. 전분의 고분자명칭으로는 아밀로오스와 아밀로펙틴 등이 있다.

■ 탄수화물의 종류

① 단당류 - 포도당, 과당(1개의 분자가 연결)

② 이당류 - 젖당(유당), 설탕, 맥아당(2개의 분자가 환상구조로 연결)

③ 다당류 - 전분(아밀로오스, 아밀로팩틴), 키틴, 셀룰로오스(다당류는 몇 개의 단당분자가 공유결합되고 다시 중합연결됨)

④ 기타 다당류 - 헤미셀룰로오스, 펙틴, 프로테오글리칸 등

지방(지질) Lipid

　지방은 가축의 고기나 우유제품 및 식물에서 얻는다.

　소기름, 돼지기름, 크림, 버터 등은 중요한 지방공급원이다. 지방은 물에 잘 녹지않으며 미끌거린다. 지방은 분자의 구조보다 용해도에 따라서 구분을 한다. 물에 대한 지용성(잘녹음)과 불용성은 지방분자가 갖는 공통적인 성질이다.

　지방은 에너지원이며 몸의 조직을 이루는(세포막 등) 필수성분을 저장하거나 보충, 합성하는 재료로써 이용된다. 지질분자는 크기가 다양하고 단위체, 중합체, 에너지저장분자, 구조분자, 윤활물질 또는 탄수화물이나 단백질과 결합된 분자 등으로 여러 형태가 있다.

　모든 지방과 기름은 "트리글리세리드triglyceride"라고 하는데 이 물질은 3개의 지방산분자에 1개의 글리세롤분자가 결합되어 있다. 지방과 기름의 차이는 지방이 약간 고체성이고 융점(녹는점)이 높은데 비해 기름은 상온에서 액체상태를 유지한다는 점이다. 온혈동물은 기름은 물론 지방도 액체상태로 존재한다.

　생물학에서는 석유류의 기름이나 다른 종류의 지방과 구분하기 위해 트리글리세리드라는 명칭을 사용한다(고분자의 중합체임).

　고체의 지방산은 대개 포화지방인 글리세롤에스텔로 되어 있다. 이와 달리 액체지방은 불포화지방이 많고, 면실유, 옥수수유, 야자유 등이 있다.

〈지방산의 분자구조 ($C_{12}H_{24}O_2$)〉

〈글리세롤의 분자구조 ($C_3H_9O_4$)〉

지방산 3분자+글리세롤 1분자=트리글리세리드 1분자(지방 1분자)

여기에서 3개의 지방산분자와 1개의 글리세롤분자가 결합할 때 물분자 1개(H_2O)가 탈수되어 트리글리세리드 1개분자가 형성된다.

즉, 트리글리세리드의 수많은 결합이 지방이라는 유기물이다.

포화지방saturated fat은탄소의 이중결합이 없으며 트리글리세리드 가 형성될 때―따라서 불포화지방보다는 수소원자가 최대한 많이포 함되어 있다(수소원자가 불포화지방보다는 월등히 많다).

불포화지방은 탄소의 이중결합으로 수소원자의 수가 포화지방보 다 적다. 이들 수소의 차이때문에 불포화 또는 포화지방으로 구분 한다. 불포화지방에 수소를 첨가하면 수소화된 식물성기름을 만들 수 있다. 탄소의 이중결합이 없어지면 이들 지방은 더 이상의 수소 를 받지 않고 포화지방으로 변한다. 땅콩기름은 불포화지방(식물성 기름은 대부분이 불포화지방이다)인데 오래된 땅콩버터에 기름이 고이는 것은 융점이 낮기 때문이다. 땅콩기름은 수소화된 기름을 첨가함으로써 고체성지방을 만들 수 있다.

동물성지방에는 포화지방이 많은데 포화지방은 체내에서 이용이 잘 되지 않으며 콜레스테롤을 형성하는 등의 문제가 있다.

식물성기름은 불포화지방이 많으며 불포화지방은 생체에 필수적인 물질이다. 동물의 세포막은 불포화지방산으로 구성되어 있다.

인간을 비롯한 포유동물은 지방산 사슬의 9번 탄소 이상의 탄소에는 이중결합을 형성하지 못하며 음식을 통하여 소량의 불포화지방산을 섭취해야 한다.

지방은 성질상 이상적인 에너지저장물질이다. 식물은 지방을 씨앗에 저장하며 많은 동물들은 이동기간이나 동절기에 대비하여 지방을 저장하기도 한다. 대부분의 포유동물과 사람은 식량기근이 없어도 항상 피하조직과 내부기관에 지방을 저장한다.

■지방의 종류

트리글리세리드, 포화, 불포화지방, 다중불포화지방, 인지질, 스테로이드, 라놀린, 콜레스테롤 등

단백질 Protein

단백질은 수소, 탄소, 산소 외에 질소N를 포함하는 매우 복잡한 물질이다. 단백질을 구성하는 고분자는 아미노산이 대표적인 물질인데 아미노산의 분자결합은 그 종류가 너무 많아서 특징을 단적으로 설명할 수는 없다.

단백질의 분자량은 범위가 너무 넓어 인슐린의 경우 5,700(55개의 아미노산으로 중합)이지만 어떤 효소는 700~800만개(7~8만개의 아미노산 분자가 중합)의 분자량을 갖기도 한다.

단백질이 생명체의 매우 중요한 물질임은 잘 알려져 있다. 탄수화물이 에너지원이며 지방은 생체의 구조성분자로서 기능을 갖는다면 단백질은 이와 비슷한 역할을 하면서도 그 외에 많은 기능을 한다.

어떤 단백질은 화학전달체나 호르몬을 구성하며 혈액내의 산소를 운반한다. 또 어떤 단백질은 수축이 있어 운동을 하며, 신체 내부로 침입한 미생물을 방어하는 역할도 한다. 특히 단백질로 구성된 효소는 화학반응을 진행시키는 촉매물질로서 생물학적 활동성을 갖고 있다. 촉매물질은 화학활성을 증가시키는 물질로 이것이 없으면 세포의 반응이 전혀 불가능한 경우도 있다.

단백질은 식물의 셀룰로오스와 같이 동물의 조직을 구성하는 구조물질이다. 단백질은 탄수화물처럼 전부 에너지로 사용되지는 않지만 세포의 활동뿐만 아니라 생체의 조직을 구성하는데 꼭 필요한 물질이다.

근육과 신경조직을 비롯, 피부와 모발, 손발톱, 명주실과 같은 각질물질 등과 혈액의 고체성분은 모두 단백질이다.

식물의 씨속에는 다량의 단백질이 있고 지방없는 고기, 물고기, 달걀, 일부 곡류 등은 단백질의 주요 공급원이다. 단백질의 가장 큰 역할은 지속적으로 몸의 조직을 만들며 보충하는 것이다. 모든 생물의 세포는 손상될 수가 있고 일정한 횟수에 도달하면 분열을 멈추고 사멸하기 때문에 새로운 세포의 생성이 반드시 필요하다.

단백질은 산성용액에서 가수분해하면 아미노산으로 분리된다. 단백질은 24개의 아미노산으로 분리되지만 개개의 분자로 얻어지는 것은 불과 몇 종에 지나지 않고 24개의 아미노산을 모두 포함하는 것은 없다. 가장 간단한 아미노산은 글리신(glycine : 분자의 명칭)이다. 다른 아미노산은 모두 글리신의 유도체라고 할 수 있다.

아미노산은 단백질분자를 이루는 단위이며 −COOH와 NH_2가 결합하여 사슬모양의 구조를 이룬다.

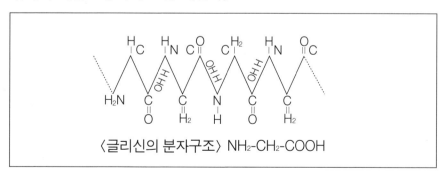

〈글리신의 분자구조〉 NH_2-CH_2-COOH

단백질은 한 개 또는 둘 이상의 폴리펩티드(중복펩티드)로 이루어진 고분자물질이다. 폴리펩티드란 펩티드결합을 통해 아미노산이 쇄상으로 연결된 분자를 말한다. 펩티드현상은 효소에 의한 탈수과정을 거쳐 형성된다.

폴리펩티드는 어떤 경우에 매우 길어서 수백개의 아미노산분자로 형성되어 있다. 아미노산은 단백질의 기본단위로 그 종류는 20가지 이상이다. 1차 아미노산과 2차 아미노산으로 구분되며, 2차 아미노산은 1차의 변형구조형태이다.

모든 아미노산의 기본구조는 알파탄소 아미노기 NH_2, 카르복시기 COOH 및 곁가지인 R기(Rgroup)가 결합된 형태이다.

탄수화물, 지방, 단백질외에도 세포를 구성하는 물질은 여러 가지가 있다. 인산칼슘과 염화나트륨(소금), 칼륨, 철, 황, 마그네슘, 인, 요드 등의 광물질(미네랄, 무기질)과 비타민이 있다. 광물질과 비타민을 포함하여 생체의 5대 영양소라고 한다. 5대 영양소를 제외한 나머지부분은 약 70%에 달하는 물로 구성되어 있다. 물에 대해서는 별도로 설명한다.

우리가 필수영양소라고 부르는 비타민은 에너지를 생성하지는 않으나 효소 또는 효소대용 역할을 하는 복합분자상태의 유기물질이다. 비타민은 고분자(분자량 1만 이상)보다는 분자량이 적은 유기물질의 특별한 명칭이며 그 종류도 수십가지이다. 탄소를 비롯하여 수소, 산소, 질소 등 미립자원소가 이상적으로 배열되어 있다. 이들 원소의 배열에 따라 비타민의 명칭도 달라진다. 몇 종류의 비타민은 인체내에서 생성이 되지 않기 때문에 직접 섭취를 해야만 한다. 비타민은 체내에서 대부분 용해되어 여러 가지 원소로 환원된다.

질량비로 측정한 인체의 구성요소는 산소 65%, 탄소 18%, 수소 10%, 질소 3%, 칼슘 2%, 인 1.1%, 칼륨 0.3%, 황 0.25%, 나트륨 0.15%이며, 철, 염소, 구리, 마그네슘, 망간, 코발트, 아연 등이 미량으로 존재한다.

물 Water, Moisture

생명체에게 물의 중요성은 아무리 강조해도 부족할 것이다.

인체의 조직중에 뼈는 약 20%, 뇌세포는 약 85%가 물로 구성되어 있다. 체중의 약 68%는 물이 차지한다. 해파리의 무게중 95%는 물로 구성되어 있다. 생체의 화합물들은 대부분 물에 녹아있고 이들이 서로 반응을 하는데는 반드시 물이 필요하다. 물은 물질의 분해와 촉매작용을 한다.

물은 비열이 높기 때문에 생체가 다량의 열을 흡수해도 물 자체의 온도는 크게 변하지 않는다. 물은 액체에서 기체로 바뀔 때 다량의 열을 흡수하므로 땀의 증발을 통해 체온을 적절하게 조절하는 기능을 한다. 또한 물은 세포의 건조화를 방지하는 역할도 한다.

인체는 1일 최소 1.5ℓ 이상의 물을 공급받아 소화, 흡수, 배설, 호흡과 순환, 세포의 증식과 같은 대사활동에 이용한다. 물은 식물의 광합성작용과 물질의 운반 및 분해, 촉매작용, 지구의 기후조절과 냉각작용 등 수많은 역할을 한다.

생태계는 물과 탄소, 질소의 거대한 화학적인 순환이라고 볼 수 있다. 최초의 물의 생성과정과 추가적인 내용은 "자연과 우주"에서 다시 설명될 것이다.

세포의 크기

모든 생물은 세포로 이루어졌고 그 세포의 크기와 수는 생물마다 천차만별이다. 대부분의 세포는 너무 작아서 눈으로 직접 볼 수는 없다. 가장 작은 세포는 $10\mu m \sim 100\mu m$ 정도이며 전자현미경으로만 관찰이 가능하다. 사람의 세포는 5~40마이크로미터인데 조직에 따라 세포의 크기도 다르다(1μm=1마이크로미터는 백만분의 일미터=일만분의 일센티미터, 1/1,000,000m=1/10,000cm).

매우 큰 단일세포로는 타조알이나 달걀이 있으며 개구리의 알도 한 개의 세포인데 육안으로 관찰이 가능하다. 동물의 신경세포는 평균 1m 이상의 길이로 되어 있지만 매우 가늘어서 직접 볼 수가 없다. 일반적으로 식물세포가 동물세포보다 큰 경향이 있는데 그것은 식물세포가 물로 가득찬 액포를 지니고 있기 때문이다. 그러나 세포의 순수한 무게(고체 성분)는 식물과 동물이 비슷하다. 세균(박테리아, 원핵생물)은 동식물세포보다 훨씬 작으며 몇 마이크로미터를 넘지 않는다. 사람의 세포수는 60~100조에 달하며 소모성세포와 재생이 불가능한 세포로 구분된다. 신경세포와 심근세포는 태어나서 죽을 때까지 재생이 되지 않는 것으로 알려져 있다.

원핵생물(원핵세포)

박테리아(세균), 남조류 등의 단세포생물은 원핵세포를 갖고 있다. 원핵세포라는 말은 세포의 핵이 생기기 이전의 세포를 말한다. 원핵생물은 진핵생물과는 달리 세포 내부에 뚜렷한 핵의 구조가 없다. 남조류는 남세균, 시아노박테리아로 부르기도 한다.

원핵생물은 단세포로 살아가는 생물도 있고 다세포형태로 군집을 이루기도 한다. 원핵생물은 종의 수는 적지만 개체수는 어떤 생물보다도 많은 것이 특징이다. 어떤 단세포생물은 환경이 허락한다면 기하급수적으로 증가할 수 있다. 이들 원핵생물은 노화나 자연적인 죽음이 없는 것처럼 보이지만 여러 가지 이유로 생존과 증식에는 한계가 있다(그 한계는 결국 사멸을 의미한다). 원핵생물은 환경적인 측면에는 매우 취약하며 먹이의 부족으로 증식이 어려운 경우가 많다. 고온과 저온, 건조한 환경에서는 생장이 매우 불리한 점이 있다.

원핵생물은 에너지조달의 방식에 따라 독립영양, 종속영양생물의 두 종류가 있다. 종속영양생물은 다른 생물에 의해 생산된 유기물을 먹이로 삼고 있다. 대다수의 종속영양생물은 죽은 유기체를 이용하는 부패균이다. 이들의 조직에서 나오는 배설물질과 부패와 연관된 가스는 심한 악취의 근원이 되기도 한다. 생태계의 분해자인 부패균은 음식물과 다른 미생물에 기생하여 살고 있지만 상당수가 직접 생체안으로 침투하여 활동하지는 못한다. 부패균은 탄소와 질소같은 생명체의 필수원소를 재순환시키므로 생태계에서는 반드시 필요한 존재이다.

독립영양원핵생물은 유기분자를 형성할 때 이산화탄소와 물, 소금같은 단순한 무기화합물을 이용한다. 어떤 세균은 녹색식물처럼 특유의 분자를 형성하는데 빛과 물, 이산화탄소 등을 에너지원으로 사용함으로써 광독립영양생물로 부르기도 한다. 이 과정은 식물의 광합성과 같은 작용이다. 또다른 세균으로는 화학적독립영양생물이 있다. 이러한 원핵생물은 땅 속이나 물 속에서 살며 황이나 철같은 성분을 이용해 화학반응으로 에너지를 얻는다. 염색체의 차이점이 있는 고세균은 원핵생물로 본다. 원핵생물을 제외한 모든 생물은 진핵생물에 속한다.

원생생물(아메바, 연두벌레 등)은 원핵생물에서 진화되어 왔으며, 진핵생물계에 포함된다. 원생생물의 종류와 특징은 생물의 진화부문 ②에서 설명될 것이다.

진핵생물(진핵세포)

진핵생물은 동물계와 식물계를 비롯, 균류(곰팡이)와 원생생물을 포함한다. 오늘날에는 균류를 독특한 계로 별도 취급하고 있다.

동물세포와 식물세포는 거의 유사한 기관으로 구성되어 있지만 식물세포는 세포벽과 색소체가 있고 액포가 잘 발달되어 있으며 동물세포에는 식물세포에 없는 중심립과 리소좀이 있다.

■진핵세포의 여러 기관

- 표면구조 - 세포벽(세포막), 원형질막
- 내부적 지지 - 세포골격, 액권미세섬유, 중간섬유, 미세소관(중심립, 기저체, 섬모, 편모 등)
- 핵 - 핵막, DNA, RNA
  소포체, 조면소포체, 리보솜, 활면소포체, 골지체, 리소좀, 인, 미소체(퍼옥시솜, 글리옥시솜), 액포, 내막계, 엽록체, 기타색소체, 미트콘드리아(ATP생성소기관), 중심립과 기저체, 섬모와 편모

동물세포(모형도)

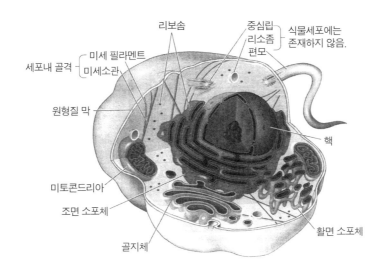

리보솜

중심립
리소좀

편모

식물세포에는
존재하지 않음.

세포내 골격 ⌈ 미세 필라멘트
└ 미세소관

원형질 막

핵

미토콘드리아

조면 소포체

활면 소포체

골지체

식물세포(모형도)

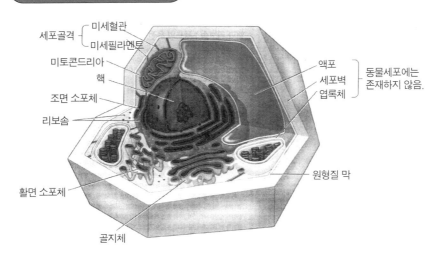

세포골격 ⌈ 미세혈관
└ 미세필라멘트

미토콘드리아

핵

조면 소포체

리보솜

액포

세포벽

엽록체

동물세포에는
존재하지 않음.

활면 소포체

원형질 막

골지체

지구생명체의 기원

지구상에 최초의 생명체가 언제, 어떤 과정으로 나타났느냐에 대한 견해는 크게 세 가지가 있다.

첫째로는, 러시아의 과학자 알렉산더 오파린(A. Oparin)이 1906년에 여러 가지 근거와 추론에 의해 제기된 자연발생설이다. 이 설은 일명 "화학진화에 의한 자연발생설"로 불리운다. 오파린에 따르면 특이한 환경에서 무기물이 유기화합물로 변화되었고 그 유기화합물에서 최초로 생명체가 출현했다는 설명이다.

현재의 생물학계에서는 생물은 반드시 생물에서만 태어날 수 있다는 "생물속생설"을 불변의 진리로 인정하므로 자연발생설은 생물속생설과는 또다른 개념임이 분명하다.

루이.파스퇴르의 실험으로 자연발생설이 부인되기는 했지만 생물속생설이 확고한 진리로 인정받기에는 무리가 있다. 오늘날의 지구환경과 40억년 전의 지구환경은 달랐음을 많은 학자들이 동의하고 있으며 파스퇴르의 실험이 장구한 시간이 흐른 뒤에도 유효할지는 의문의 여지가 있다.

오파린의 이론에 의하면 현재의 지구상태와는 매우 다른 환경에서 메탄과 암모니아, 물, 중수소H_2 등의 원소가 자외선과 번개 등의 작용으로 단백질의 기본재료가 되는 몇 가지 분자를 만들었고, 이 유기물의 분자가 코아세르베이트coacervate라는 고분자를 형성했고,

고분자의 결합으로 간단한 자가영양생물이 출현하여 최초의 자가복제를 하게 된 것으로 보고 있다. 이 가설의 의문점은 아미노산의 작고 균일한 분자들이 어떻게해서 크고 복잡한 단백질로 결합했는지를 설명해야 한다. 이런 결합은 물속에서는 좀체 일어나지 않지만 아미노산이 부분적으로 건조해지는 점토질의 환경에서는 발생하는 것으로 밝혀지고 있다. 미국의 밀러와 유리의 실험에서도 원시지구와 비슷한 상태에서 무기물질이 방전에너지에 의해 아미노산이 생성됨을 증명한 바 있다.

어떤 학자들은 아미노산분자(코아세르베이트)가 합성될 수 있는 장소로써 해변가나 조간대와 같은 주기적인 건조환경이 중요함을 강조한다. 보다 더 근본적인 의문은 이러한 분자들이 생겨났을 때 이들이 어떻게 자가생식이 가능한 독립적인 세포로 조직화될 수 있었는가 하는 점이다.

현재까지 알려진 바로는 어느 정도 안정된 조건하에서 물에 뜬 유기화합물이 자발적으로 뭉쳐 벽이나 막으로 둘러싸인 작은 구(球)처럼 되어 주위의 묽은 액체와는 분리되는 경향이 있다는 것이다.

그러나 어떻게 유기화합물의 구상결집체가 현생의 가장 단순한 세포가 보여주는 복잡한 자가복제의 화학적체계로 발전되었는지는 분명하게 설명할 수 없는 수수께끼로 남아 있다(이 내용은 생물의 진화에서 다시 설명될 것이다).

이런 몇 가지 의문점이 생물학이 밝혀온 모든 사실을 부정하고 유전과 진화라는 생명체의 본질을 허구로 만들 수는 없다. 생물학에서의 몇 가지 의문점은 비행기의 부속이 몇 개 빠진 정도일 뿐 비행기자체가 완전한 허구라는 의미가 될 수 없다.

최초생명체의 출현은 생물의 진화에서 세부적으로 설명한다.

둘째로는, 지구상에서 최초로 나타난 생명의 종자가 머나먼 우주에서 왔다는 코즈모즈아설이 있다(리이터, 1865년 독일).

그리고 빛을 따라서 최초의 생명체가 외계에서 유입되었다는 판소미아설이 있다(아레니우스, 1903년 스웨덴).

실제로 지구밖의 천체나 우주공간에도 유기물이 존재한다는 사실이 보고되고 있으며 어느 정도 일리가 있는 설이다.

그렇지만 생명의 씨앗이 그 넓은 우주공간을 어떻게 지나올 수 있으며 막대한 자외선과 방사선의 피해를 전혀 입지 않았다고 생각할 수는 없다. 또한 태양과 다른 행성의 중력을 무시하고 지구까지 도달하는 일도 쉬운 일은 아니다. 최초의 생명체가 우주공간을 거쳐왔던 지구에서 자생적으로 출현했든지 그 근원을 추적하는 것은 별의미가 없다.

생명체의 외계유입설은 생명체의 발생무대를 지구에서 다른 곳으로 옮긴 논리에 지나지 않는다. 여러 가지 정황으로 볼 때 외계유입설보다는 지구에서의 자연발생설이 훨씬 가능성이 높은 견해로 보아야 한다.

셋째로, 기독교에서 주장하는 천지창조론의 관점이 있다. 이 주장은 과학의 지식이 빈약했던 수천년 전 고대인들의 사상에서 나온 것인데 종교인이 아닌 독자들도 이 내용을 다소 이해를 하고 있겠지만 신빙성에는 많은 결함을 안고 있다.

천지창조론은 고등생물의 생존에너지를 제공하는 효소의 기능과 원핵생물 및 식물과 하등생물의 출현에는 전혀 언급이 없으며 세포단위의 마이크로세계에는 문외한이나 다름없는 근거가 빈약한 주장이다. 한 때 지구의 지배자였던 파충류의 절멸에 관해서도 일체의 언급이 없다.

천지창조(구약 1장1~31)

　한 처음에 하느님께서 하늘과 땅을 지어내셨다. 땅은 아직 모양을 갖추지않고 아무것도 생기지 않았는데, 어둠이 깊은 물위에 뒤덮여 있었고 그 물위에 하느님의 기운이 휘돌고 있었다.

　하느님께서 "빛이 생겨라"하시자 빛이 생겼다. 그 빛이 하느님 보시기에 좋았다. 하느님께서 빛과 어둠을 나누시고 빛을 낮이라, 어둠을 밤이라 부르셨다. 이렇게 첫 날이 밤, 낮 하루가 지났다.

　하느님께서 "물 한 가운데 창공이 생겨 물과 물 사이가 갈라져라!" 하시자 그대로 되었다. 하느님께서 이렇게 창공을 만들어 창공아래 있는 물과 창공아래 있는 물을 갈라놓으셨다. 하느님께서 그 창공을 하늘이라 부르셨다. 이렇게 이튿날도 밤낮 하루가 지났다.… (중략) 하느님께서 "바다에는 고기가 생겨 우글거리고 땅위 하늘 창공에는 새들이 생겨 날아다녀라!" 하시자 그대로 되었다. 이리하여 하느님께서는 큰물고기와 물속에서 우글거리는 온갖 고기와 날아다니는 온갖 새들을 지어내셨다.… (중략) 하느님께서는 "우리 모습을 닮은 사람을 만들자. 그래서 바다의 고기와 공중의 새, 또 집짐승과 모든 들짐승과 땅 위를 기어다니는 모든 길짐승을 다스리게 하자!" 하시고 당신의 모습대로 사람을 지어내셨다.… (중략)

생물의 진화에서 인류의 등장까지

오늘날의 생명체가 존재하게 된 진화의 모든 과정을 세밀하게 설명할 수는 없다. 진화의 구체적이고 단계적인 과정을 설명하기 위해서는 많은 사진과 도면이 필요하며 매사건마다 많은 지면이 소요되므로 중요한 사건과 대략적인 내용만을 소개한다. 자세한 내용은 참고서적과 생물학교과서를 통해서 이해하시기를 바란다.

① 유기물의 바다에서 최초의 원핵생물(단세포생물) 출현

이미 설명한 지구생명체의 기원에서 오파린과 홀데인의 가설은 몇 가지 의문점을 안고 있지만 생물학계에서는 일반적인 정설로 인정한다.

지구에서 최초의 생명체가 탄생하였고 그 생명체가 단세포원핵 생물이라는 견해를 부정하는 사람은 거의 없다. 그러나 이 설에서 당시의 지구환경을 재현하기가 어렵고, 유기물의 집합체에서 어떻게 핵산이 합성될 수 있었느냐는 점(자기복제능력)과 유기물에서 핵산이 먼저 나타났는지, 핵산이 먼저 생성되고 어떤 효소에 의해 지식세포의 구성물질이 되는 단백질을 만들어 냈는지?에 대한 여러 가지 견해가 있기 때문에 명확한 결론을 내리지 못하고 있는 실정이다.

유기물이 형성되었다고해서 반드시 생명체가 출현하는 것은 아니다. 이 과정은 마치 자동차의 부품이 모두 준비되었다고해도 설계

도와 정확한 조립과정이 없으면 자동차가 완성될 수 없다는 논리와 같다. 생명체의 출현은 기적이나 다름없는 난해한 과정을 거쳐 일어난 것으로 보인다.

당시의 지구환경에 대한 자료는 대기과학자들에 의해 많은 증거가 제출되었으며 유기물의 합성은 밀러와 유리의 실험(미국)에서 무기원소가 당, DNA와 RNA를 구성하는 뉴클레오리드염기, 아미노산, 대부분의 필수비타민이 형성될 수 있다는 결론을 내린 바 있다.

초기의 지구환경(원시대기, 1차대기)은 물과 이산화탄소, 일산화탄소, 질소 및 약간의 수소로 구성되어 있었다. 그리고 이들 원소들에 대한 에너지공급원으로는 번개와 지구내부의 열, 자외선, 지진과 화산활동으로 인한 충돌에너지 등이며 단위체(monomer 유기물의 분자)가 생성되는데 큰 역할을 한 것으로 여겨진다.

원시대기에서 열에너지가 작용하면 알데히드, 카르복시산, 아미노산 등이 형성된다. 어떤 과학자들은 단위체가 자발적으로 형성된 것은 가능성의 차원이 아니라 필연이라는 견해를 갖고 있다.

물의 표면위에서는 단백질의 일종인 코아세르베이트(오파린이 명명)가 크기를 증가시켜 생장하다가 다시 분열을 반복한다. 이 과정이 반복되면서 최초의 세포가 탄생한 것으로 오파린과 그의 지지자들은 주장한다.

그 밖에도 미국의 폭스는 열성 프로테이노이드proteinoid이론에 의해 생명체의 기원을 연구했고 점토미립자clay particle에 의해 시원세포가 출현했다는 주장도 있다.

지금도 최초생명체의 자연발생설에 대한 연구가 계속되고 있으며, 어떤 가설이 확고하게 증명되려면 다음 몇 가지 논점을 입증해야 한다.

1. 원시지구의 물리적 상태에 대한 검증과 설명이 계속되어야 한다.
2. 아미노산, 염기, 당과 같은 필수단위체가 효소나 효소 이외의 다른 생물학적인 작용이 없는 상태에서 생성될 수 있음을 밝혀야 한다.
3. 단백질, 핵산 등 생명체에서 볼 수 있는 중합체가 단위체로 부터 자발적으로 형성될 수 있음을 증명해야 한다.
4. 막이나 테두리로 분리가 되고 활동적인 세포집단이 자발적으로 형성될 수 있음을 증명해야 한다.
5. 대대로 유전정보를 전달할 수 있고 대사과정을 유지할 수 있는 간단한 자기복제체계가 생성될 수 있다는 가능성을 제시해야 한다.

몇몇 학자들은 유기물의 덩어리에서 자기증식하는 원세포protocell가 생겨난 뒤 어떤 효소에 의해 유전자가 자기복제를 시작하여 생명시대의 장을 연 것으로 추정하고 있다. 이 세포는 오늘날 남조류(시아노박테리아)와 유사한 생명체로 보고 있다.

최초의 단세포생물은 빛과 무기화합물로 에너지를 만드는 독립영양생물로 알려져 있다. 이러한 생물은 오늘날의 토양세균처럼 산소가 있는 곳에서는 살 수 없는 무산소생물(혐기생물)로 보고 있다.

오랜시간동안 이러한 과정을 통해 광합성독립영양생물이 산소분자를 배출하면서 돌연변이와 자연선택에 의해 산소가스에 덜 민감한 식세포성무산소종속영양생물과 식세포성산소종속영양생물이 나타났다.

종속영양생물은 다른 유기물을 먹이로 삼는 새로운 형태의 생물이다. 종속영양생물의 직계후손이 원핵생물이라고 부르는 "세균"이다(세균은 생물계에서 모네라monera계로 분류한다).

세균의 화석은 35억년된 지층에서 발견되고 있다. 최초의 진핵생물은 20~25억년 전쯤에 나타난 것으로 최근 연구는 밝히고 있다. 시아노식물과 남조류는 비교적 진화된 광합성원핵생물이다. 오늘날의 세균도 핵이 없는 원핵생물이지만 남조류보다는 좀더 진화한 생물로 보고 있다.

세균에는 시원세균과 진정세균이 있다. 원핵생물보다 더 하등단계의 생명체라면 바이러스가 있는데 바이러스는 생물도 아니고 무생물도 아닌 애매한 물질이다.

바이러스는 유전물질(DNA와 RNA)은 갖추고 있지만 세포로서의 어떠한 특징도 없으며 숙주밖에서는 전혀 대사활동을 하지 않는다. 바이러스는 기생하는 숙주의 활동이 없으면 살 수 없는 물질이므로 생물의 범주에 포함시키지 않는다.

② 원핵생물에서 진핵단세포생물로(원생생물의 출현)

약 20~25억년 전에 나타난 원생생물은 핵의 구조가 뚜렷한 진핵세포로 되어 있고, 대부분이 단세포이지만 다세포형태로 공생을 한다. 원생생물에는 식물의 특성을 보이는 조류와 유글레나가 있으며 식물과 동물의 구분이 어려운 생물도 있다.

원생동물에는 편모충과 아메바, 포자충, 섬모충, 연두벌레 등이 있으며 식물의 특성을 보이는 조류와 유글레나는 식물의 시조인 이끼류(선태식물)로 진화한 것으로 보고 있다. 곰팡이(균류)의 시원생물인 점균류는 동식물의 특성을 동시에 갖고 있으며, 오늘날의 균류는 식물과는 다른 면이 많기 때문에 별도의 계를 형성한다. 균류는 여러 종류가 있으며 단세포구조이지만 다핵체를 가진 균류가 우세하므로 다세포생물로 분류한다. 원생생물의 기원은 원핵생물의 세포내 공생에서 비롯된 것으로 보인다. 원핵생물(종속영양생물)의 기생 또는 서로잡아먹기에서 시작된 진핵생물의 출현과정에는 여러 경로가 있는데 이 근거는 오늘날의 아메바의 생태연구와 스피로헤타 등의 공생관계에서도 충분히 관찰된다(린 마굴리스 외, 『공생기원설』, 1984 미국).

결국 공생을 하게 된 여러 원핵세포가 핵의 구조를 가진 진핵생물로 진화된 것으로 보고 있다. 진핵다세포생물의 출현에 관한 이론은 위의 공생기원설 외에도 가스트레아기원설, 섬모충기원설 등 여러 설이 있다.

③ 진핵단세포생물에서 다세포생물(후생동물)의 등장

다세포식물의 시조는 이끼류(선태식물)이며 이끼류는 원생식물인 조류(편모조류, 녹조류, 규조류, 유글레나, 홍조류 등)에 그 기원을 두고 있다.

다세포동물의 출현은 원시해양속의 원생동물의 결합에서 시작된 것으로 알려져 있다. 다세포동물의 기원은 약 10억년 전으로 보는데, 가장 오래된 진핵생물의 화석은 6억8천만년 전의 것으로 오늘날의 해파리와 유사한 모습을 나타낸다.

다세포생물은 몇 개의 결합된 세포가 기능을 분화함으로써 특별한 환경에서는 생존의 가능성을 높일 수 있다. 한 세포의 생존은 다른 세포의 성공과도 직결된다. 또한 세포의 수가 많으면(즉, 세포의 체형이 커진다면) 여러 면에서 단세포생물보다 유리할 수 있다. 번식의 측면에서는 단세포가 유리할 수도 있지만 생존의 측면에서는 다세포생물이 큰 이점을 갖게 된다. 다세포생물이 굳이 우세한 생물이라고 단정지을 수는 없지만 이러한 방향으로 진화를 해온 것은 부정할 수 없다.

다세포동물에는 해면동물(문), 자포동물, 편형동물, 선형동물, 연체동물, 환형동물, 절지동물, 극피동물, 반삭동물, 척삭동물 외에도 여러 문이 있다. 이들 동물중의 상당수는 멸종했으나 일부는 살아남아 진화를 계속했고 가장 진화한 척삭동물이 척추동물인 어류로 진화하였다.

척삭동물에는 미삭동물(피낭류 : 멍게), 두삭동물(창고기류) 등이 있다. 다세포동물의 화석에는 에디아카라화석(약 6~7억년 전)과 버제스셰일화석(약 5억7천만년 전) 등이 있다.

④ 척추동물로의 진화(어류의 출현) - 5억~6억년 전

두삭동물인 창고기류에서 원시척추동물인 칠성장어류의 진화가 일어났으며, 칠성장어류에서 갑주어라는 턱없는(무악류) 두꺼운 껍질의 척추어류로 진화하였고, 갑주어에서 턱뼈가 있는 판피류어류가 출현했으며, 이들 판피류어류 중 일부가 데본기 어류로 진화하였다. 데본기어류는 판피류보다 지느러미가 매우 발달되고 다섯 개의 손가락뼈가 발달하기 시작한 것이 특징이다.

데본기어류에서 연골어류(상어, 가오리)와 경골어류(오늘날의 대다수 어종)로의 분화가 일어났으며, 경골어류에서 3개의 그룹 즉, 조기류, 폐어류, 총기류의 진화가 시작되었다.

판피류어류는 대부분 멸종했으나 턱의 발달로 풍부한 먹이를 섭취할 수 있었고 포식자로서 생태계의 상위를 차지한 것으로 보인다. 판피류어류가 어떻게 연골어류와 경골어류로 진화했는지 정확히 알 수는 없지만 이들의 화석이 상어의 화석(또한 유전자)과 깊은 관련이 있으므로 진화자체를 부인할 수는 없다.

⑤ 양서류의 등장 - 4억~3억 5천만년 전

물과 육지에서 공존하는 양서류는 어류의 육상진출의 산증거이다. 양서류의 시조는 미치류이며 미치류는 이미 언급한 육질지느러미를 가진 총기류어류에서 진화하였다.

총기류어류중에서는 오늘날 공극류라고 하는 라티메니아(일명 실러칸스)만이 살아남았다(아프리카 동부해안에서 발견된다).

미치류는 석탄기의 퇴적층에서 화석으로 발견되며 총기류어류와 닮은 점이 있지만 손과 발의 진화가 두드러진다. 미치류에서 원시양서류가 출현했으며, 원시양서류에서 육상도마뱀, 원시파충류 및 포유상파충류의 시조동물이 출현한 것으로 보고 있다.

⑥ 중생대의 파충류 및 포유상파충류의 출현

271

약 3억1천5백만년 전에 원시파충류와 포유상파충류가 등장하였고, 이때부터 체내수정과 수정 후 난상태로의 부화가 시작된 것으로 보인다.

포유상파충류의 일부는 식충포유류(현재의 뾰쪽뒤쥐와 유사한 형태의 화석으로 발견)로 진화를 계속했으며, 이들 식충포유류가 점진적으로 단공류, 유대류, 태반류로 분화되어 진화하였다.

태반류는 모든 포유동물의 시조생물이다. 파충류의 화석과 포유상파충류의 화석은 같은 지층에서 발견된다.

중생대에서 특기할 사건은 6천5백만년 전 어떤 원인으로 인해 대형파충류(공룡)가 절멸했다는 사실이다. 1억7천만년 이상 지구를 지배해온 거대생물이 사라진 원인에는 기후변화설, 대형운석충돌설, 질병에 의한 절멸설 등의 여러 가설이 있지만 확실한 정설은 없다.

최초의 조류(시조새)도 2억2천5백만년 전에 파충류의 일부에서 진화하여 출현했다. 파충류와 조류는 수정 후 알상태로 부화하며 파충류는 신체에서 체온을 조절하는 능력이 없는 것으로 알려져 있다. 당시의 파충류가 냉혈동물이었는지는 분명하지 않다.

파충류중에서 악어류, 뱀, 이구아나, 거북 등의 소형파충류는 살아남았지만 대절멸당시 지구생물의 80%가 멸종된 것으로 보인다.

⑦ 태반류(포유류)의 폭발적인 확산 - 6천만년 전

대사건이 일어난 후 거대파충류의 먹이감에 불과했던 작은 동물이 숨통을 트기 시작했다. 공룡이 절멸한 후 신생대 초기부터 태반류의 눈부신 증가가 일어났다. 중생대의 식충포유류는 모든 포유류의 시조생물이다. 식충포유류는 포유상파충류인 수궁류로부터 진화된 것으로 보는데 수궁류의 확실한 화석기록은 아직 나타나지 않고 있다.

식충포유류는 소형과 대형으로 분화되었으며 다양한 종이 익수류(박쥐), 설치류(쥐, 다람쥐), 토끼류, 육식류(개, 호랑이), 우제류(홀수발굽), 기제류(짝수발굽), 장비류(코끼리), 빈치류(나무늘보), 영장류 등으로 점진적인 진화를 계속했다. 이들 포유류는 유전적으로 많은 유사성이 있다.

생물의 다양성은 결국 진화의 결과로 설명을 하게 되는데 진화에는 대진화와 소진화가 있다.

진화의 원인에는 화학적인 변형에 따른 유전자의 변이와 환경적응에 따른 자연선택 등 여러 요인이 있다.

대진화는 종(species: 쥐와 코끼리) 이상의 계층에서 일어나는 것을 말하며, 소진화는 종내에서 일어나는 작은 단계의 변화를 의미한다(고양이와 표범, 사자는 같은 종이며 소진화의 한 형태이다).

진화라는 현상은 오랜 시간에 걸쳐 진행되므로 그 과정을 모두 밝혀내기란 쉽지 않다. 양서류에서 파충류로의 진화가 수십만년 또는 수백만년에 걸쳐 일어났어도 그 과정을 모두 확인하기는 매우 어렵다.

단 하나의 양서류가 한 개체의 파충류로 진화에 성공하였다기보다 오랜 시간에 걸쳐 점진적으로 수많은 양서류가 육상진출을 시도했다고 보아야 할 것이다. 실패한 양서류도 많았겠지만 그 중의 일부는 원시파충류로의 첫 발을 디뎠을 것이 분명하다.

⑧ 소형영장류와 유인원의 등장 - 5천만년 전후

식충포유류와 설치류(다람쥐 등의 소형포유류)에서 진화한 것으로 판단되는 영장류에는 소형원숭이류(원원류)가 있다.

이들 원원류(prosimi)에는 여우원숭이, 안경원숭이, 늘보원숭이 등이 있다. 원원류의 출현은 5천만~6천만년 전으로 알려져 있다. 원원류에서 신세계원숭이, 구세계원숭이(꼬리없는 원숭이)와 유인원으로의 진화가 일어났다. 유인원과에는 유인원속(긴팔원숭이, 플리오피테쿠스, 오레오피테쿠스, 드리오피테쿠스, 오랑우탄, 고릴라, 보노보, 침팬지 등)과 인과영장속(Hominidae)이 있다. 인과영장류는 침팬지계통의 유인원중에서 특이한 유전자를 가진 일부 종이 진화를 한 것으로 보인다. 인과영장류에는 라마피테쿠스, 오스트랄로피테쿠스, 호모에렉투스, 네안데르탈인, 그리말디인, 크로마뇽인, 현생인류 등이 있다.

크로마뇽인은 시간적으로나 유전적으로 현생인류와 가장 밀접한 인과영장류이다. 크로마뇽인의 화석은 유럽 전역에서 발견되지만 이들의 기원은 아프리카지역에서 시작된 것으로 알려져 있다.

위에서 언급한 인과영장류(속)외에도 많은 화석이 발견되는데 이미 멸종한 종도 있으며 이들 중의 일부는 진화를 계속하여 현생인류의 탄생에 기여를 한 것으로 보인다. 많은 인과영장류가 현생인류의 직계조상은 아니며 유전적으로 볼 때 상당한 연관성이 있는 방계혈통으로 본다. 지금까지 확인된 인과영장류(호모)는 약 20종이며 새로운 종이 출현과 멸종을 반복해왔다.

⑨ 유인원에서 구석기인류로

구석기인류와 신석기인류 사이에서는 다양한 종이 등장한 후 일부는 살아남았고 일부는 멸종하였다.

구석기인류는 약 200~300만년 전에 아프리카 동부지역에서 나타났다. 주로 에디오피아와 케냐지역에서 많은 유골과 구석기유물이 발견된다. 구석기인류의 등장은 환경의 변화로 밀림지역이 황폐화되었기 때문에 유인원의 일부가 초원으로 진출한 것으로 여겨진다. 초원진출은 직립보행의 단초를 가져왔으며 맹금류와 맹수를 피하기 위한 본능적인 행동이 직립보행을 더욱 발달시킨 것으로 보인다.

구석기인(오스트랄로피테쿠스, 호모에렉투스 등)이 현생인류의 직계조상은 아니지만 이들 중의 일부가 유전적 계보에서 연관성이 있음을 부인할 수 없다. 이들 중의 일부는 진화를 계속하여 현생인류의 직계조상인 신석기인류를 탄생시킨 것으로 보인다. 유인원과에 속하는 침팬지는 오늘의 인류와 유전자조직이 98% 이상 닮은 것으로 밝혀지고 있다. 그러나 침팬지가 크로마뇽인의 직계조상은 아니다. 신석기인류(그리말디인, 크로마뇽인)는 해부학상으로 현생인류와 큰 차이가 없다.

중석기인류로 분류되는 호모에렉투스(북경원인, 자바원인)는 50만년 전부터 불을 이용한 것으로 보인다. 호모에렉투스가 오늘날 황인종의 직계조상인지는 분명하지 않다. 크로마뇽인과 흑인종의 조상인 그리말디인과의 혼혈가능성도 배제할 수는 없다. 오늘날 3대 인종인 황인종, 백인종, 흑인종은 유전자 조직이 거의 일치하므로 신석기인류의 공동조상에서 분기되었다는 점을 인정할 수 밖에 없다. 3대인종의 피부색과 체형 등은 환경적 요인과 섭생의 영향으로 변화를 가져온 것으로 보인다. 3대인종이 분기된 시점은 약 8만년 전후로 보는 견해가 있지만 확실하지는 않다.

오늘날의 생물학이 생물의 종을 연구하고 화석을 관찰하기 위해서는 유전자공학 및 분자생물학, 생화학, 지질학 등의 도움이 필수적이다. 생명체의 단백질구성물질과 유전자의 염기서열에 대한 분석이나 화석에 대한 방사능측정 및 반감기분석 등의 작업도 이러한 연구의 한 분야다.

수많은 구석기인류의 유골중에서 누가 인류의 직계조상인지는 판별이 어렵지만 그들중의 일부에서 신석기인류가 탄생했다는 점은 의문의 여지가 없다. 오늘의 인류학자들이 다양한 구석기인의 유골과 사라진 멸종유인원을 두고 논쟁을 벌이고 있지만 이것은 악어가 원시파충류의 먼 후손이 아니라고 하는 것과 다름 아니다.

신석기인류(크로마뇽인 등)와 현생인류는 우주에서 날아온 생명체가 아니며 구석기인류의 한 일파에서 분기되어 온 것은 명백한 사실이다. 구석기시대는 200만년 이상 계속된 것으로 보이는데 신석기시대는 불과 5만년도 되지 않는다. 문명의 진보가 그만큼 힘든 과정을 걸어왔다는 증거일 것이다. 문명의 진보는 일단 속도가 붙기 시작하면 엄청난 위력을 보여준다. 과거를 돌이켜볼 때 인류의 선조들은 거친 자연과 싸우면서 대형포식동물과 사투를 벌이며 힘겨운 생존을 해온 것으로 여겨진다.

신석기인류의 평균수명은 40세가 채 되지 않는다는 연구결과도 있다. 석기의 이용(200만년 전후)과 불의 사용(약 50만년 전)은 오늘의 인류가 생존경쟁에서 우위를 점하는 근원을 제공했다.

시신의 매장풍습은 약 10만년 전 네안데르탈 시대부터 시작된 것으로 보인다. 그 이전의 인류의 조상들의 시신은 야생동물의 주검과 똑같은 과정을 밟았을 것이다. 네안데르탈인은 크로마뇽인의 등장과 함께 점차적으로 멸종한 것으로 보인다. 신석기시대 이후는 청동기시대와 철기시대의 개막이며, 이들 3대문명기는 매우 근접해 있다. 청동기시대 이후는 인류의 역사시대(기록 또는 표지의 시대)이다. 현재는 분명 과거의 터전에서 전개되며, 미래 또한 현재라는 실체위에서 한 걸음씩 나아간다. 실체와 진실을 외면하는 어떠한 사상도 허구나 망상으로 간주할 수 밖에 없다.

생물의 분류

지구생물의 분류는 린네(1707~1778, 스웨덴)에 의해 처음으로 시도되었으며 일반적으로 계, 문(아문), 강, 목, 과, 속, 종의 일곱단계로 분류한다.

가장 큰 범주인 계system는 동물계와 식물계를 비롯하여 모네라계(원핵생물, 세균 등), 원생생물계, 균계(곰팡이류)의 다섯 계가 있다. 예를 들어 "사람"은 동물계, 척삭동물문(척추동물아문), 포유강, 영장목, 유인원과, 인과영장속, 호모사피엔스사피엔스 종으로 분류한다.

"흰수염고래"는 동물계, 척삭동물문(척추동물아문), 포유강, 고래목, 긴수염고래과, 긴수염고래속, 흰수염고래종으로 분류한다.

"류"kinds라는 명칭은 같은 종을 지칭하는 집합명사에 쓰이며 분류학상의 공식용어는 아니다(어류, 파충류 등).

동물계를 제외한 다른 계는 강class 이하의 분류가 그렇게 복잡한 편은 아니다. 다음은 현존하는 대표적인 동물문이며 이외에도 여러 문이 있다.

■주요동물문(phylum)에 대한 설명
① 해면동물문 : 해면이 대표적이며 단순한 세포수준의 동물로 운동성은 없다.

② 강장동물문 : 자포동물문이라고도 함. 해파리, 산호, 말미잘 등

③ 편형동물문 : 흡충류, 촌충류 등으로 약 1만종이 있다.

④ 선형동물문 : 회충, 요충 등이 있으며, 토양과 동물의 몸 속에 산다.

⑤ 연체동물문 : 약 10만종이며 굴, 조개, 달팽이, 오징어 등이 있다.

⑥ 환형동물문 : 체절충이라고도 하며 지렁이, 거머리가 대표적이다.

⑦ 절지동물문 : 마디가 있는 다리가 있으며 이미 멸종한 삼엽충과 모든 곤충을 일컫는다. 전체 동물종의 3/4 이상을 차지하며 새우, 게 등의 갑각류를 비롯하여 육상의 모든 곤충이 해당된다.

⑧ 극피동물문 : 불가사리, 해삼, 성게 등. 불가사리는 가시가 난 피부라는 뜻에서 유래되었다.

⑨ 반삭동물문 : 별벌레 아재비류. 갯벌에서 구멍을 파고 유기물을 섭취한다.

⑩ 척삭동물문 : 미삭동물아문, 두삭동물아문, 척추동물아문 으로 다시 분류한다.

가. 미삭동물아문 : 피낭류(우렁쉥이, 멍게)가 대표생물이며 두삭동물과 밀접한 관련이 있다.

나. 두삭동물아문 : 창고기 등이 있으며 물고기와 비슷하지만 척추발생의 전단계인 척삭이 뚜렷이 나타난다.

다. 척추동물아문 : 무악어강(턱없는 어류), 판피어강(멸종추정, 턱뼈있는 어류), 연골어강, 경골어강(대부분의

어류), 양서강, 파충강, 조류강(새), 포유강이
있으며 포유강에는 영장목을 포함하여 18개의
목이 있다.

생물의 종은 학명이 붙여진 것만해도 150만종이 넘으며 미발견된
종을 포함하면 1,000만종은 넘을 것으로 추정하고 있다. 새롭게 발
견되는 종도 많지만 인간의 활동이나 자연파괴로 인해 사라지는 종
들도 적지 않다. 지구상에서 생물의 대규모멸종은 다섯번 정도로
알려져 있는데 주기적으로 발생하는지는 분명하지 않다. 대규모의
멸종이 아닌 소규모의 멸종은 수없이 일어났으며 이는 빙하기 등의
기후변화나 지구의 활동과 깊은 연관이 있는 것으로 보인다.

종의 교배는 같은 종끼리만 가능하며, 종이 다르면 염색체의 수나
DNA의 배열구조도 달라진다.

4부

자연과 우주

자연과 우주

오늘날 인간이 사는 도시는 자연계의 한 모퉁이에 자리잡고 있지만 특별한 대우를 받는 장소라고 할 수는 없다. 인간이 사용하는 모든 재화나 물질은 자연에서 공급되는 것이며 자연과 단절된 생명체나 사물은 존재할 수 없다. 자연속에 살고 있는 우리는 더욱 관심과 애정을 갖고 자연에 대한 지식을 확대해야 함은 당연한 의무이다.

자연을 설명하기 전에 자연의 범주를 어디까지로 보느냐가 먼저일 것이다.

태양계나 은하계와 같은 우주적인 관점의 자연과 인간이 살고 있는 지구환경과 생물중심의 자연은 그 대상이 다르다. 또한 소우주로 지칭되기도 하는 단위생명체와 마이크로의 세계인 분자와 원자의 세계를 포함하여 세포의 핵속에 내재된 DNA와 RNA의 존재까지 자연의 범주에 포함시킨다면(당연히 포함되어야 겠지만) 이 장은 끝없이 광대한 내용으로 채워져도 모자랄 것이다.

인간이 자연과 우주를 완벽하게 이해하고자 한다면 우주가 겪어온 시간만큼이나 긴 여정이 소요될지도 모른다. 이 말은 다소 과장된 표현일 수도 있지만 우주의 물질로부터 진화를 해온 인간이 자연과 우주를 이해하고 논한다는 그 사실은 결국 인간이 우주의 자손이라면 우리 자신이 우주가 진행해온 시간과 같은 연륜을 갖고 있다는 맥락이다.

사실 선각자들이 이룩한 많은 업적과 오늘의 우리가 갖는 지식도 완벽하지는 못하고 아직도 진행중인 탐구일 수도 있다. 그러나 이 모든 지식들은 약간의 오류는 있을 수 있어도 결코 허구나 망상이 아니다.

일반적으로 자연Nature은 인간이 살고 있는 지구상의 여러 현상과 지리적 환경, 여타 생물과 사물 등으로 한정하여 해석되기도 한다.

지구는 은하계의 변두리에 위치한 태양계의 운이 좋은 작은 행성에 불과하며, 다른 천체와 우주공간에서 일어나는 물질유동의 영향을 끊임없이 받고 있기 때문에 "자연과 우주"는 같은 의미로 해석해도 무방하리라 생각된다.

이 장은 이미 검증된 과학지식을 근거로 기술되었다. 자연과 우주를 체계적으로 이해하기 위해서는 수학이나 물리, 화학의 기초지식과 수 많은 계측용어에 대한 지식이 필요하며 또한 많은 도면을 통해서 이해를 도와야 하겠지만 방대한 정보량을 필진의 능력으로는 모두 소개하기가 어렵다.

자연과학도가 아닌 일반 독자가 많은 과학지식을 한꺼번에 습득하기에는 무리이므로 대략적인 소개만으로 그친다. 이 장은 다음의 과학서적을 참고하였음을 밝혀둔다.

참고서적

칼세이건, 『코스모스』, 1990, 학원사

최덕근, 『지구의 이해』, 서울대출판부, 2004

윤화중 외 공저, 『자연과학개론』, 반도출판사, 1991

두산동아백과, 두산동아 편집부

브리태니커백과, 한국브리태니커

불 Fire

인간의 생활과 밀접한 불에 대하여 알아보기로 하자.

불은 물과 마찬가지로 두 개의 얼굴을 갖고있다. 통제되지 못한 불은 큰 불행을 가져오지만 불의 활용은 인류문명의 견인차 역할을 해 왔다.

불은 "빛과 열을 포함하는 물리화학반응의 한 현상"이다. 불(열원)에는 태양, 지구 내부의 불, 화학반응(지상의 불), 핵에너지, 마찰, 전기 등이 있다.

지상의 불(화학반응)은 어떤 물질이 산소와 결합하는 물리화학반응의 결과이다. 이것이 "연소"이며 어떤 물질이 열을 받아서 일정온도에 달하면 격렬하게 산소와 결합함으로써 일어난다(열은 여러 원자의 운동에너지다). 이 때 연소과정이 빠를수록 온도가 높아진다. 연소되는 물질의 질량에 비례하여 열에너지의 양도 증가된다.

물질이 연소되어 고온상태가 되면 연소물질의 원자의 핵주변에 있는 전자의 일부가 탈취되어 플라즈마(plasma 불꽃)가 분출된다. "연소되는 물질과 플라즈마, 열을 합친 현상"이 불이다.

철과 같은 물질의 산화에서도 미량의 열이 발생하지만 매우 천천히 일어나므로 불꽃이 발생하지는 않는다.

탄소를 함유하는 대부분의 물질은 연소가 된다. 플라즈마는 연소되는 물질의 온도에 따라 색깔이 달라지며 청색 불꽃이 가장 열에너지가 높다(빛은 열과 에너지 등을 포함하는 전자기파의 일종이다).

온도와 열은 의미가 약간 다르다. 온도temperature는 대기중의 원자의 움직임이 빠르면 높아지고, 느리면 낮아진다. 온도는 연소물질과 공기원자의 속도에 비례한다. 열heat은 물질 주변의 원자들의 운동에너지의 총합이다. 원자의 수가 많으면 열이 높고 적으면 열이 낮아진다.

열에너지는 운동에너지로 전환되어 동력으로 이용된다.

■ **부탄의 연소과정**

$$C_4H_{10} \xrightarrow{\text{열과 산소}} 4CO_2 + 5H_2O$$

부탄   이산화탄소   물

부탄(C_4H_{10})은 탄소와 수소, 알코올(CH_3O_2)은 탄소, 수소, 산소 세 종류의 원소로 이루어져 있다. 플라스틱 물질이나 무연탄이 연소될 때는 탄소원자의 과다공급 또는 산소의 불충분한 공급으로 불완전연소가 일어나기도 한다. 이때 일산화탄소 CO가 심하게 발생하면 인체에 심각한 피해를 주는 사례도 있다.

알코올, 부탄 등은 한 개의 탄소원자가 두 개의 산소원자와 결합하여 이산화탄소 CO_2로 변하고, 두 개의 수소원자는 한 개의 산소원자와 결합해서 물분자 H_2O가 된다. 탄소원자가 모두 이산화탄소로 바뀌고 수소원자가 모두 물분자로 변하면 연소는 끝이 난다. 여기서 산소는 대기중에서 취해진다. 공기가 희박한 곳, 즉 산소가 부족한 곳에서는 연소가 잘 되지 않는다.

휘발유와 부탄은 순수한 유기물이므로 모두 타버리지만 목재나 석탄은 사정이 다르다. 목재나 석탄은 포함된 유기물(섬유소, 반섬유소, 수지 등)은 모두 연소가 되지만 광물질과 규산염 등이 많이 포함되므로 이 물질들은 재로 남는다. 석탄은 규산염이 많기 때문에 재가 더 많고, 풀이나 볏짚 등도 순수한 목재보다 재를 더 많이 남긴다. 흰인과 염산 등은 열이 없어도 상온에서 자연적으로 연소가 된다. 즉 산소와 결합이 가능한 물질이다.

연소성 물질이 열에 의해 화학반응을 일으키면서 이산화탄소, 물, 재 등으로 변해도 최초물질의 질량과 변화된 물질의 총질량은 언제나 같다. 이것이 "질량보존의 법칙"이다.

물은 수소와 산소가 결합하여 생긴 물질이며 자연적으로는 산소와 결합을 할 수 없다. 따라서 연소가 불가능하다.

산소용접이라는 기술이 있는데, 산소만으로는 연소가 되지 않으므로 부탄(C_4H_{10})을 이용하여 연소를 시킨다. 산소가 신속하게 공급되면 빠른 시간 내에 고온상태를 만들 수 있다.

용광로에서 철과 같은 금속원소에 열을 가해서 일정온도까지 높이면(열을 내는 에너지원은 전기, 석탄 등이 사용된다) 금속이 용해가 된다. 즉, 액화상태가 되면 이때 플라즈마와 열에 의해 금속자체가 빨갛게 되지만 이 현상은 금속원소가 연소되는 것이 아니며 금속의 질량은 언제나 같다.

태양의 열에너지원은 지구상의 물질이 연소되는 것과 전혀 다르다. 태양은 4개의 수소원자가 엄청난 고온에 의해 1개의 헬륨원자로 변하는 핵융합현상으로 열과 빛을 내고있다.

핵융합은 물리학의 이론에 의하면 일천만도 이상의 고온에서만 가능한 것으로 알려져있다. 지구상에서는 이런 고온을 지속적으로 유지할 수 있는 기술은 없다(물리 이론상으로 일천만도는 엄청난 수의 수소원자가 중력에 의해 집중되면 가능하다고 한다).

수소폭탄의 개발은 핵분열에 의한 플루토늄폭탄(원자폭탄)으로 초고온 상태를 만들어 수소폭탄의 실험을 할 수 있다는 이론이 성립되었지만 실제로 수소폭탄이 만들어졌고 실험이 되었는지는 확인된 바 없다.

수소폭탄은 플루토늄폭탄보다 7배 이상의 에너지를 방출하며 방사능 피해도 막대한 것으로 알려져 있다.

지구상에서 최초의 불은 생성초기의 마그마의 불덩이(또는 화산폭발에 의한)나 번개에 의한 자연발화였을 것이다. 불은 프로메테우스가 신에게서 몰래 훔쳐온 것이 아니다.

지구에 대한 이해

　만약 지구에 생명체가 없고 달이나 화성처럼 침묵의 행성이 된다면 지구를 생명체라고 부를 수 있을까?

　물과 고체로 이루어진 지구가 생명체인지는 자신있게 단언하기 어렵다. 태양이나 지구가 세포를 가진 생명체는 아니지만 거대한 활동체임은 분명하다. 거대한 배에 탄 승객은 그 배의 향방에 따라서 운명이 달라진다. 우리는 지구의 일원으로서 우리의 고향인 지구에 대한 지식을 확대시킬 의무가 있다.

　지구가 태양의 주위를 돈다는 사실은 기원전 3세기경 그리이스의 과학자 아리스타르쿠스Aristarchus에 의해 최초로 제기되었다.

　이 뛰어난 발견이 사실로 인정받기에는 1800여년이나 걸렸으며 1543년 코페르니쿠스(이탈리아)가 지동설을 또다시 주장한 뒤에도 100여년이 지난 뒤에야 겨우 진실로 인정받을 수 있었다.

　이러한 선각자들의 지혜가 탄압을 받게 된 것은 무지와 독선으로 가득찬 종교제일의 암흑시대에 그들이 활동했기 때문이다.

　최초로 지구의 크기를 잰 사람은 기원전 3세기경 이집트의 알렉산드리아에서 활동한 에라스토테네스Erastothenes로 알려져 있다. 당시 알렉산드리아는 그리이스의 식민도시중의 하나였다.

　당시의 사람들은 지구가 평평하고 바다끝에는 거대한 폭포가 있다고 생각했으나 에라스토테네스는 태양이 머리위에 오는 하짓날에 지역마다 막대기의 그림자가 없어지는 시각이 다른 점에 착안하여 지구의 둘레가 약 4만Km라는 계산을 해냈다(오늘날에도 이 수치는 거의 정확하다).

태양빛을 받는 다른 지역의 태양각은 110Km마다 경도상으로 1도의 차이가 난다.

지구의 나이는 암석에서 채취된 방사성원소의 측정에 근거하면 약 46억 년이다.

■물질의 연령측정에 사용되는 방사성원소

방사성원소	반감기(억년)	최종생성물	광물 또는 암석의 종류
U^{238} 우라늄	45	Pb^{20} 납	저어콘, 피치블랜드
U^{235} 우라늄	7^{13}	Pb 납	저어콘, 피치블랜드
K^{40} 칼륨	13	Ar^{40} 아르곤	백운모, 흑운모
Rb^{87} 루비듐	470	Sr^{87} 스트론튬	백운모, 흑운모

우주의 시초는 150억년 전 빅뱅(대폭발)으로부터 시작되었다. 150억년에서 50억년 사이의 우주에 대해서는 우리가 별로 알고 있지 못하다.

아득히 먼 곳에 있는 별을 향한 관측에서 추리를 한다면 거대한 우주성운(별들의 집단이다. 이 별들은 수소와 헬륨으로 구성되어 있다)이 중력에 의해 뭉쳐지고 새롭게 탄생되면서 또 다시 폭발하고 흩어지는 혼돈의 시간대였을 것이다.

지금도 우주공간에서는 오래된 별은 사라지고 수많은 별들이 태어나는 현상이 관측된다. 별의 탄생과 죽음은 수십억년에 걸쳐서 일어나는데 은하계만 해도 1,000억개 이상의 항성이 존재한다.

약 50억년 전 은하계에서 거대한 초신성이 폭발한 후 우주공간의 흩어진 물질이 다시 모여 원시 태양계를 만들어 냈다.

공간의 대부분을 차지하는 수소원자의 방대한 집결로 핵융합반응이 일어났고 태양이 탄생되었다.

시간이 흘러 태양계의 다른 행성과 함께 고체지구가 만들어지기 시작했다. 수성, 금성, 화성은 고체형 행성으로 내부가 무거운 원소로 만들어진 지구와 닮은 형제 행성들이다.

우주의 원소중에서 가장 많은 것은 수소와 헬륨인데 이러한 가벼운 원소는 태양으로 집중되고 철이나 규소같은 무거운 원소는 작은 행성을 만들어낸 것으로 보인다.

지구는 태양계의 아홉 개 행성중에서 세 번째 행성으로 태양에 대한 공전주기는 365일 2시간이며 자전주기는 24.125시간이다. 지름은 12,750km로 적도반경이 극반경 보다 약간 큰 사과모양의 형태를 하고있다(적도반경 6,378km, 극반경 6,356km). 적도의 원 둘레는 약 4만km이며, 총질량은 5.974×10^{27}gm이고, 부피는 1.083×10^{27}cm^{3}이다.

지구는 표면의 71%가 물로 덮혀있는 수반구상태의 행성이며 한 개의 위성을 거느린다(이 둘은 같이 마주보며 공전한다). 고체지구의 주성분은 철과 이산화규소(SiO_2)가 대부분을 차지한다. 토양과 암석은 이산화규소가 주요성분으로 되어 있다.

지구의 환경은 크게 세 권역으로 구분한다. 암석과 토양으로 구성된 지권, 하늘 또는 창공으로 부르는 기권, 지표면의 71%를 차지하는 수권(해양, 강, 호소, 빙하지역)의 3대 권역으로 나눈다. 생물은 주로 수권과 지권에서 존재한다. 지표 아래(육상지각의 35km 이하, 해저지각의 7km 이하부터)의 맨틀과 마그마도 지구의 환경과 밀접한 관련이 있으며 지하권으로 구분하기도 한다. 인간의 기술로 뚫은 지하시추의 최고기록은 러시아의 콜라반도에서 달성한 15km이다.

육상지각의 상층부는 퇴적암층으로 이루어져 있고 평균두께는 1.5km이며 15km 이하에서는 퇴적암을 발견하기 어렵다. 그 아래는 화성암과 변성암이 주종을 이룬다.

■고체지구의 구성물질(물은 제외)

지　　각(%)		고체지구(%)	
산소	46.6	철	35
규소	27.7	산소	30
알루미늄	8.1	규소	15
철	5.0	마그네슘	13
칼슘	3.6	니켈	2.4
나트륨	2.8	황	1.9
칼륨	2.6	칼슘	1.1
마그네슘	2.1	기타	1.6

지구의 지권(땅)

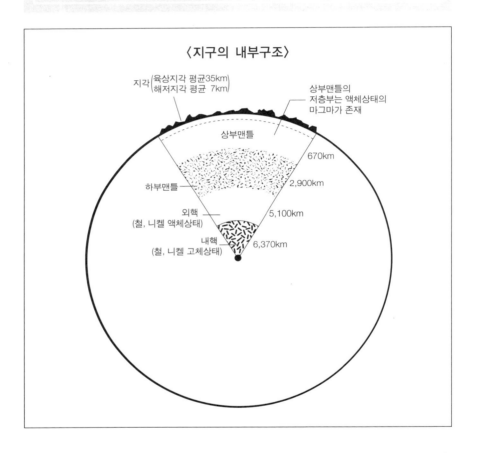

〈지구의 내부구조〉

지각(육상지각 평균35km / 해저지각 평균 7km)

상부맨틀의
저층부는 액체상태의
마그마가 존재

상부맨틀

670km

하부맨틀

2,900km

외핵
(철, 니켈 액체상태)

5,100km

내핵
(철, 니켈 고체상태)

6,370km

　지구의 내부구조는 지진파의 이동방향을 통해서 분석한다. 주기
적으로 지구내부에는 약하게 또는 강하게 지진파가 감지되고 있다.
　지진파는 종파(P파, 기체, 액체, 고체를 모두 통과)와 횡파(S파, 기체나 액체는 통과를 못한다)가 있는데 이 파들의 속도나 굴절상태로 지구내부를 분석한다.

지각은 지역에 따라서 육상이나 해저에 따라 두께가 다르며 지각 아래에는 맨틀이 있다. 맨틀은 지하 2,900km까지이며, 처음 670km까지가 상부 맨틀, 그 이하를 하부 맨틀이라 한다. 맨틀은 고체성분이며 상부 맨틀의 아래 부분에는 액체상태의 마그마가 어느 정도 존재하는 것으로 알려져 있다. 마그마가 지각에서굳어지면 화성암이 된다. 화강암(석영, 정장석 등)은 깊은 지층에서 형성되는 화성암의 일종을 말한다.

지각은 암석과 토양으로 이루어져 있다.

토양(흙)은 대부분이 암석의 풍화작용으로 쌓인 퇴적물이다. 순수한 토양은 오랜 세월 동안 암석이 온도나 압력으로 분쇄가 되고 (화학적 풍화) 바람과 물(기계적 풍화)에 의해 널리 산재한 암석의 가루이다.

토양의 주성분은 산소와 규소(SiO_2 이산화규소)이며, 알루미늄, 철, 칼슘, 유기물의 잔해, 마그네슘 등이 소량으로 혼재되어 있다.

토양속에는 공글이라는 작은 공간이 있는데 이 공간의 크기에 따라서 토양의 종류가 달라진다. 입자가 작은 진흙은 공글이 작으며 토양의 밀도가 높고 미생물의 숫자도 많다. 반면 입자가 굵은 모래나 퇴적층은 상대적으로 미생물도 적다.

순수한 토양속에도 수많은 미생물과 기생충이 있는 것으로 알려져 있다. 이들은 유기체를 분해시켜 자연계의 순환에 중요한 역할을 한다.

강의 상류층에는 입자가 굵은 자갈 등이 많고 하류로 갈수록 입자가 작은 모래로 이루어져 있다. 기계적 풍화로 인해 암석의 알갱이는 오랫동안 이동을 할수록 동그랗게 되고 크기도 작아진다.

화학적 풍화에 의한 암석 입자는 물에 녹은 상태(이온화)로 이동하여 자연적으로 메워지기도 한다. 해수의 침전물은 물이 증발하였을 때는 암염이나 석고 등으로 만들어진다.

토양이 붉은 색을 많이 띠는 것은 성분속에 산화된 철이 많이 포함되어 있기 때문이다.

지진 Earthquake

지진은 지각의 판운동이나 화산활동에 의해 돌발적으로 일어나는 지각의 흔들림을 말한다. 이런 흔들림은 지구내부에 쌓인 지각의 탄성에너지와 화학 및 중력에너지가 갑자기 방출되고 이때 생긴 지진파가 전파되면서 일어난다. 지진의 발생이론에는 단층운동설, 판구조론, 해저확장설 등 여러 가지 설이 있다.

지진은 태풍이나 홍수 다음으로 빈번하게 발생하는 자연재해 중 하나이다. 대규모의 지진은 생태계에 엄청난 변화를 가져오며 지진보다 더 파괴적인 자연현상은 찾기 어렵다.

지각은 7개의 큰 판과 7개의 작은 판으로 형성되어 있는데 판의 경계부근에서 지진이 많이 발생한다.

지진은 이차적인 효과로 산사태, 쓰나미(지진해일), 화재, 단층활동을 가져오지만 토양의 상태를 재조정하고 먹이사슬의 균형유지와 같은 긍정적인 측면도 없지는 않다.

지진에 대한 연구는 P파와 S파로 분류되는 지진파로 분석하며 진도로 인한 규모와 진원·진앙지를 파악한다.

지진의 규모는 Magnitude의 약자 M으로 표시하며 진도는 8등급 또는 12등급으로 구분하는데 8등급분류(일본 기상청 자료)에서 5~7등급의 강진은 80gal 이상으로 큰 피해를 가져온다. 지진의 규모와 진도는 반드시 일치하지는 않는다. 지진과 달리 "화산폭발"은 지구 내부의 마그마가 맨틀 상층부의 약한 곳을 뚫고 용암의 형태로 지표면 위로 방출되는 현상이다.

지구의 수권

• 물 H_2O

수권에 대한 설명을 하기 전에 만물의 근원이라고 부르는 물에 대해서 알아보기로 한다.

노자의 도덕경에는 "최고의 선은 물과 같다(上善若水 상선약수)"는 문장이 나온다. 물은 만물의 근원이면서 가장 큰 역할을 하지만 가장 낮은 곳에서 자신을 드러내지 않는 겸손의 철학을 말한 것으로 생각된다.

물은 최초로 생명이 탄생한 근원이며 지구형의 생물은 절대적으로 물에 의존하고 있다. 오늘날 생물의 대부분은 수서생물이 차지하고 있다. 학계에서는 전생물의 90% 이상을 해양생물로 추정하고 있다.

물분자는 수소와 산소원자가 결합된 원소로서 부피로는 2:1, 무게로는 1:8의 반응생성물이며 생물체의 중요한 성분이다(질량면에서 산소원자가 수소원자 보다 16배나 무겁다).

물 한 방울에는 30해 정도의 물분자가 들어 있다(1해는 1경의 1만배이다. 1해=10^{20}, 100억×10억에 해당한다).

인체는 1일 최소 1.5ℓ 의 물을 공급받아 소화, 흡수, 배설, 호흡과 순환, 체온조절 등의 대사활동에 이용한다. 해양생물은 아가미를 통해 해수중의 산소를 분해하여 이용한다. 또한 물은 식물의 광합성작용과 물질의 운반 및 화학작용, 지구의 기후조절과 냉각작용 등 수많은 역할을 한다.

자연계는 물과 탄소 그리고 산소와 질소의 거대한 순환으로 연계되어 있다. 유해물질로 인한 물의 오염은 생태계에 막대한 피해를 가져오기도 한다.

공기중에는 수증기가 포함되어 있는데 이 수증기의 양을 백분율로 측정하여 습도로 표시한다. 수면에서 공기중으로 증발하는 물분자 A, 수증기상태에서 물과 충돌하는 물분자 B, A가 B보다 많으면 증발(A＞B), B가 A보다 많으면 응결(A＜B), A와 B가 같으면 포화상태라고 부른다. 습도가 높은 지역에서 증발된 수증기가 많으면 안개가 자주발생한다.

최초에 물이 어떻게 생성되었을까?

지구와 달리 금성이나 화성은 물이 거의 없고 바다도 없다. 지구에는 왜 이렇게 많은 물이 있는지 그 과정을 알아보기로 한다.

태고적(44~45억년 전)의 지구대기는 원시태양계와 비슷한 가스성분의 환경이었을 것으로 추정된다. 이것을 1차대기라고 한다.

1차대기는 주로 수소, 헬륨, 메탄, 암모니아 등으로 이루어진 것으로 여겨지며 생성초기의 1차대기는 강력한 태양풍의 영향으로 목성과 토성의 중력에 끌려 태양계의 외곽쪽으로 밀려났을 것으로 추측된다.

시간이 흐른 뒤 지구자체의 활동으로 2차대기가 조성되기 시작했다. 2차대기는 지구의 화산활동에 의한 휘발성 기체의 방출이다. 이 기체는 주로 수증기 H_2O와 이산화탄소, 염소, 질소 등으로 구성되어 있다. 이것은 오늘날의 화산활동에 의한 근거이다.

지구내부의 맨틀에 철성분이 적으면 휘발성기체의 방출이 많아진다. 반면 철이 많으면 기체의 방출이 적어지겠지만 철성분이 지구핵 중심부로 이동을 하면서 휘발성 기체의 방출이 많아졌을 것으로 추정된다. 결국 이들 기체중의 수증기가 마그마(암석의 액체상태)의 작용으로 증발과 흡수의 순환을 반복하여 물을 생성한 것으로 보인다(다른 가설로는 최초의 물의 생성이 혜성과 소행성의 지구충돌에서 비롯되었다는 외계유입설도 있다).

시간이 흐르면서 지표면의 온도가 낮아지고 수증기는 비로 내리기 시작한다. 이러한 과정이 오랜 세월동안 반복되면서 바다를 형성한 것으로 보인다. 오늘날 바다에 포함된 염분은 육상에서 흘러든 성분이 용해된 것이며 태초의 바다는 염분의 농도가 매우 낮은 것으로 알려져 있다.

우주탐사자료에 의하면 화성의 극지대에는 소량의 물이 얼음상태로 존재한다고 알려져 있으나, 화성은 온도차이가 너무 크기 때문에(+25℃~-60℃ 사이를 오르내린다) 생물이 살기에는 적합하지 않은 환경으로 판단되고 있다. 화성의 대기밀도는 지구의 100분의 1에 불과하다.

금성의 대기는 주로 이산화탄소(CO_2)이며 소량의 질소와 수소가 검출된다. 금성은 중수소가 많은데 물의 원소가 되는 가벼운 수소는 오래전에 우주공간으로 날아간 것으로 보인다. 금성의 생성초기에는 수증기가 많이 발생한 것으로 생각되지만 지구처럼(10~15 km의 대류권상태) 구름이 형성되지 못하고 태양열과 과포화된 수증기 때문에 온실효과가 발생한 것으로 보인다.

이러한 상태에서 최저온도면이 100km 이상으로 상승하게 되고 이 지점에서 수증기는 자외선에 의해 산소와 수소로 분리가 된다. 결국 가벼운 수소원자는 우주공간으로 흩어지고 물의 재료인 수소가 부족하므로 금성은 바다가 만들어질 수 없었다는 설명이다. 금성의 대기온도는 섭씨 200도에 달한다. 오늘날까지 물이 없는 금성은 이산화탄소로 가득 찬 뜨거운 행성이 된 것으로 보인다.

해양과 대기

물은 모든 생명체의 어머니이면서 지각의 풍화작용을 일으키고 기후를 변화시키며 지구의 모습을 바꾸는데 끊임없는 역할을 한다.

지구 표면의 71%는 물로 덮혀있다. 청색의 바닷물과 흰구름으로 너울거리는 지구는 선택받은 태양계의 행운아다.

오늘날 생물의 90%는 해양에서 서식한다. 지금도 넓은 바다속에는 학명도 없는 이상한 생물들이 우글거리고 있을 것이다. 해양은 육지 보다 시간적으로 더욱 경쟁이 치열한 곳이다.

물이 가장 많은 곳은 당연히 바다이며, 전수량의 97.3%를 차지한다. 그 다음이 빙하지역으로 2.24% 정도이며, 지하에도 상당량의 물이 있지만 이용에는 어려움이 많다. 육상생물이 사용할 수 있는 강과 호소지역의 물은 0.03%에 불과하다. 그래도 이 수량은 5 × 1015톤에 달한다. 수증기나 빗물의 양은 생각보다 훨씬 미미한 수준이다.

물은 끊임없이 순환한다.

대기중에서 지표면으로 육지에서 지하와 강으로, 강에서 바다로, 기온이 급강하하면 빙하를 이루기도 한다.

해양과 맞닿은 대륙의 가장자리는 200m 정도인데 이 지대를 대륙붕이라고 한다. 해양의 평균수심은 3.8km이고 최저수심은 태평양의 마리아나해구로 11km에 달한다.

바닷물이 파란색으로 보이는 것은 태양의 가시광선 중에서 파란색이 수면과 부딪혀 산란이 되기 때문이다. 흐린날이나 태양이 진 뒤에는 투명한 바닷물은 원래 검은색을 띤다. 300m 이하의 수심은 빛이 통과할 수 없으며 깊은 바다는 캄캄한 암흑의 세계이다. 플랑크톤이 많은 지역은 녹색이며 먼 바다는 청색으로 보인다.

해양은 지역에 따라 다르지만 평균적으로 35% 정도의 염분을 포함한다. 이 염분은 태고적부터 지표면의 암석에서 흘러들어간 것이며 극지방으로 갈수록 염분의 함량이 낮다. 북극해는 20~30%, 발틱해는 5~15% 정도 염분량이 낮다.

지구에는 끊임없이 바람이 분다. 바람이 부는 이유는 평균시속 1,300km로 자전하는 지구의 운동과 대기의 이동하려는 성질 때문이다. 대기의 이동에는 지구의 만유인력과 마찰력, 견인력 등 여러 힘이 작용을 한다.

바람은 고기압에서 저기압 방향으로 수평이동을 하는 공기의 흐름을 말하며 이와 달리 수직방향으로 움직이는 공기를 기류라고 한다. 대기가 고기압인 지역은 날씨가 차갑지만 쾌청하다(고기압은 공기의 무게가 무겁다는 의미이다). 저기압지역은 습기가 많고 흐리면서 세력이 커지면 열대성 저기압으로 변해 태풍을 몰고 오기도 한다.

1기압은 1,013헥토파스칼(hpa)로 표시하며 지표면의 평균기압은 1,000hpa 정도이다.

기압이란 대류권에 있는 공기의 무게를 측정하는 용어다(즉 공기의 밀도가 높고 낮은 정도를 분석할 때 쓰는 용어다).

공기중의 기체원소(수증기, 질소, 산소 등)는 지구의 중력 때문에 지표면에 가깝게 밀집되어 있다.

지표면의 15km 고도가 대류권이며 이곳에 공기의 75% 정도가 모여 있다. 반면 40km 이상 고도인 성층권은 기압이 매우 낮다(즉, 기체원소가 매우 적다). 이것은 고도상으로 관찰했을 경우이고, 같은 고도에서도 기온이나 지역에 따라서 공기의 무게가 달라진다.

공기는 더워지면 팽창을 하고 기온이 내려가면 수축하려는 성질을 갖고 있다. 다시 말해서 주변의 온도가 올라가면 공기가 팽창하면서 점차 밀도가 낮아지고 저기압상태의 기류와 뭉치려는 현상이 일어난다. 따라서 고기압은 찬기류가 있는 곳에 많이 형성되고 저기압기류는 따뜻한 공기가 많은 곳에 형성된다.

저기압 세력에 더운공기가 합류하게 되면 수증기가 많이 포함된 구름이 형성되고 비가 내릴 확률이 높아진다. 구름의 미세한 수증기는 아직은 빗방울이 아니다. 무수한 물입자가 서로 접근하여 커지면서 공기중에 머무를 수 없을 때 중력에 의해 빗방울이 되어 지표면으로 떨어져야 비가 된다.

바람은 파도의 에너지를 제공하고 해류의 순환을 가져온다. 바람에 의한 대기와 해류의 순환은 날씨와 기후에 큰 영향을 끼치며 생태계에도 많은 영향을 준다.

태풍

태풍을 아시아권에서는 타이푼Typhoon, 서남아시아에서는 사이클론Cyclone, 중남미지역에서는 허리케인Huricane으로 부른다.

토네이도는 육상지역에서 발생하는 회오리 폭풍을 일컫는다.

태풍은 공기의 밀도가 낮은 저기압상태에서 발생하는 데, 저기압의 규모가 클수록 엄청난 양의 공기와 비구름이 합류하게 된다. 태풍은 열대성저기압형과 온대성저기압형이 있다. 저기압과 고기압전선이 만나면서 많은 비와 강력한 바람을 동반한다.

비가 많이 오는 지역은 주로 적도지방과 기단이 부딪치는 극전선 부근이다. 이 지역은 더워진 공기가 팽창하면서 저기압대를 형성(저기압상태에서 또다시 다른 공기와 수증기가 유입된다)하여 강수량이 많은 열대우림이 형성되었다.

한국의 장마는 온대성 저기압이 북태평양의 고기압대와 만나면서 생기므로 열대성 우기지역과는 사정이 다르다.

아열대지방과 극지방은 차가운 공기가 하강하면서 고기압대를 형성한다. 공기의 밀도가 1,013헥토파스칼을 훨씬 상회한다. 이 때 공기가 따뜻해지는 상태가 되고 수증기의 흡수율이 높아져 이 기단이 지나가는 곳은 건조한 기후대가 형성되다. 그러나 이 기단이 새로운 저기압 기단을 만나게 되면 그곳은 많은 강우량을 기록하게 된다. 위도 30° 부근의 아열대지방은 강수량이 적은 대표적인 건조기후대로 알려져 있다.

밀물과 썰물(조석)

바닷가에는 밀물(high tide, 만조)과 썰물(low tide, 간조)현상이 일어난다. 조석은 대개 2회 발생하지만 하루에 1회만 일어나는 곳도 있다. 조석이 일어나는 때는 지역마다 지형에 따라 다르다.

조석은 지구와 달이 마주보면서 자전과 공전하는 공동작업으로 일어나는 현상이다(달은 자전과 공전주기가 28일로 같다. 따라서 지구에서는 달의 한쪽면만 볼 수 있다).

물로된 바다가 달과 지구의 한가운데에 위치할 때, 지구에서 달과 마주보는 해양은 액체인 물이 변형되면서 달쪽으로 약간 부풀어 오른다. 여기에서는 지구의 원심력과 물의 기조력, 달의 인력 그리고 태양의 인력도 어느정도 작용한다. 부풀어 오른 바닷물이 있는 해안지역을 지구가 자전하면서 썰물을 만든다. 또다시 해수면이 낮아진 지역을 지날 때는 밀물현상이 생긴다.

한편 달을 볼 수 없는 지구의 뒤쪽 반구에서도 밀물과 썰물현상이 일어난다. 뒤쪽 반구에서는 달의 인력보다 지구의 원심력이 더 크게 작용한다.

해안이 확 트인 곳이나 대양 한가운데, 극지방은 간조가 차이가 크지 않으며 지형이 복잡한 만과 해협부근에서는 조수간만의 차이가 15m 이상이 되기도 한다.

달의 생성은 소행성이 지구충돌 후에 지구궤도에 포획되었다는

설과 지구와 동시에 생성된 후 지구에서 분리되었다는 가설 등이
있다.

  달의 존재가 지구생명체의 출현과 생존에 막대한 영향을 끼친 것
으로 학계에서는 보고 있다.

빙하 Glacier

약 2만년 전에는 지구의 3분의 1이 빙하로 덮인 시대가 있었다.

오래전 중생대에는 빙하가 전혀 없었던 것으로 알려져 있다. 현재는 빙하가 약간 물러난 간빙기시대로 지표면의 10% 정도에 빙하가 존재한다.

빙하의 85%는 남극대륙에, 10%는 북극지역에 나머지는 여러지역에 분산되어 있다. 높은 산악지대에도 빙하가 존재한다.

빙하는 글자 그대로 얼음의 강이라는 뜻이다.

빙하는 흐름이 늦으며 1년에 수 km씩 또는 수십 m의 느린 속도로 흐른다. 빙하는 눈이 계속 내려 퇴적되면서 두터운 얼음층을 형성하는데 밀도가 0.5g/cm이면 만년설이 되고 0.8g/cm을 넘으면 빙하 얼음이 된다.

맨 아래쪽의 빙하 얼음은 자체의 무게 때문에 낮은 곳으로 조금씩 이동하게 되고 기온이나 태양열에 점차 녹기 시작한다. 바다에 떠 있는 빙하의 일부를 빙산이라고 하는데 빙산은 전체부피의 90%가 수면 아래에 있다. 이 빙산은 대형해상사고의 원인이 되기도 한다.

과거 빙하의 흔적은 유럽이나 북아메리카지역에서 발견되는데 아시아지역은 빙하의 흔적을 찾기 어렵다. 빙하시대는 길게는 1억년 짧게는 1백년 가량 지속되는 것으로 알려져 있다.

빙하시대가 도래하는 원인은 확실히 알수 없지만 태양의 활동과 기후변화가 주원인으로 보인다. 빙하는 엄청난 양의 수증기가 공급되어 눈으로 내려야 형성되는 데 생물에 의한 이산화탄소의 증가와 해류의 변화도 깊은 영향이 있는 것으로 보인다. 지구 역사상 4번 정도의 대규모 빙하시대가 있은 것으로 알려져 있다. 원생대 초기 (23억년 전), 원생대 말기(8억5천만년 전), 오르도비스기(4억4천만년 전), 석탄기(3억1천만년 전) 등인데 일정한 주기로 오는 것은 아닌것 같다. 빙하시대의 연구는 생물화석에 포함된 탄소동위원소의 분석을 통해 해수온도를 측정하여 자료를 수집한다.

대륙이동설

대륙이동설은 거대한 신생대륙이 수천만년에 걸쳐 수천 km씩 이동을 하여 분리가 되고 또 다른 대륙을 형성했다는 학설이다(가령 1년에 1cm를 이동하면 1억년에 1천km를 이동하게 된다).

지구에 최초의 바다가 만들어진 뒤 큰 대륙이 생기고 또다시 여러 대륙으로 분리되어 오늘날의 여섯 대륙으로 만들어졌다는 학설이다. 대륙이동은 지진이나 빙하기처럼 단기적인 변화가 아니고 오랜 세월에 걸쳐 일어난 사건이며 자료의 확보나 증명이 쉽지않다.

대륙이동설은 독일의 베게너(1915, 대륙과 해양의 기원)가 처음으로 발표했으나 반대론자의 반박으로 한때 잊혀졌다가 20세기 후반 해저확장설과 판구조론이 등장하면서 최초의 주창자로 인정받고 있다. 대륙이동설은 아직도 많은 논쟁이 있으며, 베게너가 주창한 최초의 대륙을 판게아라고 부른다. 베게너는 오늘날의 대륙을 잘 맞추면 비슷하게 들어맞는 점에 착안하여 연구를 시작했는데 과거의 기후분포와 퇴적암의 분포를 근거로 현재의 위도가 다른 지역이 과거에는 같은 대륙임을 주장했다.

지구상에서 최초의 대륙은 로디니아로 명명된다. 당시에는 거대한 바다와 하나의 대륙만 존재했다고 한다. 고생대 후기인 7~8억년 전 로디니아가 몇 개의 작은 대륙으로 갈라지면서 또 다른 대륙판

게아를 만들고 판게아의 일부가 캄브리아기 초에 곤드와나대륙을 형성했다. 중생대에는 판게아가 분리되면서 태티스해를 만들었다.

태티스해는 아시아와 아프리카 사이에 위치한 거대한 바다이다. 이때는 인도와 호주, 아프리카가 합쳐진 상태였다고 한다. 신생대에 들어서면서 아프리카와 인도대륙이 유라시아 쪽으로 접근을 했고 알프스와 히말라야 조산대가 형성된 것으로 여겨진다.

약 3천만년 전에는 한반도의 동해가 형성되고 일본열도가 아시아 대륙에서 분리되기 시작했다. 3백만년 전에는 남북아메리카가 접근하기 시작했다. 한반도는 선캄브리아시대 육괴와 고생대 퇴적분지와 습곡대가 있고 북쪽지역에는 고생대층과 중생대층이 동시에 존재하는 복잡한 지형으로 조사되고 있다. 지각의 생성과정과 이동연대를 동시에 연구하는 일은 매우 까다로우며 확실한 자료가 부족한 실정이다.

지구의 기권(하늘)

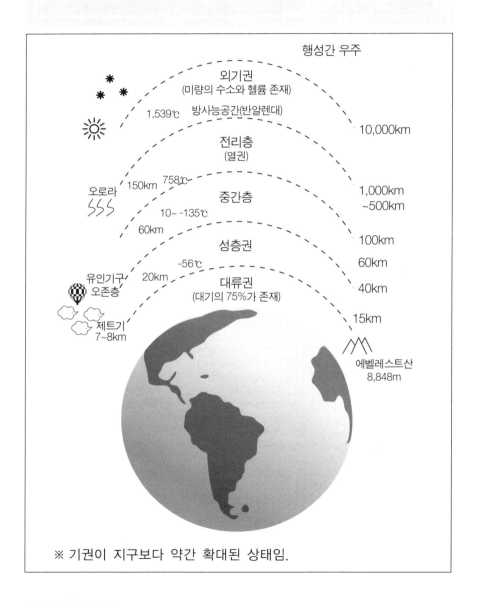

행성간 우주

외기권
(미량의 수소와 헬륨 존재)

1,539℃ 방사능공간(반알렌대)

10,000km

전리층
(열권)

오로라 150km 758℃

1,000km
~500km

중간층

10~ -135℃
60km

100km

60km

성층권

-56℃

20km

대류권
(대기의 75%가 존재)

40km

유인기구
오존층

15km

제트기
7~8km

에벨레스트산
8,848m

※ 기권이 지구보다 약간 확대된 상태임.

지표면 위의 공간, 이른바 하늘 또는 창공으로 불리우는 기권에 대해서 알아보자.

기권은 기체원소가 많은 대류권과 열권, 외기권 등으로 구분한다. 외기권을 지나면 행성간 우주가 시작된다. 외기권부터는 매우 위험한 공간이다. 이 곳은 물질도 거의 없고 뜨거운 태양열과 자외선, 방사선이 쏟아지고 있다. 푸른 하늘은 생명체에게는 위험한 곳이며 결코 안락한 공간이 아니다. 하늘은 생명체의 징후라고는 찾기 어려운 곳이다.

하늘이 푸르게 보이는 이유는 태양빛의 스펙트럼 중에서 청색광선이 산란이 가장 잘되기 때문이다. 태양의 청색광선이 대류권의 기체원소와 부딪치면서 가장 많이 산란되고 그 산란된 색이 푸른 하늘을 만든다.

대략 고도 1,000km까지의 지구상공을 기권으로 구분한다. 기권 중에서 상공 15km를 대류권이라 하며 여기에 기체원소의 75%가 존재한다. 대류권은 공기의 흐름이 심하며 여러 형태의 기압으로 바뀐다. 그 다음이 40km 거리의 성층권이며 기체의 밀도가 매우 낮다. 즉 공기의 무게가 가벼우며 공기의 흐름도 거의 없다. 성층권의 높은 곳은 0.01기압까지 내려가며 공기의 흐름이 아주 미미하다. 대류권의 평균온도는 15℃ 정도이며 지역마다 편차가 심하다. 어떤 지역에서는 1km 당 6.5℃까지 하강하는 곳도 있다.

성층권은 자외선의 영향으로 상층부는 온도가 높고 아래쪽은 다소 낮다. 성층권을 지나서 80~100km까지를 중간층이라 한다. 중간층도 10℃에서 −130℃로 온도차가 많이난다. 중간층부터는 기체가 태양빛에 의해 전리되는 전리층으로 이 곳은 온도가 매우 높아

열권이라고도 한다.

열권의 경계선은 중간층부터 지구 상공의 1,000km까지로 본다. 열권과 전리층을 지나면 외기권에 들어선다. 외기권부터는 방사능이 검출되며 반알렌대라고도 한다. 미량의 수소와 헬륨이 존재하며 온도가 매우 높다.

외기권을 통과하면 행성간 우주가 시작된다. 행성간 우주는 고도 10,000km부터이며 여기서도 미량의 수소원자가 검출되지만 무시해도 될 정도로 진공상태나 다름없다. 행성간 우주는 방사능과 뜨거운 태양열로 인해 어떠한 미생물도 존재하지 않는 것으로 보고되고 있다.

■대기중의 기체성분

(수분과 에어로졸을 제외한 건조공기로 부피기준, 단위 %)

질소	78.1%	네온헬륨, 크립톤	0.003
산소	21.0%	크세논, 메탄	
아르곤	0.9%.	오존	0.00006
이산화탄소	0.035%	수소	0.00005

※ 공기는 단일기체의 화합물이 아니고 여러 원소의 물리적인 혼합물이다. 보통 질소와 산소가 99%를 차지한다. 에어로졸은 고체 또는 액체상태의 미립자를 말한다.

태양과 별(항성)

오늘도 태양은 또다시 떠 오른다.

차가운 밤 하늘에 가냘프게 반짝이는 저 별들을 보라.

위의 두 문장은 전혀 의미가 다른 문장으로 생각되겠지만 우주적인 관점에서는 유사한 의미로 해석될 수가 있다. 그렇지 않다고 의문을 갖는 독자도 있겠지만 뜨거운 태양의 빛과 차가운 밤 하늘의 별빛은 같은 성질의 항성에서 오는 빛이다. 두 천체가 수십 또는 수백 광년의 거리에 위치하고 있지만 태양과 별(항성, star)은 우주의 형제별이다.

태양과 주변 행성은 46~50억년 전 거대한 초신성의 폭발로 인해 생성된 것으로 보고 있다. 태양은 수소와 헬륨의 핵융합으로 막대한 에너지와 원소를 만드는 화학공장과 비슷하다고 볼 수 있다. 태양풍과 지구의 자기장은 끝없이 부딪치고 충돌한다. 극지방의 오로라는 이러한 충돌현상 때문에 나타난다. 태양계가 속한 우리 은하계는 1,000억 개 이상의 별(항성)이 있지만 실제로 육안으로 볼 수 있는 별은 6천 개도 채 안된다. 이 별들은 몇 개의 행성과 달을 제외하고는 모두 항성이다.

별들 중에는 태양보다 수십, 수백배의 질량에 달하는 것도 있고 태양처럼 적당한 규모의 별도 많다.

태양은 고대인들이 생각한 것처럼 불타는 돌덩어리가 아닌 거대한 가스 덩어리이다. 표면온도는 약 6천도이며 중심부는 1천만도 정도로 알려져 있다. 지구와 태양의 거리는 1억5천만km(1AU, 천문단위)이며, 태양의 지름은 139만km로 지구의 100배가 조금 넘는다. 태양의 핵융합반응은 거대한 중력에 의해 수소가 밀집되면서 일어난다. 이 때 절대온도가 1,000만도K에 이르면 수소가 헬륨으로 바뀌는 핵융합현상이 일어나는데 이러한 고온을 지속적으로 유지하는 기술은 아직 없다.

항성은 질량이 클수록 별의 수명도 짧다. 별의 질량이 태양의 3배 또는 10배라면 그 별의 수명은 5억년 또는 2천만년으로 급격하게 줄어든다.

태양의 수명은 향후 50억년은 활동을 할것으로 예상되는데, 50억년 후에는 태양이 거대한 폭발을 일으킨 뒤 작은 왜성으로 몰락할 것이라는 예측이 있다.

지구의 에너지는 대부분 태양에서 오고 있다.

태양에너지의 절반은 대류권에 도달하기 전에 반사되고 일부는 대류권에 흡수된 후 절반정도만이 지표면에 도달한다. 지표면에 도달한 태양의 복사열은 먼저 지구를 데우는데 사용된다. 태양에너지는 물을 증발시키며 광합성작용에 반드시 필요하다(태양이 없으면 지구는 화성처럼 기온차이가 극심한 이상한 행성이 될 것이다).

물의 증발, 수증기의 구름형성과 다시 비가 내리는 작용에도 많은 에너지가 소요된다. 지표면에서 복사된 태양에너지는 대기중의 기체(물, 이산화탄소, 메탄 등)를 데우는 역할을 한다. 이러한 온실효과로 지구는 적당한 온도를 유지한다. 반면 지구의 냉각작용은 수권에 있는 물이 큰 역할을 한다.

물의 냉각작용과 대기와 해류의 흐름에 의한 기후변화로 온대와 열대, 극지방의 다양한 지역이 존재한다. 고체지구에서도 열에너지가 발생하지만 태양에너지와는 비교할 바가 아니며 주기적으로 공급하는 데에는 난제가 있다.

태양을 맨눈으로 보면 대단히 위험하다. 강력한 자외선과 높은 광도는 시각신경을 손상시킬 수 있다. 태양은 일출과 일몰 때는 한낮보다 매우 크게 보인다. 이것은 대기층의 두께차이로 나타나는 빛의 퍼짐(굴절)현상 때문이다. 그러나 태양의 크기는 항상 같다.

우주공간에서 태양을 보면 백색으로 보인다. 태양빛은 일곱색 이상의 스펙트럼을 갖고 있다. 아침 저녁으로 태양이 붉게 보이는 것은 빛이 지구의 대기를 지나오는 거리가 멀기 때문이다. 거리가 멀면 공기중의 기체원소나 미세원자를 많이 통과해야 한다.

적색과 황색광선을 제외한 다른 광선은 산란이 많이 되면서(기체원소와 부딪친다는 뜻) 먼 거리까지 도달하지 못한다. 따라서 에너지가 가장 높고 산란이 적게 되는 적색과 황색광선이 주로 우리 눈에 도달하게 된다.

한낮의 태양이 노란색(또는 흰색)으로 보이는 것은 태양빛이 약 15km의 대기를 지나서 우리 눈에 도달하기 때문이다. 이 거리는 빨간색만 도달하기에는 짧은 거리이며 노란색도 충분히 도달할 수 있는 거리에 해당된다.

하늘이 푸른 이유는 가장 낮은 에너지를 가진 파란색이 대기중의 기체입자와 산란이 많이 되면서 광선에서 떨어져 나가기 때문이다. 산란된 파란색은 대기중으로 흩어져 푸른 하늘을 만든다(19세기 영국의 과학자 존 틴들의 연구에서 일부인용).

우주여행과 외계생명체

광대한 우주의 수많은 행성중에서 생명체가 존재할 가능성을 완전히 배제할 수는 없다(이것은 아직까지 확인된 사실은 아니다). 그러나 그 별의 생명체가 지구생명체와 유사하고, 인류보다 더 뛰어난 기술문명을 보유했다고 단정할 증거는 없다.

미확인 비행물체(UFO, 일명 비행접시)는 명확한 증거가 없다. 이것은 목격자가 지구상의 비행물체나 기구 등을 착각한 경우가 대부분이며 원형구름이나 구상번개와 같은 기상이변현상을 착시한 것으로 판정되고 있다.

아직까지 외계문명이 지구에 도달했다는 증거는 없다.

"증거의 부재가 부재의 증거는 아니다"라는 과학세계의 논리가 분명 일리가 있지만 이 주장은 한편으로 오류와 허구를 만들 가능성을 내포하고 있다.

인간과 인간의 기술문명은 지구탄생 후 46억년의 시간이 흐르고 숱한 우여곡절을 겪은 뒤 나타났다. 이러한 기술문명이 다른 별에서도 필연적으로 진행되고 있다고 단정할 근거는 없다. 진화는 예측이 어려운 제멋대로의 성향을 갖고 있으며 그 무한한 가능성을 도식으로 산출하기는 매우 어렵다.

훗날 우리의 후손들이 우주를 향해 먼 여행을 떠날 가능성은 있지만 가까운 미래에는 태양계를 벗어나기도 어려울 것이다. 어떤 이

유인지는 몰라도 우리는 태양계의 작은 행성에서 살고 있고 태양계와 성간우주도 너무나 광활한 공간속의 한 부분일 뿐이다. 외계생명체와의 만남은 결국 시간이 답변을 줄 것으로 본다.

앞날의 일, 즉 미래를 예측하기란 쉽지가 않다. 정확한 자료와 도식으로 만들어진 청사진(설계도)이나 한달 후의 일정을 적은 계획표는 기존에 이루어진 과거라는 바탕위에서 합리적인 예측을 하는 것이다. 그러나 합리적인 기존의 자료가 없는 예측은 빗나가기 일쑤다.

과거와 현재가 뒷받침되지 않은 미래는 확정된 사실이 아니며, 사실로 인정받을수도 없다. 인간의 미래나 자연의 활동에는 너무나 많은 변수가 작용한다.

만약 이 모든 변수들을 정보화시켜 조합할 수 있다면, 이것은 미래의 일이 아닌 현재진행형의 범주에 들어오는 각본화된 사실을 창출하는 것과 유사하다고 보아야 한다.

개인이나 국가의 운명, 시장조사나 주식의 전망, 자연재해나 날씨의 변화와 같은 미래형 사건들을 완벽하게 예측할 수 있는 비결은 없다.

흔히 예언가들이 인용하는 "어떤 일이 발생할 수도 있고 그렇지 않을 수도 있다"라는 예상은 가능성의 표현이지 확정적인 미래의 예측이 아니다. 이 말은 절반의 확률을 나타내는 가능성의 표현이며 합리적인 예측이 될 수 없다. 이러한 예상은 보통사람들의 식견으로도 충분히 언급할 수 있는 상식적인 예측에 불과하다.

"역사에는 가정법이 없다"는 격언이 있지만 현재와 미래에도 가정법을 자주 사용한다는 것은 지혜로운 견해가 아니다. 이런 견해는 사실을 왜곡하는 허구적인 내용을 연출해낼 수도 있다.

미래학이라는 학문(점술이나 예언을 포함한다)이 과학적인 학문으로 인정받지 못하고 성립이 어려운 것도 여러 가지 이유가 있기 때문이다.

태양을 제외하면 지구에서 가장 가까운 항성은 켄타우루스 별자리의 알파프록시마란 별이다. 이 별은 세 개의 항성이 마주보며 공전하는 3연성의 별인데 4.3광년이 걸리는 먼거리에 있다(4.3광년은 약 43조km이다. 태양과 비교하면 28만배 이상의 거리다). 이 별주위에 몇 개의 행성이 있는지는 확실하게 알 수가 없다. 43조km는 시속백만km로 날아가도(마하 840의 속도) 5천년이 걸리는 광활한 거리다.

우주의 대부분은 진공으로 이루어져 있으며 어두운 모습이다. 그곳은 소리도 없고 바람도 없으며 고요만이 흐른다. 광대한 우주에는 물질의 질량과 중력, 에너지는 있지만 지구표면과는 너무나 다를 것이다. 별과 행성, 소행성이 있는 곳은 전체우주에 비하면 작은 장소에 불과하다.

진공은 원소가 거의 없는 빈공간을 의미한다. 우주공간은 거의 진공이나 다름없지만 1cm^{3}당 10~10,000개의 수소원자가 검출되는 것으로 보고된다. 이 수치는 무시해도 될만큼 하찮은 수치다(인공적인 진공의 한계는 1cm^{3}당 3만개 정도의 기체분자를 포함한다).

우주질량의 99% 이상은 수소와 헬륨이 차지하며 대부분이 항성에 집중되어 있다. 진공의 비율이 우주전체에서 얼마나 되는지는 알 수 없다. 현대인의 우주관은 팽창하는 우주쪽에 무게를 두고 있으므로 우주의 끝이 어디인지, 언제까지 팽창이 계속될지는 알기 어렵다.

어떤 물체도 빛보다 빨리 나아갈수는 없다.

현재의 기술수준으로 로켓의 최고속도는 마하25정도이다(시속 약 3만km, 초속으로는 8.5km : 마하1은 시속 1188km임). 로켓의 지구궤도탈출속도는 시속 4만km정도이지만—초속 11.2km—우주진입 후의 속도는 느려진다. 이 속도로는 달까지 도달하는데 12시간 이상이 걸린다.

1광년(빛의 속도는 초속 30만km)은 10조km에 달한다. 10조km는 시속 100만km로 나아가도 1160년이 소요된다. 지금까지 관측된 우주의 크기는 150억광년에 달하며 이 거리는 무한대와 다름없다.

별과 별, 우주와 우주 사이의 거리는 인간의 활동범위와는 다른 차원의 세계로 인식되어야 한다.

소행성은 크기나 궤도, 성분에 따라 여러 가지 명칭으로 부르고 있다. 달처럼 거대한 위성크기부터 수십, 수백cm에 불과한 운석을 포함하여 혜성, 유성 등으로 구분하기도 한다.

소행성은 목성의 궤도와 태양계의 바깥쪽에 많이 분포되어 있다. 소행성의 지구충돌은 짧은 시간대에서는 확률이 낮으나 그 가능성은 상존해 있다. 소행성의 지구충돌은 지진보다 더 큰 충돌에너지를 발생시킨다. 달을 비롯하여 지구의 표면을 조사해보면 소행성의 충돌흔적이 적지않게 발견된다. 목성과 태양의 엄청난 중력때문에 많은 소행성이 지구를 비켜가고 있지만 충돌가능성을 완전히 배제할 수는 없다. 혹자들은 소행성의 충돌을 과대포장하여 "세계의 종말"운운하기도 하지만 소행성의 크기나 인류의 대처방안에 따라 피해양상이 달라질 것이다. 과거 공룡의 대멸종과 같은 극단적인 비관론은 확실한 근거가 없다.

Assent of F6

Why were we born? That's a very interesting question and I am not sure I can answer it myself?

But I know what my brother, the Climber, thinks. When we take, he said to me once(the life of the individual) with its tiny circumscribed area in space and time, and measure it against the geological epochs, the gigantic movement of history and the immensity of the universe, we are forced, I think, to the conclusion that, taking the large view, the life of the individual has no real existance or importance apart from the great whole ; that he is here but to serve for his brief moment, his community, his race, his planet, his universe ; and then passing on the torch of life undiminished to others, his little task accomplished, to die and be forgotten.

W. H. Auden(and Christopher Isherwood)
in the 「Assent of F₆」

6층에서의 동의

우리는 왜 태어났을까? 이는 매우 흥미로운 질문이지만 내자신이 이 질문에 분명하게 답할 수가 있을까?

그러나 나는 등산가인 형이 언젠가 같이 있을 때 내게 한 말을 알고 있다. 공간과 시간적으로 작은 환경에 속한 개인의 일생이 지질학적 시대와 거대한 역사의 움직임과 무한한 우주를 측정할 수 있다고 그는 말했다.

나는 큰 안목에서 결론에 도달해야 한다고 생각한다. 개인의 일생은 실제로 존재성이 없거나 거대한 전체로부터 동떨어진 중요하지 않은 존재로 여겨진다.

현재의 개인은 짧은 시간동안 그의 공동체와 종족, 자신의 별과 우주에게 봉사할 뿐이다. 그리고는 사그러들지 않는 생명의 횃불을 타인에게 전달하고, 자신의 작은 책무를 완수하고 죽어서 잊혀지는 것이다.

W. H. 오든(and 크리스토퍼 이셔우드)
에세이 『6층에서의 동의』 중에서

참고 : F6는 지구의 기권을 벗어난 행성간 우주를 의미하며 이 공간은 대기권을 단계별로 구분했을 때 여섯번 째에 해당된다(역자 주).

에필로그(종결부)

이 글은 죽음의 당사자를 주대상으로 작성되었으므로 유가족과 남겨진 이의 슬픔을 해소하는 방안으로는 본문중의 "사별의 고통과 슬픔"편을 참고해주기 바란다.

육신의 죽음은 자연으로의 복귀다.

즉, 우리의 육신이 주어진 시간동안 삶을 보낸 후에 출생이전의 세계로 다시 돌아감을 의미한다.

이 점에서 삶과 죽음은 큰 차이가 없다고 할 수 있다. 단지 존재와 부재라는 시간적인 차이가 있을 뿐이다.

우리의 육신은 출생 이전에는 형체조차 불확실했지만 별의 생성으로부터 수억년이 지난 후 우리의 시조(始祖)생물인 단세포원핵생물과 다세포진핵생물이 나타났고, 삼십억년의 세월동안 진화와 경쟁을 겪은 후 우리의 먼친척인 영장류선조들이 나타났고, 또다시 수천만년의 시간이 흐른 뒤 우리들 양친의 만남과 다양한 물질의 도움으로 잉태되고 성장했기 때문에 또다시 물질의 세계인 대자연의 일부로 돌아가야 함은 당연한 귀결이자 의무이다.

이 섭리는 우리의 욕망이나 의지와는 상관이 없는 영원한 대자연의 철칙이다.

출생과 죽음의 순환에 관한 섭리는 자연과 생명체의 무언의 약속으로 이미 아득한 옛날에 성립된 것이며 우리들 개체의 활동무대는 끊임없이 변화하는 우주의 작은 장소에 불과하다.

우리가 자연속에서 살고있는한 우리의 존재는 자연의 영향에서 벗어날 수가 없다. 30억년 이상의 시간동안 전해져온 유전적요인에 의한 노화와 질병, 수많은 미생물의 활동, 각종 중금속과 유해화학물질, 오염된 물과 공기, 자외선과 방사능, 기후변화, 지진과 태풍, 가뭄과 홍수, 태양의 이상활동, 소행성의 충돌, 전쟁과 각종 범죄, 그리고 예상치 못한 수많은 사고들… 이 모든 것을 완벽하게 방지하기란 불가능 그 자체다.

육신의 영생을 꿈꾸는 어떠한 시도도 자연의 섭리에 대한 무모한 반항이며 부질없는 헛수고일지 모른다.

대자연의 품은 수많은 우리의 선조들이 잠든 곳이며 오늘을 살고 있는 우리자신과 또한 우리의 후손들이 주어진 삶을 보낸 후에 돌아가야 할 곳이다.

대자연은 우리의 고향이자 영원한 안식처이다. 죽음은 우리를 침묵의 세계로 데려가겠지만 우리의 육신과 자취는 상당기간은 세계의 일부로 남아있을 것이다.

자연의 순환과정에서 보면 우리들 자신은 영원성을 갖고 있지는 않지만 우리를 구성하는 다양한 물질은 자연속에서 영원한 순환을 계속한다고 볼 수 있다. 또한 우리의 업적과 정신도 자취를 남기고 후손들에 의해 계승될 수 있으며 어느 시기까지는 영원하다고 할 수 있다.

우리의 육체는 광활한 우주에 비하면 보잘것없는 시간적인 존재에 불과할지 모르지만 우리의 노력과 자취는 어떠한 생물도 모방하기 어려운 빛나는 문명을 이루어냈다. 우리들 개인은 인류의 구성원으로서 작으나마 공헌을 한 것은 사실이다.

죽음의 섭리는 허무한 우리의 숙명을 일깨워주고 있지만 자연의 일부인 우리가 생존시에 누린 온갖 섭생과 활동으로 인한 당연한 응보이기도 하다.

이러한 응보는 슬퍼할 일도, 결코 두려워할 일도 아니다. 자연의 일부인 우리가 자연의 질서에 순응해야 함은 당연한 의무다. 인간 말고도 우리는 수많은 동식물의 주검을 보아왔고 그들의 희생과 활동으로 우리는 수십년 이상 생명을 유지해왔다.

우리의 죽음은 새로운 생명을 잉태시키고, 그들의 생존을 가능케 하며 자연의 순환을 지속해나가는 필연적인 과정의 한 부분이다. 비록 우리의 육신이 죽음으로 끝을 맺을지라도 우리의 삶 자체는 수많은 과정과 의미를 담고 있다. 그것은 우리들 각자가 걸어온 삶의 무게이기도 하다. 좋은 삶은 평온한 죽음과 불가분의 관계에 있다.

육신의 소멸은 대자연속에서 일어나는 일종의 변화이며 순환이다. 대자연의 순환으로 우리는 태어났고 또다른 순환으로 우리는 당연히 죽음이라는 변화를 겪어야만 한다. 유독 자신의 육신의 소멸을 두려워하는이야말로 어리석고 비겁한 자일 것이다.

죽음에 대한 정신적인 괴로움은 과거속의 온갖 집착과 이기심에서 비롯된다. 과거와 현재의 모든 집착을 버려야만 한다. 오지도 않은 미래에 대한 욕망과 두려움도 우리자신의 근거없는 망상에서 시작되는 것이다.

불확실하고 이룰 수 없는 욕망에 집착하는 것은 자신을 괴롭히는 것과 다름아니다.

우리의 삶동안에 소유했던 모든 것과 지나온 과거 역시 밤하늘의 혜성처럼 우리곁을 지나가는 것들이었으며 처음부터 우리의 동반자는 아니었다. 사랑하는 이와 자녀들도 허용된 시간동안은 우리와 벗할 수 있지만 그 시간은 결코 영원할 수 없다.

못다한 일이 있어도 애통해하지말고 모든 것을 잊어라.

이루지 못한 소망과 후회스러운 기억도 결국은 부질없는 욕망의 찌꺼기에 불과한 것들이다. 이러한 욕망에 대한 집착은 우리자신의 집요한 이기심에서 싹트고 있다. 그 이기심은 또다시 우리의 끝없는 욕망에서 시작된다. 끝없는 이기심과 욕망의 단절은 분명 자신의 몫이며 자신만이 할 수 있는 일이다. 만족과 괴로움은 그 누구도 대신할 수 없는 자신의 마음속에 있다.

타인에 대한 증오와 분노 또한 결국은 이루지못한 자신의 욕망을 향한 끈질긴 집착에서 비롯된다. 이러한 욕망과 이기심도 용서와 아량으로 와해시켜야만 한다.

가해자들도 언젠가는 참회의 눈물과 함께 자연속으로 해체되어 갈 것이며 당신이 하고픈 일은 자연이 대신해줄 것이다. 타인에 대한 집요한 애정이나 연민 또한 결국은 이루지못한 자신의 욕망과 이기심에 바탕을 두고 있다. 독버섯같은 욕망의 뿌리를 언제까지나 확대시키는 것은 지나친 과욕이라고 할 수 밖에 없다. 이러한 지나친 과욕은 겸허한 아량과 양보로써 자신의 강력한 의지와 함께 포기해야만 한다.

죽음으로부터오는 심리적인 고통을 완화시키는 좋은 묘약은 생존시의 업적이나 보람과도 깊은 관련이 있다. 자신의 임무를 다하고 조용히 잠든 이의 마음은 생전의 어떠한 기쁨보다 평화로울 것이다. 좋은 삶은 아름다운 사별과 뗄 수 없는 관계를 갖고 있다. 타인과 자신에 대한 성실하고 보람된 삶이야말로 아름다운 이별을 위한 고귀한 송가(頌歌)가 될 것이다.

어떤 생명체도 개체의 관점에서는 절대로 영원할 수 없다. 불멸의 생명체라 부르는 단세포미생물조차도 환경적인 측면에서는 영원성을 보장받지 못한다. 어떠한 생명체도 영원이라는 말과는 함께 할 수가 없다.

"죽음" 그 자체는 두렵지 않으나 영원히 의식을 잃고 잊혀진다는 것이 불쾌하고 두렵다는 고백도 달리 표현하면 영원히 살고 싶다는 욕망의 뿌리에서 움트는 과욕으로 보아야 한다. 그 과욕의 뿌리는 끝없는 욕망을 던져버리고자하는 우리의 의지로 과감히 단절시켜야 한다.

영원한 삶을 꿈꾸는 일이야말로 지나친 욕심이며 부끄러운 탐욕이다. 우리의 업적과 자취는 상당기간 남아있겠지만 무한성을 가질 수는 없다. 별과 우주와 땅과 바다도 영원성을 갖지 못하는데 자연 속의 일부분인 우리 인간이 영원히 꿈꾼다면 그것은 지나친 망상이나 다름없다.

죽은 후에는 기쁨도 행복도 없지만고통이나 슬픔도 외로움도 없다. 모든 것이 잊혀지고 평화롭게 잠들 뿐이다. 어떠한 사상이나 이론도 상식과 진실을 외면할 수는 없다. 어떤이는 좀더 오래 살기도 하고, 어떤이는 건강이 좋지 않아서 또는 부주의나 예기치못한 사고로 생을 마감하지만 결국에는 우리들 모두가 자연의 품으로 돌아갈 것이다.

비록 죽음으로 인해 우리의 삶과 안녕이 중단될지라도 이 세계의 지속적인 번영을 위해서 우리 자신은 언젠가는 삶의 무대에서 떠나가야만 한다.

우리들 개인의 삶은 시간의 제약을 받고 있지만 우리의 업적과 정신은 후진과 후손들이 문명과 사회라는 공동체속에서 꾸준히 이어갈 것이다.

우리 인간은 자연의 작은 부분이지만 그 자연을 어느 정도 개조시킬 수 있는 능력을 갖게 되었고, 우주를 고찰하면서 우리의 삶을 기쁘게 노래할 수 있는 긍지와 보람도 창출해내었다. 우리는 본래 우주의 기적같은 자식으로 탄생했으며 삶을 통하여 그 우주를 찬양할 수 있는 반짝이는 지혜도 갖게 되었다. 주어진 시간동안 그 지혜를 이용하여 이 세계를 대변했다는 점은 어떤 생물보다 뛰어난 우리의 업적이다.

끝이 없는 생존과 행복은 오히려 권태와 혐오를 가져올 수 있으며 우리의 삶의 가치를 비루하게 만들고 심신을 지치게 만들지도 모른다.

우리들 개인은 허용된 시간속에서 삶의 에너지를 불사르며 마침
내 사라져가겠지만 우리의 후진과 후손들은 이 세계가 존속하는한
언제까지나 생명의 불꽃을 태워갈 것이다. 새롭게 태어나는 다음
세대의 안녕과 행복을 위하여 이 세계의 무궁한 진보와 번영을 위
하여 낡고 오래된 우리들은 언젠가는 삶의 무대를 미련없이 떠나가
야만 한다.

생명체와 죽음

|부제| 죽음과 사별의 고통에서
벗어나고자 하는 우리의 지혜

초판 인쇄일 : 2013년 5월21일
초판 발행일 : 2013년 5월28일

지은이 : 과학문화진흥회
　　　　박제경 박세환 나선웅 김춘우
펴낸곳 : 도서출판 청연

등록번호 : 제 18-75호
주소 : 서울시 금천구 독산동967번지 2층
전화 : (02)851-8643
팩스 : (02)851-8644
E-mail : chungyoun@naver.com

* 잘못 만들어진 책은 바꾸어 드립니다.
* 좋은 원고를 찾습니다.
* 책값과 바코드는 뒤표지에 있습니다.